KB202105

Honesty

브래드 블랜튼 지음 | 강헌구 옮김

한언 HANEON.COM

Honesty

펴 냄   2005년 7월 1일 1판 1쇄 펴냄 ㅣ 2006년 8월 15일 1판 3쇄 펴냄
지은이   브래드 블랜튼
옮긴이   강헌구
펴낸이   김철종
펴낸곳   (주)한언
          등록번호 제1-128호 / 등록일자 1983. 9. 30
주 소   서울시 마포구 신수동 63-14 구 프라자 6층(우 121-854)
          TEL. 02-701-6616(대) / FAX. 02-701-4449
책임편집   장성길 skjang@haneon.com
디자인   백주영, 이정아, 김희림
홈페이지   www.haneon.com
e-mail   haneon@haneon.com

ISBN   89-5596-258-4   03320

Honesty

PRACTICING RADICAL HONESTY

당신의 정직은 어둔 세상의
보석처럼 빛날 것입니다.

To

_____

_____

_____

_____

_____

_____

_____

From

진실을 말하라,
모든 것에 대해서, 언제나

인간은 모두 지독한 불행에 빠져 있다. 실수를 하고 있기 때문이다. 스스로의 꾀에 빠져 스스로를 감옥 속에 가둬버리는, 우리의 영혼에게 우리가 저지른 폭력 때문에 스스로 절망이라는 멍에를 걸머지도록 형벌을 가하는 실수를 말이다.

그 폭력은 거짓말이라는 형태로 자행되고 있다. 물론 거짓말을 해서 무슨 큰 이득을 취하겠다는 것은 아니다. 다만 순간순간을 쉽게 모면해보자는 것뿐이다. 이런 거짓말을 습관처럼 하면서 우리는 현재의 순간을 잃어버렸다. 그리고 그 다음 순간도, 또 그 다음 순간도….

이렇게 해서 인류는 삶의 대부분을 잃어 버렸다. 더 심각한 것은 우리의 누적된 거짓말이 타인들에게 해를 끼치고 있다는 사실이다. 다른 사람도 아닌 우리를 믿고 따르는 사람들을…. 왜냐하면 그들은 우리가 거짓말로 이룩해 놓은 문화에 적응하며 살아 왔기 때문이다. 결국 인간은 자기 자신에게만 형벌을 가하고 있는 것이 아니라, 모든 세대에 걸쳐 그 형벌을 강요하고 있다.

이 모든 것은 아주 순진하기 이를 데 없는, 유년기의 악의 없는 거짓말에서부터 시작되었다. 우리는 그 악의 없는 거짓말을 부모로부터, 그리고 우리를 둘러싸고 있는 세상으로부터 배웠다. 거짓말이 사회적 예의범절로 둔갑하고 있는 것이다.

우리는 지독하게 기분이 안 좋으면서도 "전 괜찮아요, 고마워요" 하는 어머니의 목소리를 너무나 많이 들어왔다. 주말에 아무 할 일도 없으면서 오직 존슨네 집에 가기 싫다는 이유 하나만으로 "같이 갈 수 있으면 얼마나 좋겠소만, 이번 주말엔 정말 바쁘군요"라고 둘러대는 아버지의 모습을 너무나 많이 보아왔다. 부모님들만 그러는 것이 아니었다. 우리가 존경하고 따르는 다른 모든 사람들도 크게 다를 바 없는 것을 목격하고 우리는 '나도 저렇게 해야지!' 하고 마음속으로 외치게 되었다. 바로 이것이 순간순간을 모면하는 비결이다.

우리는 완전히 성숙하고 나서야 비로소, 우리 삶의 소중한 순간들을 전부 잃어 버렸다는 사실을 깨닫게 된다. 우리는 놓치지 않고 반드시 붙잡았어야 할 순간들을 거짓말, 발뺌, 도피로 모조리 날려보냈다. 그러는 와중에 엄청난 대가를 지불하였다. 목숨, 운명, 신성한 명예까지 날아가 버린 것이다.

그것이 우리 자신의 자아까지도 삼켜버렸다. 우리는 자신을 온통 숨기고 속이기만 하다가 이제는 우리가 누구인지도 모르게 되었다. 거짓말이라는 미로에 빠져 자아를 잃어버린 것이다. 그러나 놀랍게도 우리는 이 명백한 사실조차 인정하지 않으려 한다. 이렇게 우리는 오직 거짓만이 진실인양 살아가며, 거짓말을 하고 있다는 것을 뻔히 알면서도 그 짓을 그만두지 못하고 있는 것이다.

정부도, 정치인도, 경제학자들도 거짓말을 한다. 경찰도, 교육자들도, 종교도, 부모도 모두 거짓말을 한다. 그러면서 자신들이 거짓말을 하고 있다는 사실을 인정하려 들지 않는다.

거짓말을 하고 있는 사람들뿐만 아니라 그 거짓말에 당하고 있는 사람들까지도 거짓말이라는 사실을 인정하지 않는다. 그들은 자신이 속고 있다는 사실을 알지만, 그것을 밝히려고 하지 않는다. 당신이라면 황제에게 그가 사실은 벌거숭이라고 말하겠는가?

그러므로 우리 모두가 거짓말을 하고 있을 뿐만 아니라, 우리의 거짓말에 대해서도 거짓말을 하고 있다고 할 수 있다. 이 얼마나 얽히고 설킨 거미줄인가…. 그러나 이 모든 것으로부터 빠져 나올 수 있는 길이 전혀 없는 것은 아니다. 마음의 평화, 환희, 믿을 수 없을 만큼 넘치는 자유를 누릴 수 있는 방법은 아직도 남아 있다.

진실을 말하라,
모든 것에 대하여, 언제나!

무리한 요구인가? 결코 그렇지 않다. 아니, 이제부터는 사태를 정확하게 알도록 하자. 그렇지 않으면 또다시 거짓말 타래에 휘말리게 될 테니까. 다시 한번 더 묻자. 무리한 요구인가? 그렇다. 왜냐하면 우리는 너무나 오랫동안 거짓말을 해왔고, 그것은 우리 삶의 일부가 되어 있기 때문이다. 언제나 모든 것에 대하여 진실을 말하자면 먼저 우리는 삶의 새로운 방식을 배워야 한다. 사랑의 새로운 방식을 배워야 한다. 그것이 바로 이 책의 주제다. 우리는 사랑에 대하여 말한다. 그러나 사실 우리는 그 누구도 사랑하지 않는다. 왜냐하면 자신을 포함한 모든 사람에게 거짓말을 하고 있기 때문이다.

나는 브래드 블랜튼이 이 책에 쓴 한마디 한마디에 모두 동의하지는 않는다. 그가 말한 내용이나 말하는 방법에 대해 모두 만족하지도 않으며 사실 불만도 많다. 그러나 정직성 혁명만이 유일한 구원의 길이라는 점에 관한 한 브래드와 나는 완전한 의견일치를 보고 있다. 구구절절 모든 말에 대해 의견이 일치한다면 오히려 생각하기를 완전히 포기한 것이나 마찬가지일 것이다. 그러나 나는 브래드의 주장을 강력히 지지한다고 말할 준비는 되어 있다. 이 책은 독자 여러분에게 믿을 수 없을 만큼 길고 긴 양심의 복도를 지나, 일찍이 그 누구도 가 볼 엄두를 못 내던 곳으로 안내할 것이다. 그리고 그 여행은 당신의 삶을 송두리째 바꿔놓을 것이다.

– 닐 도널드 월시 *Neale Donald Walsch*,
《신과 나눈 이야기 *Conversations with God*》의 저자

정직의 행복을 선택한 당신에게

여기 내가 바라는 바가 있다. 나는 여러분이 언제나 행복하기를 원한다. 나는 당신이 이 책을 읽음으로써 당신의 인생행로에 행복이 가득 차기를 바란다. 나는 당신이 이 책을 다 읽은 순간, 껑충껑충 뛰면서 소리치고 땅바닥을 구르며 깔깔대기를 기대한다. "우하하하하!" 하는 식의 환희에 도달하자면 어느 정도의 슬픔과 분노, 어느 정도의 사색이라는 흔치 않은 여정을 거쳐야 한다. 그런 슬픔, 그런 분노, 그런 환희, 그런 사색은 우리를 성숙하게 하며 생명이 이어가는 근간이다. 스스로 성숙하기 위해, 또 늘 성장하여 세상에 도움이 되는 존재가 되려면 적어도 다음의 두 가지 요소가 필요하다.

삶에 대해 비범한 시각을 가지는 능력과

현실을 초월하는 능력이다.

삶에 대한 초월적인 시각은 사유와 다량의 정보처리 경험에서 비롯된다(그 정보들은 거짓말이 아닌 정확한 것들이어야 한다). 초월은 자각과 경험, 특히 남들에 의해 좌우되지 않는 내면의 저항력에 의해 이룩된다. 예를 들면, 많은 사람들은 둘 이상의 이성(異性)을 사랑하는 것이 가능하지만 그렇게 해서는 안 된다고 믿고 있다. 그러나 겉으로는 일부일처제 하에 있지만 사실 많은 기혼자들이 둘 이상의 이성을 사랑한다. 만약 부부가 서로에게 진실을 밝힌다면, 너무나 많은 커플들이 자신의 배우자가 한눈팔고 있다는 사실을 알게 되고, 따라서 더 이상 상대방을 사랑할 수 없다는 결론에 이르게 될 것이다. 제3자와의 성행위가 관련됐을 경우 남녀간의 사랑에는 인내의 한계를 넘는 인격적 성숙함이 요구된다. 믿을 만한 조사결과에서 보면, 기혼자의 3분의 1 이상이 배우자가 아닌 다른 어떤 사람과 성행위를 하고 있다. 그러나 그들은 그 사실을 서로에게 말하지 않는다. 서로에게 거짓말을 하며 비밀리에 일을 벌이고, 인격적 성숙보다는 거짓말에 수반되는 고통을 견뎌나가는 쪽을 택한다.

그러나 만약 그들이 마음을 가다듬어 모든 질투를 정직하게 폭발시키고 함께 시간을 보내면서 서로를 향한 모든 분노, 모든 고마움, 모든 즐거움과 고통을 진정으로 나누기만 한다면, 답답한 현실을 돌파하여 초월적 시각에 이를 수 있다. 그렇게만 되면 보다 진한 사랑을 나눌 수 있고 상대방을 좀더 소중한 존재로 간직할 수 있게 되며, 따라서 함께 인격적 성숙을 위한 투쟁에 나서며 삶의 깊이를 더해 갈 수 있다. 그렇게 하는 과정에서 누군가로부터 미치지 않았느냐는 소리를 들을 수도 있겠지만, 그들의 삶은 깊이를 더하며 친밀감은 극에 달하고 서로가 서로의 생명의 일부임을 느끼며 모든 결정에 서로 참여할 수 있게 된다.

그러나 현실적으로 이런 경우는 결코 흔치 않다. 모든 결혼의 이상(理想)은 초기에 아주 높지만 살다보면 슬그머니 사라져 버린다. 거짓의 무게 때문에 상상 속의 행복은 실제 경험을 조롱하는 시각이 되고 만다. 천국의 비전이 지옥으로 떨어지는 화근이 되는 것이다. 다른 예를 들어보자. 도처에서 전쟁이 벌어지고 있는데도 대부분의 사람들이 자신은 결코 전쟁을 원치 않는다고 말한다. 그러나 현실은 그렇지가 않다. 국방예산은 전 세계의 전체 예산 중 엄청난 부분을 앗아가며 오직 전쟁만이 모든 분쟁의 마지막 해결수단으로 활용되고 있다. 전쟁과 전쟁준비는 폭력을 배격한다는 사람들에게도 완전한 예외로서 인정되고 있다. 그러니 전쟁을 원치 않는다는 것은 거짓말이다.

사례는 얼마든지 있다. 모든 딜레마의 핵심은 전부 마찬가지다. 우리의 생각은 우리의 마음이 도달해보지 못하는 곳을 돌아다닌다. 머리에서 가능하다고 생각되는 존재로 성장하려는 마음이 가슴에는 없다.

고통을 무릅쓰고라도 성숙하기로 결심한 사람들은 두 가지 요소를 지속적으로 공급받아야 한다. 새로운 시각에 대한 정보 그리고 그 정보를 친구들과 더불어 인격적으로 활용하는 능력. 이것이 바로 내가 책을 쓰는 것에만 그치지 않고 워크숍을 열며 트레이너들을 육성하고 컨설팅까지 계속하는 이유다. 사람들은 직접 부딪쳐 싸우지 않고서는 좀처럼 시각을 바꾸려 하지 않는다. 인격적 성숙을 위한 실험과 기존의 시각을 버리는 데 대한 저항감은 우리들에게 더 많은 정보를 제공하지만 그것은 매우 고통스러운 일이다. 하지만 그 고통은 낡은 시각을 버리고 새로운 시각을 취하는 데 크게 도움이 된다. 아이디어란 실제 생활에 이용되어야 비로소 유익한 것이 된다.

이 책은 다음과 같은 몇 가지 새로운 시각을 소개하기 위한 것이다.

• 정직하고 정확한 정보에 대한 필요성 : 그것을 주고받는 방법
• 새로운 시각에 도달하여 그것을 우리의 체질과 세상에 '안착시키는' 과업
• 낡은 시각을 버리고 새로운 시각을 형성할 때 서로를 도와주는 방법
• 인류의 정치 · 경제적 성숙을 위한 보다 큰 맥락의 창조와, 이를 통한 생존력과 번영의 가능성 확대

내가 이 책에서 취하고 있는 시각은 시각 자체를 보다 초월적인 위치에서 바라보자는 것이다. 즉, 모든 시각이란 상대적이라는 관점이다. 사람들은 시각의 상대성이라는 것을 처음에는 지적으로 깨닫는다. 오랜 시간이 지나 경험이 쌓여감에 따라 사람들은 시각의 상대성을 실천적으로, 느낌으로, 실리적으로, 심리적으로, 구조적으로, 상호작용으로, 그리고 온갖 '~적' 으로 터득한다.
래디컬 어니스티 센터 *Radical Honesty Center* 에서 나와 내 동료들이 개발한 훈련 프로그램들은 참가자들이 새로운 시각에 대한 정보를 처

리하고 소화하는 일에 도움이 되도록 설계되었다. 우리는 사람들이 새로운 시각을 발견하고 그것에 적응하는 일을 도우며 거기에 따르는 고통을 덜어주고 있다. 우리는 사람들에게 인격의 지속적인 성숙을 도모하고 있는 사람들을 소개해 준다. 우리는 우리의 훈련프로그램이 최선이라고 말하지 않는다. 우리 프로그램말고도 인격적 성숙에 관한 좋은 프로그램들은 얼마든지 있다. 우리 프로그램은 그 많은 것들 중 하나일 뿐이다. 그러나 뜬구름을 잡는 듯한 허망한 것들과는 구별되는 아주 두드러진 특징이 있다.

우리는 프로그램의 유용성을 판정하는 분명한 척도를 가지고 있다. 정직성, 나눔, 실천력이 프로그램이나 책을 판별하는 우리의 가이드라인이다. 이 책을 읽거나 우리 프로그램에 참가할 때에는 되도록 이기적이 되기 바란다. 부디 새롭고 유익한 시각을 지니고 그로부터 많은 혜택을 누리는 행운이 함께 하길….

－스패로호크에서, 브래드 블랜튼

CONTENTS
HONESTY

HONESTY

PART FIVE 새로운 세상을 열며

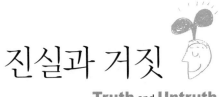

진실과 거짓
Truth and Untruth

::

구원에 이르는 유일한 길은 진실만을 말하는 것이다.
진실을 말하기 시작하면, 당신이 스스로를 어떻게 중독시키고 있으며,
당신이 매일매일 초조해하며 서 있는 연극무대가
얼마나 무의미한지 알게 된다.

::

새로운 인류의 출현, 정직공동체

솔직히 한번 고백해 보자. 우리의 본모습에 대해서…. 아직 자신의 모습을 말하기가 어려운가? 좋다. 그러면 주위의 모습부터 살펴보자. 친한 친구나 가족들을…. 그들은 어떤 상태인가? 모두 행복해 보이는가? 혹시 기죽은 모습으로 눈치나 살피며, 거짓말을 하며, 이리저리 도망 다니며, '내 한 몸 편히 살면 그만이지' 라는 태도로 살고 있지 않는가? 그러면서도 마치 모든 일이 다 잘 풀리는 것처럼 주위 사람들에게 이야기하고 다니느라 진땀을 빼고 있지 않는가?

우리는 물질적으로 가장 풍족하고 편리한 세상에 살고 있다. 하지만 행복은 어쩐지 갈수록 우리와 멀어지고 있다는 느낌이다. 대다수의 사람들이 자신은 정당한 대접을 받지 못하고 있다고, 그래서 능력을 마음껏 발휘하지 못하고 있노라고 푸념한다. 어쩌면 우리 문화 전체가 집단 최면에 빠져 있는지도 모른다. 동서양을 막론하고 우리는 자녀와 시간을 보내는 것보다 돈 버는 일에 더 많은 가치를 두고 있다. 자녀들은 부모의 말보다는 다국적기업이 생산한 장난감의 TV광고에 더 많은 관심을 가지고 있다. 마찬가지로 어른들은 거대기업의 배불뚝이 회장들을 위해 일하느라 자녀들에게 관심을 가질 여유조차 없다.

1954년 미국의 주당 평균 노동시간은 현재보다 열일곱 시간이나 짧았다. 바꾸어 말하면 현대인은 50여 년 전의 사람들보다 주당 열일곱 시간이나 더 일하고 있는 셈이다. 뿐만 아니라, 화폐가치가 떨어진 것까지 감안하면 요즘의 고용주들은 1954년엔 한 사람밖에 못 쓰던 돈으로 두 사람을 쓰고 있다. 여성이 노동시장에서 남성과 나란히 경쟁을 할 수 있게 된 것은 커다란 진전이지만, 자녀를 내팽개친 부부가 주당 50~60시간씩 일에 매달려 있는 사실은 심각한 문제가 아닐 수 없다.

지금은 혁명이 필요한 때다. 내가 말하고자 하는 혁명은 정치인들이 궁지에서 벗어나기 위해 벌이는 눈속임식의 일회성 혁명이 아니다. 내가 의미하는 혁명은 '우리 모두가 지금까지 저질러온 어리석음에서 깨어나 역사의 수레바퀴를 반대방향으로 돌려보자는 것'이다. 즉, 우리를 낙담케 하는 거짓말을 철저히 버리고 정직이라는 새로운 옷으로 갈아입자는 것이다.

그런데… 왜 이렇게 되었을까?

나는 심리치료사로서 지난 25년 동안 워싱턴에서 개인치료, 집단치료, 부부치료를 전문적으로 담당해 왔다. 그러면서 수천 명의 사람들이 등에 진 짐을 내려놓도록 도와주었다. 나의 방법은 매우 간단했다. 그것은 단지 그들이 만나는 모든 사람, 관계를 맺는 모든 기관과 조직체에게 그들이 이제껏 해오던 거짓말을 중단케 하는 것이었다. 감추고, 빼돌리고, 날조하고, 잔꾀부리고, 공공연히 거짓말을 하던 모든 행위들을 딱 멈추었을 때, 그들의 우울증과 심신불안정 증세가 거짓말처럼 감쪽같이 사라졌다.

결국 내가 한 일은 학교와 부모의 잘못으로 인해 상처받은 이들을 치유하는 것이었다. 환자들은 부모와 교사들에게서 인간의 최고가치는 무엇이든 잘 해야만 하는 것에 있다고 배웠다. 완벽하지 못한 것은 곧 무엇인가가 잘못되어 있다고 느끼는 것도 당연했다. 그들은 네가 이룬 성과가 곧 너의 인간 그 자체라는 식으로 배웠다. 성과에 대한 스트레스로 말미암아 삶 전체가 연극이 되고 말았다. 연극을 더 잘해야 한다는 고정관념이 그들의 마음을 속박하여, 누구의 도움도 받지 못한 채, 죽음 직전의 절망으로 빠져들게 되었다.

우리들 대부분은 이와 같이 무대 위에서 긴장된 모습으로 서 있다. 자신이 설정한 나는 누구라는 이미지를 깨지 않기 위해 신경이 곤두서 있다. 관객을 의식한 부자연스러운 말과 행동이 몸에 습관처럼 배어 있다. 마치 무대에 처음 서는 신출내기 배우처럼.

우리는 태어난 그날부터 거짓말을 하도록 세뇌당하고 있다. 우리는 내부와 외부로부터 규칙적으로 중독되고 있기 때문에 그 중독으로 인한 통증을 자각하지 못한다. 한마디로, 우리 모두는 아주 잘 꾸며진 거짓의 왕국에 살고 있는 것이라고 할 수 있다.

구원에 이르는 유일한 길은 진실만을 말하는 것이다. 진실을 말하기 시작하면, 당신이 스스로를 어떻게 중독시키고 있으며, 당신이 매일매일 초조해하며 서 있는 연극무대가 얼마나 무의미한지 알게 될 것이다. 그렇게만 되면 거짓의 왕국에서 탈출할 수 있다.

심리치료사로서, 워크숍 지도자로서, 컨설턴트로서의 오랜 경험에 비추어 봤을 때, '정상적(?) 불행'에서 '비정상적(?) 행복'으로의 극적인 반전은, 거짓말을 멈추고 진실을 말할 때 이뤄진다. 여기서 진실을 말한다 함은 아주 자세히 묘사한다는 뜻이다. 무슨 일이 있었는지, 그 일이 있었을 때 어떤 생각을 했으며 어떤 감정을 느꼈는지, 그래서 지금은 어떤 생각과 느낌을 가지고 있는지를 하나도 빼놓지 않고 세밀히 꼬치꼬치 다 말해야 한다는 것이다. 더욱 중요한 것은 특별히 그 사실을 숨기고 싶은 사람이 있다면 그에게는 오히려 더 솔직하고 자세히 말해야 한다는 점이다. 당신이 행한 것, 생각한 것, 느낀 것을 모두 다 솔직히 털어놓는 거다.

사실 솔직히 털어놓는다는 것은 말처럼 쉬운 일이 아니다. 사람들이 그것에 익숙하지 않기 때문이다. 당신이 갑자기 솔직해지면 사람들은 상처를 받거나, 공격을 당했다고 느낀다. 때론 충격을 받기도 한다. 하지만 만일 당신에게서 진실한 말을 들은 사람이 도망치지 않고, 그도 당신에게 진실하게 대해 온다면 지금까지 서로 경험해 보지 못한 풍성한 자유와 사랑의 장이 활짝 열릴 것이다.

진실을 말하기는 어렵다. 그러나 거짓을 감추기보다는 쉽다. 진실하게 살기는 괴롭지만, 거짓으로 살기는 훨씬 더 괴롭다. 스스로 쌓은 마음의 장벽에 외톨이로 갇혀 있어야 한다는 사실이 우리를 고통으로 일그러져 죽어가게 한다. 마음의 속박으로부터 벗어나는 길은 다른 사람들과의 정직한 만남과 진실한 나눔밖에 없다. 임상학자인 딘 오니쉬 *Dean Ornish*는 이 사실을 그의 저서 《사랑과 생존 *Love and Survival*》에서 증명하고 있다. 또한 두 편의 영화, '비밀과 거짓(Secrets and Lie)'과 '불 속의 용기(Courage Under Fire)'도 진실을 말하고 나면 어떠한 변화가 일어나는지를 잘 보여준다. 두 영화 모두 주인공이 결정적인 상황에서 용기를 내어 진실을 말함으로써 비록 자신은 고통을 당하지만, 그 고통으로 인해 감추어진 거짓이 드러나고 다른 많은 사람들을 치명적인 위험으로부터 구한다는 내용이다. 이와 비슷한 상황이 나에게 치료를 받은 많은 사람들, 나의 워크숍을 수료한 많은 사람들에게서 일어나고 있다. 우리가 판단하기에 '지나칠 정도로 정직하게 살아가는 사람들'에게는 진실한 마음의 나눔, 애틋한 사랑의 복원, 대인관계에서 상대의 마음을 치유하는 능력이 있다. 많은 사례들을 살펴본 결과, 진실을 말하는 사람뿐만 아니라 진실한 말을 듣는 사람들에게까지 같은 현상이 일어나고 있다.

[사례 1]
여러 번 외도를 한 경력이 있는 어떤 남편이 처음으로 부인에게 진실을 털어놓았다. 자신의 애인은 모두 몇 명이며, 각각 몇 번씩 만났으며, 그때마다 어떤 행위를 했으며, 간통을 할 때의 느낌은 어떠했다는 것까지 아주 시시콜콜 이야기했다. 물론 처음에는 둘 다 너무나 힘들었고, 모두 격분과 상처와 두려움에 떨었다. 하지만 나는 그들 부부에게 그들이 느낀 것, 그들이 생각한 것, 그들이 행한 것을 왜 명료하게 밝혀야 하는지 그 이유와 목적을 분명하게 깨닫도록 힘썼다. 결국 부인은 남편을 용서했고 그들 부부는 계속하여 함께 살기로 결정했다.

진실의 결과는 남편이 부인에게 상처를 주고 부부간의 성스러운 결혼 서약을 깬 데 대한 단순한 용서뿐만이 아니라, 커다란 기쁨과 가족 전체의 새로운 활기로 나타났다. 가정의 부활로 되찾은 친밀한 대화와 희망에 가득 찬 모습은 지금까지도 계속 이어지고 있다.

[사례 2]

아주 완고한 부모에게 수년간 무언가를 감추고 있던 딸이 대학재학시절의 낙태수술 사실을 있는 그대로 털어놓았다. 어떻게 해서 임신을 하게 되었는지, 임신한 사실을 알았을 때 심정은 어떠했는지, 수술을 받기 위해 어딜 갔었는지, 그런 사실을 부모님께 알리지 못하고 있었을 때의 자신의 심정은 어땠는지 등을 아주 자세하게 이야기했다. 그녀는 부모가 자신과의 인연을 영영 끊으리라고 생각했다. 그러나 부모는 딸이 혼자 얼마나 마음고생이 심했을까 걱정하면서, 비록 자신들의 기대와 기준에 어긋났더라도 딸과 함께 계속 살고 싶다고 했다. 이후 그녀와 부모는 한층 더 진실을 터놓고 살게 되었다. 나는 여성들에게 이와 유사한 '폭로'를 하도록 유도하여, 예상하지 못한 좋은 결과를 많이 이끌어냈다. 그들은 이와 같은 경험을 통하여 난생 처음으로 가족간의 사랑과 가족의 장래에 대한 설계를 시도한다. 이제 그들에겐 풀리지 않은 과거의 매듭으로 인해 가족관계가 단절되는 것은 상상할 수 없는 일이다.

[사례 3]

어떤 젊은이는 그의 부모와 다섯 시간에 걸친 토론을 벌여, 자신이 분노를 느끼는 점과 그 동안 있었던 일들에 대한 나름대로의 의견을 토로했다. 그는 집안에서 암묵적인 금기사항으로 되어 있던 일들을 거론했다. 그러나 그 청년은 이야기가 계속되는 동안 점차 스스로 금기라고 여겼던 일이 실제로는 자신이 마음속에서 만들어 낸 것이라는 사실을 깨닫게 되었다. 그는 부모의 참모습을 알게 되었고, 부모 역시 그가 참으로 누구인지를 알게 되었다. 그래서 그 집에는 한 명의 새로운 성인이 태어나게 되었고, 아들은 집안의 공동 프로젝트를 위해 함께 일하는 멤버가 되었으며, 또 각자의 개인 프로젝트를 지원하는 협력자들이 되었다(전 세계 수백만의 젊은이들이 자기가 어른이 되었음을 알리지 못하고 있다. 하지만, 어떤 사람들은 "저는 어른이 되었다"라든지 "제가 부모님께 분노를 느끼는 일은 이런 것이고, 반면에 감사함을 느끼는 것은 이런 것이다"라는 아주 간단한 선언절차를 통해서 우리가 소위 '정상(Norm)'이라고 부르는 것과는 다른 삶을 살고 있다).

[사례 4]

관절염 진단을 받은 한 여인은 오랫동안 남편에게 숨겨 왔던 어떤 사건을 털어놓게 되었다. 그 일로 부부는 갈라서게 되었다. 그러나 그녀의 관절염은 온데간데없이 사라졌다. 그녀는 두 번째 배우자와는 아무 숨기는 것도 없이, 통증과 질병이 없는 참된 나눔의 삶을 살고 있다.

[사례 5]

만성적인 불면증에 시달리던 어떤 남자는 회사와 집에서 진실을 말함으로써 자신의 행동을 순화한 뒤로 아주 평화로운 밤을 보내고 있다. 그는 해고당할 위험을 무릅쓰고 사장에게 그의 무엇이 자기를 분노케 하는지를 사실대로 말했다. 결과는 '해고'가 아니라 '승진'이었다. 그리고는 부인에게도 자기가 느낀 것, 생각한 것, 행한 것을 있는 그대로 다 말했다. 그러나 결과는 '이혼'이 아니라 더 깊은 '사랑'이었다. 더불어 그를 괴롭히던 불면증도 사라졌다. 현재 그는 소외된 삶 대신에 진실한 친구들과 더불어 일과 사랑에 몰두하고 있다.

나의 고객들로 구성된 '철저한 정직성 공동체'에는 이와 비슷한 사례들이 수없이 많다. 모든 이야기들에는 하나의 공통적인 맥락이 흐르고 있다. 즉 그들을 '마음의 감옥'으로부터 탈출시키기 위해서는 그들 자신이 누구인지에 대한 정확한 가치관을 주입시켜야 한다는 것이다. 부모나 배우자나 상사의 눈에 비춰진 내가 전부가 아니라는 사실을 발견하면, 주변의 다른 사람들도 역시 나의 눈에 보이는 것과는 전혀 다른 사람이라는 것을 알게 된다. 이때부터 진정한 대화가 시작될 수 있다.

때로는 자신이 거짓말쟁이라는 사실을 인정하고 자신의 거짓말을 크게 문제 삼는 데서 출발하기도 한다. 그래서 자신과 상대방의 허세와 거짓말에 대해 서로 마주보며 큰 소리로 웃을 수 있을 때까지 난상토론을 벌이는 것이 그 방법이다.

뒤틀린 정체성으로부터의 탈출

나는 나의 첫번째 책 《철저한 정직성 *Radical Honesty*》을 집필하는 동안 우울증, 불안장애, 스트레스 증세로 고생하는 수많은 사람들과의 만남을 통해 얻게 된 개념들을 아주 분명하게 정리할 수 있었다. 그 개념들은 다음과 같다.

- 거짓말이 스트레스의 제일 요인이다.
- 스트레스는 외부환경이 아닌 당사자의 마음에서 생기는 것이다.
- 대부분의 고통은 사실을 비난하거나 신념화하는 데서 비롯된다.
- 대부분의 사람들이 왜곡된 자기정체성으로 인해 괜한 고생을 하고

있다. 우리는 남들의 판단과 비판을 근거로 자신은 누구라고 단정해 놓고 그것을 믿으려는 경향이 있다.

남들이 당신을 뭐라고 판단하고 비판하는가? 그것만이 곧 자신이라고 하는 잘못된 생각에서 벗어나면 '…해야 한다' 에 따라 사는 것이 아니라 '…하고 싶다' 에 따라 살 수 있게 된다. 과거의 거짓말을 말끔히 청산하고 진실을 말하는 현재로 돌아서기만 하면 현재의 토대 위에 자신을 다시 지을 수 있게 된다. 그렇게 하기 위해서는 어렵게 빠져 나온 과거로 다시 되돌아가지 않도록 하는 몇 가지 수련이 필요하다.

동서고금의 지혜가 다 그렇듯이, 그러한 수련의 방법은 자각(noticing)과 관련이 있다. 명상, 사실대로 말하기, 요가, 오감에 의한 감각적 인식 등의 방법은 자신의 정체성을 새롭게 깨달을 수 있도록 도와준다. 이러한 방법들은 우리의 정체성을 '피동적 수행자' 에서 '스스로 깨닫는 자각자' 로 바뀌게 한다. 자각자는 스스로 마음을 다스릴 수 있게 되며, 마음의 지배를 받지 않게 된다. 그리고 신념과 사실을 명확하게 구분하게 되면서, 개성 있는 자아가 드디어 탄생하는 것이다.

자각의 상태를 유지하고 다듬기 위해서는 마음에 뭔가 새로운 할 일이 주어져서 마음이 또다시 과거의 습관적 경향으로 빠져들지 않게 해야 한다. 마음이란 뼈다귀를 핥는 강아지와 같은 습성을 지니고 있다. 뭔가 핥을 뼈다귀나 장난감이나 넝마조각이 필요한 것이다. 마음 강아지의 새로운 과업, 즉, 마음이 몰두해야 하는 그 무엇을 '자신의 삶을 창조하는 예술' 로 만들어야 한다. 삶을 창조하는 예술이란 곧, 마음의 감옥으로부터 완전히 해방되어 자유를 누리는 것, 자신을 스스로 깨닫는 자각자로 정의하는 것, 마음의 지배를 받지 않고 다스리기를 실천하는 것이다.

마음의 감옥을 탈출하다

신념과 사실을 구별하는 능력이 생기면, 삶의 문제를 해결하는 방식이 확 달라지기 시작한다. 기름값이 오르면 우리는 처음엔 유가정책에 거칠게 항의하지만, 얼마 후에는 세상이란 늘 그런 것이라는 사실을 받아들이면서 에너지의 낭비를 줄이기 위해 노력한다. 어떤 문제든 사실을 숨기지만 않으면 해결되게 마련이다. 우리에게 어떤 문제가 있는지를 말하고 공개적으로 풀어나가면 결국엔 풀리게 마련이다. 알고 보면, 모든 문제가 다 비참하기만 한 것은 아니다. 문제점으로 보이는 많은 것들이 오히려 우리를 즐겁게 해주는 경우도 있다.

처음에는 비참해 보이던 문제도 관점과 마음만 바꾸면 재미있어진다. 나를 찾아온 환자들은 모두가 정상인들이다. 다만, 정신적인 문제에 발목이 잡혀 있을 뿐이다. 그러나 나와 나의 동료들을 만나 함께 문제를 풀어가는 과정을 통해, 모두가 사회에서 말하는 비정상적인 사람, 비정상적인 성공자가 되었다. 그들은 자신을 '창조' 하기 시작했다. 그러면서 나의 임무도 달라졌다. 창조작업의 코치가 된 것이다. '철저한 정직성' 워크숍이 발전해 가면서 나의 일은 신념체계로 인한 강박관념에서 벗어나게 해주는 역할에 그치지 않고 '신념을 디자인해주는' 역할로 바뀌었다. 치유에 성공한 사람들에게 있어 마음이란, '현재의 어떤 이미지를 유지하는 것' 에서 '미래를 상상하고 창조하는 것'으로 바뀌었다. 마음의 속박으로부터 해방된 사람들은 계획을 세울 때 마음을 의식적으로 사용하기 때문에 그가 미래에 어떻게 될 것인지를 그의 과거모습만 보고 짐작할 수가 없다. 과거에는 자기비하, 방황, 고통에 시달리던 사람이 수백만 달러 규모의 비즈니스, 새로운 회사의 창업, 결혼, 자녀의 출산과 육아, 주택건립, 직업의 전환, 빚 청산, 멀어졌던 가족이나 친구들과의 화해에 정력을 쏟아 붓고 있다.

멜로디 해리스*Melody Harris*라는 여성을 예로 들어보겠다. 내가 멜로디 해리스를 처음 만난 순간 그녀는 울기부터 했다. 그녀는 심리치료를 받기 위해 내 사무실로 들어와 "시누이가 한번 가보래서 왔어요. 전 우울증환자입니다"라고 말하더니 갑자기 울기 시작했다. 나는 그녀가 계속 울도록 아무 말도 하지 않았다. 그녀는 손가방에서 티슈를 한 줌 꺼내 코를 풀고는 나를 쳐다보며 다시 말을 이어갔다. 그녀의 이야기는 한 시간 동안이나 계속되었다. 그녀는 40대에 남편과 헤어지면서 다섯 살짜리 딸을 맡았으며, 법률사무소의 비서로 일하고 있었다.

그녀의 우울증 이면에는 불행한 가정사가 있었고, 수년간 여러 가지 우울증 치료제를 복용해 왔다. 하지만 사실 그녀는 독서를 좋아해서 수준 높은 문학작품들과 자기관리에 대한 책들을 많이 읽었으며 유머감각도 수준급이었다.

한 시간쯤 지났을 때, 내가 물었다.

"혹시 컴퓨터 프로그래머가 욕조에 빠져 죽었다는 우스개를 아십니까?"

멜로디가 "아니요"라고 대답했다.

"그녀는 샴푸에 붙은 라벨을 봤죠. 거기엔 '머리를 적셔라, 거품을 일으켜라, 샴푸를 발라라, 반복해라' 라고 적혀 있었답니다."

멜로디는 5초 정도 멀뚱하게 나를 쳐다보더니 갑자기 웃음을 터뜨렸다. 뜻을 알아챈 것이었다. 그 프로그래머는 컴퓨터처럼 '반복시행명령'에 걸려들어 '머리를 적시고, 샴푸하고, 린스하고'를 멈추지 않고 반복하다가 멈추라는 명령어가 없어서 죽었다는 것인데, 그녀는 그 농담의 진의가 자신의 모습을 지적하고 있음을 깨달았던 것이다. 나는 그녀가 세련되고 유쾌한 성격이라고 생각되어 그녀를 좋아했으며, 그녀도 나에 대해 같은 느낌을 가지고 있는 것 같았다. 이 일은 3년 전의 일이었다.

얼마 전 주말에 멜로디와 그녀의 여덟 살짜리 딸이 우리 집에 놀러 온 적이 있었다. 우리는 같이 깔깔대기도 하고 노래도 부르고 그녀가 직장을 그만두는 문제, 집을 파는 문제, 농촌으로 이사하는 문제 등에 대해 이야기했다. 나의 아내 에이미도, 우리 아이들도, 나도 그녀를 사랑한다. 이제 멜로디는 더 이상 우울증의 제물이 아니다. 지난 6개월 동안 그녀는 약물의 복용량을 조금씩 줄여 지금은 거의 먹지 않는다. 그러나 중요한 것은 먹느냐, 먹지 않느냐가 아니라 그것을 누가 결정하는가의 문제다. 얼마 전에 그녀는 나에게 최근 6개월 동안에는 울면서 하루를 시작해 본 적이 없었다고 말했다. 그녀는 과거 그 어느 때보다도 행복한 삶을 살고 있다.

그녀가 최악의 상태에서 자신의 삶을 창조하는 자로 변신하는 데에는 많은 노력과 인내가 필요했다. 그녀는 3년 동안 개별 및 집단심리치료, 워크숍에 참여했으며, 다른 정직한 사람들과 함께 지내며 놀이를 하는 등 체계적인 훈련을 거듭해 왔다. 그녀는 2월 초에 열리는 '자유로운 비관주의자연합(Unconvention of the Futilitarian Union)' 연차대회에 참석하기 위해 나와 가장 가까운 친구 55명과 함께 2년 연속 멕시코까지 다녀왔다. 그녀는 직장을 그만두고 딸과 함께 농촌으로 이사했으며, 최근까지 새집을 짓느라 우리 집에서 얼마간 함께 살았다. 그녀는 우리와 함께 지내면서 그야말로 살 맛 나는 삶을 설계하느라 눈코 뜰 새 없이 바쁜 나날을 보내고 있다.

이중관계

심리치료사들 사이에, 환자와의 상호관계를 만들어 나가면서 친구가 되는 치료법을 지칭하는 말이 있는데, 이른바 '이중관계' 라는 것이다. 이중관계가 드러나면 심리치료사 자격증이 박탈된다. 매년 십 수명이 환자와의 '이중관계' 때문에 자격을 잃고 협회에서 제명된다. 이 제도는 심리치료가 '의사 - 환자' 관계나 '교사 - 학생' 관계로 인식되던 시절에 만들어진 것이다. 이 규칙은 학생이나 환자가 성적(性的)으로나 금전적으로 교사와 의사에게 이용당하지 않도록 보호하고, 보호자로서의 권위를 내세워 환자나 학생들의 삶에 부당한 영향을 미치지 않게 하기 위해 마련되었다.

현재 나는 모든 고객들과 이중관계를 맺고 있다. 심리치료사나 교사의 권위는 추락하고, 소비자들의 파워는 한껏 부풀어진 요즘의 상황을 감안하지 않더라도, 정직하게 말해서 고객과 심리치료사는 동등하기 때문이다. '우리' 는 동등한 인간으로서 출발한다. 요즘 내가 훈련시키는 대부분의 심리치료사들은 이와 같은 인간의 평등성을 받아들여 고객들과 우정을 쌓고 있다. 그런 나눔이 없다면 이른바 지도자를 포함한 모든 구성원들의 성장을 가능케 하는 치료공동체를 이루기란 불가능하다고 굳게 믿고 있기 때문이다.

이 책은 '철저한 정직성' 이라고 불리는 새로운 평등주의 모델 훈련과정으로 구성되어 있다. 멜로디는 자신의 삶을 의식적으로 설계하느라 정신이 없다. 그녀는 더 이상 기분에 따라 살지 않다. 아이러니컬하게도 '기분과의 이별' 이 그녀의 기분을 확연히 좋게 만들어 주고 있다. 현재 그녀는 철저한 정직성 훈련과정을 지도하는 트레이너가 되는 훈련을 받고 있다.

어떻게 하면 정직하게 살 수 있을까?

무엇보다 중요한 사실은 멜로디가 순간순간의 삶에 대해 흔들리지 않는, 책임감을 갖게 되었다는 것이다. 그리고 거짓투성이의 과거에서 벗어나 어떻게 하면 거짓이 없는 현재에 뿌리를 내릴 수 있는지, 그 실천방법을 익혔다는 것이다. 경험을 토대로 생각과 자각의 차이점을 구별할 수 있게 되었다. 그녀는 정기적으로 명상과 운동을 하며, 어떤 강제적 요구가 있든지 없든지 간에 자신의 느낌을 자유롭게 이야기하고, 가끔 요가도 하며 다른 사람들과 각자의 삶에 대해 정직하게 이야기한다. 그러면서 일이나 자녀양육에 관한 문제라든가 혼자 해결하기 어려운 일에 대해 친구들에게 조언을 구하기도 한다.

우리들의 조언과 대화와 격려의 결과, 그녀는 오랫동안 미해결 상태로 남아 있던 사업과 대인관계의 문제들을 말끔히 해결했으며, 무엇보다도 7년 동안이나 떨어져 있던 전남편과 다시 만나게 되었다. 그녀는 남편을 찾아가 인간 대 인간으로 만났다.

그녀는 남편의 얼굴을 똑바로 쳐다보며 무엇이 그녀를 분노케 했으며 무엇에 고마움을 느꼈는지를 큰 소리로 말했다. 그때까지 그녀는 수년 동안 남편을 무조건 피하기만 했다. 그러던 그녀가 남편을 찾아내고 또 만난 것은 남편에 대한 모든 분노, 상처 등을 정면으로 부딪쳐서 해결하기 위한 것이었다. 그런 과정을 통해 그녀는 자신의 삶이 변하고 있음을 알게 되었다. 실제 생활에서 실제 인물들과 미해결인 채 회피만 해오던 일들을 전부 해결했다. 그 결과 그녀는 과거와 달리 사람들과의 관계에서 영향력을 발휘하는 사람이 되었다. 그리고 우리의 정직성 공동체 지역조직 회원들과 서로 조언을 주고받으면서 남의 말을 경청하는 기술과 자기의 생각이나 느낌을 전달하는 기술이 눈에 띄게 향상되었다.

우리는 모두 서로의 과거와 현재를 소상히 알고 있다. 자신의 삶에 대한 자주적인 권위를 되찾은 사람들은 그렇지 못한 사람들에게 동정심을 가지고 있다. 그리고 절대 '아, 슬프도다' 라고 생각하지 않는다. 우리에게는 슬픈 감정에 휩싸이는 시간보다는 서로를 바라보며 깔깔대는 시간이 더 많다. 과거의 비통했던 사연들을 극복한 다음에 되돌아보면, 비극이라고 느꼈던 것들이 오히려 즐거웠던 기억으로 바뀐다.

정직한 사람들과 오랫동안 함께 지내고, 과거에 미적거리고 회피만 하던 일들을 말끔히 매듭지은 결과, 멜로디는 이제껏 진실이라고 믿어

왔던 많은 것들을 믿지 않게 되었다. 그녀는 우울증에서 벗어날 수 없으며, 자신이 할 수 있는 일이라고는 많은 부작용(성욕감퇴, 감각의 둔화, 체중증가 등)을 감수하고라도 더 강력한 약을 먹는 것뿐이라고 믿어 왔던 것이다. 뿐만 아니라 아무리 싫어하는 직장이지만 절대 그만두어서는 안 된다는 생각에 사로잡혀 있었다.

많은 조언과 스스로 깨달음을 통해 '우울증'이라는 말은 그녀의 느낌을 정확하게 묘사하는 말이 아니라는 것을 깨달았다. 그녀는 '나는 우울증 환자다' 하는 식의 스스로를 제한하는 신념과 '나는 지금 가슴이 답답해서 울고 있다'와 같은 실제경험을 구별하는 데 익숙해졌다. 이 모든 것은 일련의 학습과정을 통해 이루어진다. 이 책은 그러한 학습과정을 자세히 설명하고 있다.

위 내용의 핵심은 다음과 같이 요약해 볼 수 있다.
• 전통적인 마음의 감옥으로부터의 해방
• 살아 있으며 이웃과 어울려 있는 상태를 유지하기 위한 지속적인 명상, 깨어 있음, 혁명적 정직성
• 친구들의 도움을 받으며 의식적으로 미래를 설계하는 것. 창조자들의 공동체에 속해 있는 창조자

의식의 혁명

나는 책 사인회와 워크숍을 위해 미국 전역을 순회하면서 지금 미국과 세계도처에서 의식혁명을 주도하고 있는 많은 사람들을 만날 수 있

었다. 그들은 사람들에게 자신의 삶을 개선하고, 무엇이 중요하고 무엇이 가치 있는 것인가를 올바로 인식할 수 있도록 가르치자는 열의로 가득 차 있다. 그들의 지도 방법에서는 유태 근본주의와 금욕주의('살아남기 위해서는 여하한 고통이라도 감내해야 한다'는 신념)가 기본적인 접근방식이다.

하지만 이제 삶의 문제들을 넘어설 만큼 성장한 우리 혁명가들은 중요한 두 가지 사실을 배우게 되었다. 첫째, 우리는 우리 자신을 그냥 그대로 내버려두는 방법을 잘 알지 못한다는 것이고 둘째, 우리가 현재 살고자 하는 모습보다 훨씬 편안한 마음으로 살 수도 있다는 것이다. 돈을 벌고 모으는 데만 관심을 두지 않고 무엇에 집중할까에 조금만 더 신경을 쓰면, 삶은 훨씬 더 풍성해질 수 있다.

심리치료사로서, 오랫동안 철저히 연극과 같은 삶을 사는 많은 사람들과 만나 오면서, 나는 스스로에게 다음과 같은 질문을 던지게 되었다.

"무엇이 사람들을 행복하고 자유롭게 만드는가?"

"무엇이 순기능이고 무엇이 역기능인가?"

"평범한 사람과 탁월한 사람이 일을 하는 방법은 어떻게 다른가?"

이 모든 질문의 대답은 끊임없는 성장과 관련이 있다. 그리고 끊임없는 성장은 뱀이 때때로 껍질을 벗어야 자랄 수 있듯, 경직된 마음을 벗어버리고 낡은 문화의 옷을 벗어 던져야만 가능하다.

사람마다 충만한 삶이 무엇인지 다르게 느낄 것이다. 그러나 본질적으로 요구되는 몇 가지 요소가 있다. 자신의 삶에 대해 책임을 지려는 굳은 결단과 왜 더불어 사는지를 깨닫게 하는 수련의 실천 그리고 즐겁게 할 수 있는 일을 찾아내는 것이다. 그렇게 하면 전에는 일이었던 것이 놀이로 바뀐다. 왜냐하면 자기가 좋아하는 일이며, 일이 자신의 비전을 실현시키는 과정으로 바뀌어 일이 더 이상 무거운 짐이 되지 않기 때문이다. 이 모든 것이 가능해지려면, 정직하고 창의적인 삶을 후원하는 공동체에 적극적으로 참여해야 한다.

참담한 삶을 사는 사람들은 부정적인 과거를 떠올리게 하는 현재의 사건들에 얽매여 마음을 사용한다. 그러나 의식혁명을 추구하는 사람들은 자신과 공동체 친구들의 장래를 창조하는 데에 마음을 사용한다. 철저한 정직성의 실천은 니체가 말한 소위 '놀이에 열을 올리고 있는 어린아이의 심성'을 회복하는 것이라고 말할 수 있다.

이 책은 실효성 있는 통찰과 수련과 연습문제를 제공할 것이다. 이 책에서 제시하는 방법대로만 따라하면 억눌리고 우울하기만 하던 삶이 놀이를 하는 것처럼 재미있고, 남에게도 도움이 되는 도구로 바뀔 것이다.

실천 순서에 관하여

철저한 정직성을 실천하는 순서는 다음과 같다.
첫째, 우리의 마음을 억압하고 있는 신념을 깨닫고 이를 넘어선다.
둘째, 우리 자신과 문화의 무지를 벗고 과거의 제물로서 살지 않는다.
셋째, 현재와 미래에 펼쳐질 자신의 삶에 대한 책임을 진다.

신념의 허상을 극복하면서 정체성을 회복한 다음에는 미래를 디자인하는 일에 마음을 사용해야 한다. 그렇지 않으면 마음은 되풀이해서 과거의 신념에 매달리기 때문이다. 미래를 바라보고 현재를 열심히 살아야만 과거의 낡고 부정적인 신념으로 되돌아가지 않는다. 이 책에서 말하는 정직성 철학을 실천하기 위한 연습문제들은 신체의 감각과 잘 조화되면서도 혼자 또는 그룹을 지어 그 자리에서 실행할 수 있다. 이 책에 소개된 연습은 실천에 의한 자기발견을 통해 자아정체성을 확립하도록 도와준다. 또한, 우리가 성장하면서 부딪치게 되는 상황들에 어떻게 대처할 것인가 하는 해답을 순서에 따라 하나씩 소개하고 있다.

첫째, 넘어서라. 당신이 어린 시절에 어떤 취급을 받았었는지 그 누구도 신경 쓰지 않는다. 그리고 마음의 상처는 저절로 없어지거나 어느 날 갑자기 치유되지 않는다. 중요한 점은, 우선 당신이 가지고 있는 능력과 상처가 무엇인지를 정확히 파악하고 현재에 살면서 미래를 내다보아야 한다는 것이다. 우울증의 제물이 되어 생명에너지를 허비하는 것이 얼마나 무의미한지 알게 되면, 비로소 변화를 위한 첫걸음을 뗄 수 있다. 가장 먼저 할 일은 부모나 배우자, 또는 마음이 껄끄러운 사람들과 부딪치는 것이다. 그래서 오랫동안 해결하지 못하고 덮어만 두었던 일을 해결하고 용서하고, 이해시키면서 마음을 속박하던 모든 것으로부터 벗어나야 한다.

우리를 희생 제물로 전락시키는 주된 요인은 바로 스스로를 제한하는 마음이다. 그러나 우리를 옭아맨 마음의 관점을 한 번 넘어서기만 하면 그것은 오히려 창조적인 삶을 위해 이용될 수도 있다. 관점만 바꾸면 신경증, 스스로를 속박하는 신념체계, 방어심리, 과대망상증, 감각과민중 등이 모두 삶을 창조하는 유용한 도구들로 변한다. 이와 같은 변혁의 사례는 수없이 많다.

인성이론의 저술가이며 심리치료사인 존 브래드쇼 *John Bradshaw*는 자신이 심리치료사가 된 것은 어머니에게 지나치게 의존했었던 어린 시절 때문이라고 말한다. 또 내가 아는 어떤 사람은 유명인사들에게 호신술을 가르치고 있는데 그 기술은 그 자신이 불량청소년기를 거쳐 건달생활을 하며 익힌 것이다. 시인이자 작곡가며 동시에 연주가인 내 아내 에이미는 어렸을 때 엄마의 신경질적인 잔소리도 듣기 싫었고, 우주비행사인 아버지의 권위적인 태도도 싫었다. 그래서 그럴 때면 나무꼭대기로 도망쳐 책을 읽었다. 그런 그녀가 나무에서 내려와 자발적으로 세상에 뛰어들었을 때는 이미 자신의 느낌을 아름다운 언어로 재창조하는 시인이 되어 있었다. 그녀는 자신의 상처받기 쉬운 마음 때문에 현실로부터 도망치거나 안주하기보다는 그것을 사람들과 나누는 데 그녀의 소질을 사용했던 것이다.

둘째, 자각능력을 계발하라. 자각은 세 부분으로 나눠진다. 당장에 피부로 아는 것과 한 순간에 신체 밖에서 오는 신호로 아는 것 그리고 지금 이 순간 마음에서 우러나서 아는 것이다. 우리의 자각능력 계발 훈련은 이와 같은 순서대로 발전되고 있다. 우리는 이것을 내부, 외부, 상부로 부르고 있다. 철저한 정직성 훈련코스에서도 이 방식을 광범위하게 적용하고 있으며, 지속적으로 훈련기법을 개발하고 있는 중이다.

먼저 우리가 우리 몸속에서 지금 일어나고 있는 일을 자각하고 그 자각된 내용을 표현하는 데 익숙해지면, 우리는 바로 그 순간에 우리 몸 밖의 외부세계에서 일어나고 있는 일도 자각할 수 있게 된다. 그러다 보면, 드디어 우리는 당신의 마음의 심연에서 일어나고 있는 일까지 자각할 수 있게 된다.

당신은 인지하며, 느끼며, 사유하지만 그것이 당신의 본질이 아니다. 마찬가지로 당신의 삶을 일목요연하게 정리해 놓은 자서전도 진정한 당신은 아니다. 다만 지금 이 순간 몸속에서 일어나고 있는 현상, 외부세계에서 일어나고 있는 일, 여기 이 순간에 일어나고 있는 당신의 생각이 곧 당신의 본질이라고 받아들이는 것이야말로 마음의 지배를 받지 않고 오히려 마음을 지배할 수 있는 지름길이다.

셋째, 창조하라. 자신이 어떻게 살며, 무엇을 위해 살아야 할지에 관해 책임감을 가진 사람은 몇 가지 영성 훈련을 반복함으로써 자신이 원하는 삶을 창조할 수 있다. 영적 생명은 명상, 사실대로 말하기, 요가와 같은 구체적인 훈련에 의해 유지된다. 그러나 영적인 삶을 살기 위해 특별히 신령하고 뛰어난 사람이 될 필요는 없다. 굳이 도덕군자가 되어야만 영적인 사람이 되는 것은 아니다.

나는 영적인 것과 경험적인 것을 동의어로 생각한다. 내가 어떤 일에 아주 완전히 몰두해 있다면, 그건 영적인 경험이다. 명상, 정직하게 말하기, 요가, 기타의 수련은 나와 내 친구들의 삶의 질을 높여 준다. 왜냐하면, 이런 수련을 통해 나의 존재를 생생하게 체험할 수 있기 때문이다.

정신수련은 삶의 질을 높여줄 뿐만 아니라 창조능력도 강화시킨다. 실제로 당신이 언제나 머리 속에 그리고 있는 당신의 소원을 이루자면 정신수련이 필수적이다. 내가 말하는 정신수련은 거룩하거나 정의롭다는 의미와 거리가 멀다. 사실, 언제나 정의로워야 된다는 집착에 빠져 있는 사람은 진정한 의미에서의 영적인 사람이 될 수 없다. 정신수련은 혼자서 하거나 여럿이 모여서 하거나에 상관없이 삶에 활기를 불어넣는 청량제다. 이 수련은 정신을 한 곳으로 모아주고, 계획을 실행으로 옮기는 일을 제대로 수행하게 한다.

넷째, 외로운 떠돌이가 되지 말라. 나의 정직 공동체에 모인 사람들은 처음에는 누군가를 비난하며 흐느껴 울지만 결국에는 프로젝트 기획이나 비전 공유를 위한 회의를 즐거운 마음으로 참여하게 된다. 우리는 그것을 치유공동체, 또는 창조공동체라고 부른다. 치유공동체는 미국뿐 아니라 외국에서도 자리를 잡아가고 있다. 따라서 원하면 세계 어느 곳에 있든지 참여가 가능하다.

이 책의 마지막 부분은 어떻게 하면 이러한 치유공동체를 통해 정직과 창조의 삶을 살 수 있을지 자세히 설명하고 있다. 공동체에 소속되어 서로의 마음을 터놓으면, 우리를 잘 알고, 우리도 잘 아는 많은 사람을 만날 수 있다. 이렇게 만나는 사람들은 현재까지는 적군들로 들끓는 이 세상에서 우리의 강력한 아군이 되어 함께 난관을 극복해 가는 동반자가 된다. 이 좋은 이웃들은 우리가 과거의 마음의 속박과 히스테리로부터 벗어나 지금의 우리로 돌아오도록 도와준다. 선한 이웃들은 우리가 길을 가다가 외로워할 때 다른 사람들이 우리를 정신병자 취급할 때 우리를 따뜻이 감싸 안아 줄 것이다.

희생의 제물에서 창조자로

인간의 고통은 마음속의 함정에 빠지면서 생겨난다. 우리는 현실과 맞지 않는 관념들을 가지고 있으며, 반대로 관념과 맞지 않는 현실에 둘러싸여 있다. 관념과 현실이 서로 왜 맞지 않는가를 설명하려다 보면 오히려 더 깊은 수렁으로 빠져 들어간다. 결국 우리 자신에 관한 그럴듯한 이야기를 꾸며서 마치 자기 자신이 현실에 가장 잘 적응하고, 선하고, 정의롭고, 유능하고, 적임자로 보이도록 하는 가면을 쓴다.

마음의 함정으로 인한 고통에서 빠져 나오는 길은 이웃들과 함께 '삶이란 우리 자신을 위한 것이지 결코 우리가 길들여진 대로만 엎드려 있으라는 게 아니라는 신념'을 공유하는 것이다. 우리는 학교, 가정, 사회에서 남들이 우리에게 기대하는 것이 무엇인가를 알아야 하고 그것이 우리 삶에 어떤 의미가 있든 없든, 그것을 우리가 바라든 바라지 않든 남들의 기대를 충족시켜야 한다고 길들여져 왔다. 우리가 살고 있는 세상엔 우리가 진실로 느끼는 것, 실제로 생각하는 것을 곧이곧대로 털어놔서는 안 된다는 터부가 금과옥조처럼 자리 잡고 있다. 우리들의 동료나 어른들이 '아마 이런 걸 바랄 거야' 라고 짐작되는 그것을 꼭 해야 한다는 강박관념에 사로잡혀 있다. 이토록 우리는 남들의 평가에 집착한다.

이 책은 철학체계와 종교적 수련, 그리고 심리치료기법을 이용하여 다음과 같은 네 가지 요소를 가진 프로그램 개발과정을 설명하는 책이다.

1. 과거와 결별하고 '현재의 나'와 직면한다.
2. 집중력을 방해하는 마음의 저항을 극복하고, 우리를 현재에 굳게 자리 잡게 한다.
3. 생활계획의 설계, 관리시스템을 도입한다.
4. 공동체에서 사람들과 정직한 나눔을 실천하며, 서로가 서로에게 도움을 줌으로써 각자가 비전을 위해 삶을 설계하도록 한다.

　피조물에서 창조자로, 과거에서 미래로 가는 길은 언제나 열려 있다. 정직성혁명, 정신수련, 치유공동체를 통해 그 길을 안내받을 수 있다. 우리가 지난 10년 동안 공들여 만들어 온 삶의 반전, 공동체건설, 사회개혁을 위한 프로그램을 제 3부에서 만날 수 있다. 이 프로그램은 스스로를 자각하는 법과 이웃과 진정한 사랑을 나누는 법을 가르쳐 줄 것이다.

　마음을 버리고 감각으로 들어오는 능력과 기술을 익히면 당신의 삶에 무한대의 변화가 찾아올 것이다. 당신은 그런 능력을 과거 이미지들을 지키는 데 쓰지 않고 원하는 것들을 계획하고 실천하는 데 사용하게 될 것이다. 당신을 옭아매고 우울증의 나락으로 빠뜨리던 당신의 과거가 더 이상 걸림돌이 아닌 오히려 창조의 무기가 되는 것이다.

　일반적인 심리치료는 잘못된 부분을 찾아서 그것을 교정하는 방식인데 비해, 이 접근법은 성격상의 특징과 문제점을 역으로 이용해서 창조의 도구가 되게 한다. 상처받은 마음을 오히려 유용한 도구로 활용하는 것이다. 깨어진 벽돌조각이 가지런한 돌계단이 되는 것이다.

CHAPTER 01

왜 꼭 이렇게 살아야만 되는가?

많은 사람들은 자신이 주변 여건의 희생물이라고 느낀다. 어떤 시스템에다가 우리 자신을 적응시키고 있기 때문이다. 우리는 남들이 이미 만들어 놓은 방식에 따라야 한다는 함정에 빠져 있다.

우리가 어디에 살며 무엇을 믿는가에 상관없이 '꼭 그래야만 한다'는 의무감에 내몰리게 되면 우리는 점점 뒤쳐지고, 결국 탈진하여 쓰러지고 만다. 더 빨리 움직이고, 더 열심히 일하고, 더 많이 벌고, 앞서 가야만 하는 현대의 생활…, 그 무거운 짐이 우리의 어깨를 짓누르기 때문에 우리는 과거 그 어느 때보다 더 열심히 일하지 않을 수 없다. 일을 즐긴다는 건 상상도 할 수도 없고 가족과 함께 보내는 시간, 여가와 휴식을 위해 보내는 시간은 갈수록 짧아지고 있다. 그럼에도 우리는 무엇이 잘못 되었는지 생각할 겨를도 없이 그저 세상의 패러다임에 따라 하루하루를 아무 생각 없이 보내고 있다. 하지만 진정으로 행복한 삶을 살기 위해서는 이제라도 낡은 신념체계로부터 하루빨리 벗어나야 한다.

당신은 단일 상품으로 세계 최대의 매출액을 기록하고 있는 품목이 진통제라는 사실을 알고 있는가? 혹자에 따르면 세계 인구의 절반 이상이 어떤 물질이나 작용에 중독되어 있다고 한다. 우리는 왜 이렇게 병들고 고통스러워할 수밖에 없을까?

많은 사람들은 자신의 삶이 이미 결정되어 다시는 돌이킬 수 없다고 생각한다. 그래서 고통스런 삶을 어쩔 수 없이 감내하며 살아간다. 성공적인 사람들보다 못난 것이 자신의 죄라고 치부하며, 자신이 고통받는 것이 마땅하다고 스스로를 자책한다.

하지만 왜 사람들은 '좀더 풍요로운 삶을 누릴 수는 없을까?' 하고 자문해 보지 않을까? 어렸을 때는 얼마나 진지하고 호기심 많으며 활력 있는 삶을 살았었는지 왜 생생히 기억하지 못할까? 어쩌다 그걸 잃어버렸을까? 그때의 열정을 되찾는 것은 정녕 불가능한 일일까? 진통제, 알코올, 과식, 과로, 기타 우리를 중독시키고 있는 물질을 대체할 방편은 정말로 없는 것일까?

'당연'과 '물론'의 세계를 청산하라

낡은 제도가 스스로 개선되거나 저절로 소멸되기를 기다리지 마라. 큰 소리 치며 뛰쳐나가라. 정직성 혁명은 그래야 일어난다. 사람들의 마음속에 간직된 잘못된 문화 패러다임은 무한대의 고통만을 강요할 뿐이다. 사람들을 속박하는 이런 패러다임은 오직 각자의 마음속에만 있을 뿐이다. 내가 이 책을 쓴 이유는, 정상적인 가정에서 정상적인 교육을 받으며 자랐지만 결국에는 엄청난 고통을 겪게 된 사람들이 스스로 만든 마음의 감옥으로부터 탈출할 수 있도록 돕기 위해서다. 바로 현재의 삶은 어떠하며 장래에는 어떻게 될 것인지에 대하여 서로 진실만을 말하는 것이다. 진실만을 말하면, 우리 자신은 과거사가 아닌 '지금 이 순간의 자각자'가 될 수 있다.

이미 수천 명이 모였다. 그들은 서로 만나본 적이 없지만, 모두가 새로운 혁명의 전사동지로서 세상을 변혁시키려 하고 있다. 우리는 다른 집단, 특히 머니 컬트(money cult : 황금만능주의 - 옮긴이 주)와는 판이하게 다른 새로운 삶의 모형을 만들어 세상을 바꾸어 놓을 작정이다. 우리가 창조하는 삶의 질이 그들의 낡은 신념체계에 따른 삶의 질을 능가할 것이다. 세계가 이를 곧 알게 될 것이다. 사람들이 탐욕의 대상을 바꾸면 돈의 위상도 달라진다. 우리는 사람들이 겪는 고통의 발자국을 따라, 가족의 제의미를 찾고, 문화의 모순을 밝혀내고, 마지막으로 해방과 혁신을 위한 공동체 건설을 이룩할 것이다.

늙은 활동가, 늙은 히피, 젊은 이교도

강연이나 토크쇼를 위해 돌아다니면서 나는 비슷한 유의 사람들을 많이 만난다. 시민운동을 하는 사람, 반전 운동가, 휴머니스트 심리학자, 세계 여러 나라를 돌아다니며 약물을 연구하는 사람 등이다. CNS(Center for Noetic Science)의 조사결과를 보면 우리처럼 남들을 일깨우는 일을 하는 사람의 비율이 미국 인구의 24%라고 한다. 남들을 돕는 우리도 대중적인 라디오 프로에 귀를 기울인다. 남들이 좋아하는 영화도 보러 다니며 텔레비전의 인기 프로그램들도 즐겨 본다.

《철저한 정직성》을 읽고 수많은 종파의 성직자들이, 약물중독이나 증후군으로부터 회복된 많은 사람들이 나에게 감사한다는 말을 전해 오고 있다. 여러 종교집단, 심지어는 감리교회에서까지 나를 초청하여 강연을 듣고자 한다. 그들은 현재 자신들이 하고 있는 일이 과연 옳은 지 지침을 받고 싶어한다. 바로 나에게서….

누군가로 하여금 마음을 초월하고 스스로를 자각하도록 만드는 것은 혁명에 가깝다. 마음을 초월하는 과정에서 가장 중요한 것은 특정한 상태를 뛰어넘는 것이다. 이를테면 부모가 당신을 얼마나 부당하게 대했으며, 내가 힘들 때 아무도 도와주지 않았노라고 울먹이며 푸념하는 그런 심리를 뛰어넘는 것이다. 일단 무기력하게 울고만 있는 자신의 모습을 보고, 그것이 얼마나 삶을 헛되이 탕진하는 것인지를 알아야한다. 그리고 변화의 기회를 잡아야 한다. 마음이 주는 시야의 한계를 뛰어 넘어야 한다. 그렇게만 되면 마음의 지배를 받는 것이 아니라 마음을 통제할 수 있게 된다. 마음에 관한 이러한 깨달음에 이어 지속적인 정신수련을 통해 마음이 자유의 공간을 확보하고 또 다시 희생제물이 되지 않도록 지켜나가야 한다. 이 일은 마음이 다시 세상을 원망하며 약물치료나 받는 신세로 전락하지 않도록 당신을 지켜내는 일이다.

결실을 맺은 한 사람으로 성숙해 가는 과정은 다음과 같다. 순진한 아이가 사람들과의 접촉을 통해 성인이 된다. 이때 어리석은 부모를 만나면 신경과민이 된다. 신경과민의 아이가 성인이 되면 거의 정신병

→ 천진난만한 아이가 사람들과 접촉합니다.

→ 무지하고 어리석은 부모 때문에 신경과민이 됩니다.

→ 성인이 되면서 정신병자가 됩니다.

→ 치료를 받거나 다른 훈련을 통해 존재를 재발견합니다.

→ 성숙한 인간으로서의 역할을 감당하며,
정신수련과 창조활동을 통해
그 성숙된 상태를 유지합니다.

[그림1] 결실을 맺은 사람의 성숙 단계

자가 된다. 그러면 치료를 받거나 다른 현명한 방법을 선택한다. 존재를 재발견하여 나름대로의 역할을 감당하며 명상과 공동체 활동을 통하여 그 성숙된 상태를 유지한다. 일상생활을 활기 있게 하기 위해서는 이 전체적인 그림을 파악하는 것이 중요하다. [그림1]은 성숙으로 가는 경로를 설명하고 있다.

우리가 하는 일은 스스로 변화되고자 노력하는 것이 아니라, 마음을 초월하여 변화하고자 하는 사람들을 도와주도록 설계되어 있다. 이 운동은 세계의 문화를 개조할 것이다. 공동체는 이미 사회적 운동으로 자리 잡아 가고 있다. 그야말로 살아 움직이는 시민운동이 되게 하는 것이 우리의 목적이다. 우리는 당신의 동참을 기다리고 있다.

CHAPTER 02

우리를 얽어매는 마음의 속박

사람들은 '마음'이라는 말을 무척 즐겨 쓴다. 하지만 그 마음이 무엇이냐고 물어보면 선뜻 대답하는 사람이 드물다. 그래서 나는 이 장에서 마음과 관련하여 다음과 같은 것들을 논하고자 한다.

- 마음이란 무엇인가?
- 마음은 어디에 쓰이나?
- 마음은 어떻게 형성되나?
- 마음은 어떻게 움직이나?
- 어떻게 하면 마음을 길들여서 달아나지 않게 할 수 있나?

마음이 어떻게 움직이는지 잘 살펴보자. 이 장에서 우리는 샐리 진

헨리 *Sally Jean Henry* 라는 여성이 열아홉 살이 될 때까지의 이야기를 예로 들면서 마음에 대해 살펴볼 것이다. 그녀는 1980년에 태어나 미국 오하이오 주의 클리브랜드에서 자랐다. 그녀의 마음이 어떻게 형성되어서 어떻게 그녀를 움직여 왔는지 살펴보자.

도대체 마음이란 무엇일까?

마음이란 '계속 이어지는 지금이라는 순간에 대한 멀티센서의 기록을 일직선으로 배열해 놓은 것'이라고 한다. 우리가 태어나고 자라면서 일어났던 사건들을 기록한 것이 바로 마음이라는 것이다. 이 기록들은 소리나 모양뿐만 아니라 맛, 감촉, 냄새, 균형, 느낌, 사상 등 모든 것을 담은 소위 '멀티센서 기록'이다.

기록의 보존연한은 각기 다르다. 중요하다고 생각되는 사건의 첫머리, 그 중 눈에 확 띄는 순간을 특별한 것으로 두며 사건들 간에 경계를 이루고 있다. 이 순간들이 우리의 뇌리에 기록으로서 보존된다. 기록은 어린 시절의 것부터 시작해 최근의 것까지 순서에 맞춰 일직선으로 배열, 축적된다. 그러나 기록되는 각 순간의 길이는 짧게는 몇 초에서 길게는 몇 시간에 이르기까지 다양하다. '지금 이 순간들'이라는 것은 길이가 일정치 않으며, 시계열에 따라 선형으로 배열된다. 이렇게 축적된 기록들을 모두 합한 것이 바로 마음이라는 것이다.

마음은 살아남는 데에 쓰인다. 살아남기 위해서 마음이 필요하다. 생물학적으로 볼 때, 인간은 튜브 속의 튜브다. 피부라는 튜브는 정맥과 동맥, 모세관, 소화기관과 같은 튜브 전체를 감싸고 있는 더 큰 튜브다. 우리는 물과 음식을 튜브의 한 쪽 끝에다 집어넣어서 그것들이 반대쪽 끝까지 통과하게 함으로써 생명을 유지하고 있다. 우리가 집어넣은 모든 것은 튜브의 반대쪽 끝으로 대소변이나 땀의 형태로 나온다.

만약 우리가 먹고 마시는 것들을 튜브의 끝까지 통과시킴으로써 생명을 유지하는 일에 마음이 중요한 역할을 한다면 마음은 그야말로 쓸모 있는 것이다. 사춘기를 지날 때까지 튜브 통과 작업을 해나가면 우리는 종족을 유지하기 위해 남성 튜브와 여성 튜브를 결합시킴으로써 새로운 튜브를 만든다. 흡수, 배출, 종족 유지를 위해 마음이 무언가 유용한 역할을 한다면, 마음은 존재의 유지존속에 쓰이는 것이라고 말할 수 있다. 따라서 마음은 튜브 유지관리 프로그램이다.

마음은 그 자체가 계속 유지관리 되어야 한다는 것을 스스로 알고 있다. 독자적인 메커니즘을 가지고 스스로의 생존을 위해 존재하고 있다는 것을 자각하고 있다. 마음은 스스로 '나의 존재로서의 유지존속은 나에게 달려 있기 때문에 나는 여하한 대가를 치르게 되더라도 나를 지켜나갈 것이다' 라고 생각한다. 그러다 보면 마음 자체의 생존이 생명보다 더 중요한 것이라는 데에까지 다다르는 것이 곧 마음이다. 생명을 버리면서까지 자신의 마음을 지키려는 경우다.

예를 들면, 짠돌이 코미디언 잭 베니 *Jack Benny* 가 라디오 쇼에서 다음과 같은 풍자극을 한 적이 있었다. 뉴욕의 센트럴 파크에서 강도가 잭의 가슴에 권총을 들이대면서 "돈을 내 놓을래, 아니면 목숨을 내 놓을래?" 하고 소리를 질렀다. "어? 어… 엄!!!!!!!" 엄지는 턱을, 검지는 볼을 찌른 채 잭은 꼼짝도 하지 않고 "음…, 음…" 하면서 우물쭈물 하였다. 강도가 "돈이야? 목숨이야?" 하고 재차 다그쳤다. 잭은 언짢다는 듯한 목소리로 "지금 생각하고 있잖아. 생각 중!" 하고 대꾸했다. 돈이 더 중요한지 목숨이 더 중요한지 얼른 판단이 서지 않아 잭은 고민에 빠진 것이다. '돈이냐? 목숨이냐?'

또 하나의 예로써, 당신은 16세이고 바그다드에서 태어났으며 신실한 회교도이자 선한 시민이며 사담 후세인의 추종자가 되고 싶어 한다고 하자. 당신은 그러한 자기정체성을 지키기 위해 제복을 입고 8만 명의 다른 회교도 형제들과 쿠웨이트로 갔는데 미군이 당신도 죽이고 당신과 똑같은 정체성을 지키려는 다른 형제들을 죽였다. 그런 경우 당신은 정체성과 이상을 지키기 위해 목숨을 버린 것이다.

내가 18세 때, 많은 동년배들이 '의로운 미국인'이 되기 위해 베트남 전선으로 떠났고 그중 다수가 그 정체성을 지키기 위해 죽었다. 역사를 돌이켜보면 너무나 많은 젊은이들이 가엾게도 왜곡된 이상과 우리의 마음이 우리에게 강요하는 '우리는 누구'라는 말 때문에 덧없이 죽어 갔다. 무엇이 더 중요한 것인가? 자신에 대한 이미지인가? 목숨인가?

슈나이드먼 _Schneideman_ 과 파베로우 _Farberow_ 는 17년 동안 발생한 350건의 자살 사례 연구 결과를 책으로 펴낸 적이 있다. 유서에 남겨 놓은 사연들과 친구나 가족들과의 인터뷰 내용을 세밀히 분석해 본 결과, 공통적으로 적용될 수 있는 하나의 명제를 발견할 수 있었다. '사실상 모든 자살은 자아를 유지하거나 드높이기 위한 시도'라는 것이다. 마음이 살아남는 대가로 목숨이 없어진다는 것이다. 마음은 의롭고 옳다는 것으로 살아남다. 사악한 생존보다는 정의로운 죽음을 택하는 경우다.

십대 청소년들은 존재보다는 자아이미지(self-image)로써 자신을 정체화한다. 삶의 가치를 평가하는 내면적 판단, 이를테면 "아, 너무 힘들어", "더 이상은 못하겠어", "그럴 가치가 없어", "이제 뭔가 보여줘야 되겠어" 등과 같은 판단을 살리기 위해 목숨을 버린다. 그래서 자살률은 십대가 가장 높다.

마음은 인간의 생존 또는 인간이 스스로 무엇이라고 여기는 그 무엇의 생존에 쓰이는 것이다. 마음은 마음 자체의 생존을 위해 필요하다면 생명까지 버리도록 한다. 그렇기 때문에 마음은 생명을 위한 완전무결한 도구라고 할 수 없다.

마음은 실수를 저지르며 언제나 생존을 위한 것이라는 믿음을 얻지 못하고 있다. 신체의 생존이 주의와 안전에 의해 좌우되는 것임에 비해 마음의 생존은 '옳다', '그르다' 라는 가치판단에 좌우된다. 이 두 목표는 때로 충돌을 일으키지만, 승자는 언제나 마음이다. 마음의 생존이 신체의 생존보다 먼저라는 결말이 나는 것이다. 동양철학에서는 이것을 에고*ego*라 부른다.

마음은 어떻게 형성되나?

마음의 기록은 나이를 먹어감에 따라 계속 축적된다. 하지만 각각 다른 세 개의 실타래에 나뉘어 축적된다. 나는 이것을 각각 A, B, C급 사건이라 부른다.

A급 사건

A라는 살타래에는 생명의 위협, 고통, 의식상실에 관한 기록을 감아서 보존한다. A급 사건이란 어떤 것인지를 보다 자세히 알아보기 위해 앞에서 언급했던 샐리 진 헨리의 어린 시절을 들려주겠다.

장면 1

네 살의 샐리는 다섯 살 된 오빠 톰과 집 근처 놀이터의 작은 연못에서 장난감 보트를 띄우는 놀이를 하고 있다. 햇빛은 화사하고 바람도 나뭇잎들을 살랑살랑 흔들었다.

갑자기 오빠가 "이건 내 꺼야!" 하고 보트를 낚아채며 도망가기 시작한다. 샐리는 그 보트는 자기 것이라 여겼고, 그래서 오빠를 뒤좇아 가며 "내 꺼야, 내 꺼" 하고 소리친다. 함께 놀던 강아지 래그도 덩달아 달린다. 이들이 공원의 반대편에 다다르자 오빠는 콘크리트 계단을 세 개씩 건너 뛰어 내려간다. 샐리가 멈칫하는 순간 뒤에서 달려오던 래그의 발이 샐리의 발에 걸리면서 샐리는 계단 아래로 굴러 떨어진다. 어깨, 팔, 머리가 잇달아 콘크리트에 부딪친다. 그러면서 잠깐 정신이 아득해진다.

다음 순간 샐리는 안개 속에서 숨을 쉬기 위해 안간힘을 쓰며 허둥대고 있다는 느낌이 든다. 엄마가 급히 달려와서 샐리 앞에 구부려 앉는다. 엄마 안경에 반사된 햇빛이 샐리의 눈에 비쳐서 샐리의 눈이 사팔뜨기처럼 된다. 래그는 샐리의 얼굴을 핥아댄다. 톰은 엄마 등 뒤에서 겁먹은 목소리로 "다치진 않았어. 괜찮아"라고 말한다. 팔과 어깨에 상처가 났고 샐리는 순간적으로 메스꺼워진다. 엄마는 샐리를 안아서 집으로 데려온다. 이번에는 더 좋은 장난감들을 내준다. 이것이 사건의 전부다.

기록은 오빠가 보트를 낚아채는 순간부터 엄마가 더 좋은 장난감을 내주는 순간까지다. 이런 것이 바로 A급 사건이다. 샐리는 고통을 당했고, 잠시나마 정신을 잃었고, 생존의 위협을 받았다. 샐리는 네 살의 나이에 멀티센서 기록을 만든다. 기록은 묻혀버릴 수도 있고 부분적으로 잊혀질 수도 있고, 변형되어 의식 속에 남아 있을 수도 있지만, 멀티센서에 의해 A급 사건으로 온전히 기록된다. 우리 모두는 이러한 사건 속에 살고 있으며, 따라서 그런 기록들을 가지고 있다. A급 사건으로서 기록되는 첫 번째 사건 중의 하나가 출생이다. 영아에게 있어 출생은 A급 사건으로서의 모든 요건을 두루 충족시키는 사건이다. 우리는 누구나 태어날 때 고통을 겪으며, 충격을 받으며, 정신을 잃으며, 생존의 위협을 받는다.

B급 사건

실타래 B에 감기는 B급 사건은 갑작스러운 충격에서 오는 상실감, 격한 감정, 대체로 부정적이면서 그 전에 한번 일어난 적이 있는 A급 사건과 연계된 사건이다.

#장면 2

샐리는 이제 일곱 살이다. 오빠를 뒤따라 운동장으로 향하는 보도 위를 달리고 있다. 래그는 꼬리를 흔들며 샐리 뒤를 쫓아간다. 갑자기 오빠가 오른쪽으로 돌면서 찻길을 건넌다. 샐리와 래그도 길을 건넌다. 날카로운 브레이크 소리가 들리는가 싶더니 "픽" 하는 소리가 난다. 샐리가 뒤를 돌아본다. 래그가 덤프트럭에 치었다. 샐리가 래그쪽으로 되돌아온다. 털썩 주저앉으며 손으로 래그의 몸을 어루만진다. 손에 뻣뻣한 감촉이 느껴지며 피비린내가 난다. 샐리는 래그가 죽었다는 것을 알고 울기 시작한다.

이런 것이 B급 사건이다. 갑작스러운 충격에서 오는 상실감, 격한 감정, 대체로 부정적이면서, 이전에 일어난 적이 있는 A급 사건과 연계된 사건이다. 전에 있었던 A급 사건에서 래그는 공원에서 뛰었고, 샐리의 다리에 걸려 넘어졌고, 샐리의 얼굴을 핥았다. 래그의 충격적이고 급작스런 죽음은 샐리의 마음에 B급 사건으로서 영원히 기록된다. 누구도 이런 유형의 사건 없이 살 수 없고 그것은 또 기록되지 않을 수 없다.

C급 사건

C급 사건은 A급 사건이나 B급 사건과 관련하여 일상생활 속에서 일어나는 대부분의 사건들이다. A, B급 사건과 관련하여 일어나는 모든 부수적인 사건들은 A, B와는 별도로 기록되며 그것을 우리는 C급 사건이라고 부른다. 샐리의 경우, A급 사건과 B급 사건이 일어났던 날을 전후하여 나무, 햇빛, 연못, 장난감 배, 공원, 잔디, 보도, 계단, 안경, 추락, 운동장 근처, 오빠, 덤프 트럭, 개, 개털, 축축하고 뻣뻣한 물건, 장난감 등이 모두 C급 사건이다. 이들은 모두 별개로 기록, 저장된다. 그러나 A, B급 사건과의 연계성은 계속 이어진다. 그리하여, 사람은 누구나 예닐곱 살 정도가 되면 수많은 A, B급 사건들의 기록을 축적하게 되고, 따라서 세상의 모든 것이 생존위협과 연계된다.

마음이란 본질적으로 편집증적인 성향을 위한 도구다. 우리는 생존 위협과 상실에 대한 기억을 간직하고 있으며, 차후에는 생존을 위해 그러한 위협요소들을 회피하려 한다. 일곱, 여덟 살이 지나고부터는 외부의 모든 자극은 복잡한 연계작용을 일으킨다. 그래서 우리는 상처나 곤경에 빠져지지 않기 위해 보초를 서며, 그것이 바로 마음이 하는 일이다. 마음은 회계사나 변호사처럼 혹시 전에 있었던 일이 재발하는 건 아닌가 하고 노심초사하며 그 재발을 방지하고자 노력하는 그런 일을 한다.

과거의 기억이 어떻게 작용하나?

우리가 성인이 되면 연계, 반응하는 마음이 어떻게 작용하는지 알아보겠다. 앞에서 예로 들었던 샐리가 이제 열아홉 살이 되었다고 하자. 그녀는 아주 미인으로 성장했고, 워싱턴에 있는 조지 워싱턴 대학 1학년이다.

#장면3 옵션1
샐리는 수주 째 사귀고 있는 남자친구 게리와 공원으로 피크닉을 간다. 햇빛은 화사하고 살랑거리는 바람이 나뭇잎들을 흔든다. 샐리는 나무에 기대앉았고 게리가 옆에 앉고 싶어 다가온다. 그도 샐리와 똑같이 나무에 기대앉으면서 샐리의 무릎을 손으로 꽉 쥔다. "아야!" 샐리가 소리를 지른다. "괜찮아, 넌 다치지 않았어, 다치지 않았어." 게리가 당황하며 말한다. 샐리는 알 수 없는 불편한 심기를 느낀다. 그때, 그가 키스를 하기 위해 그녀 쪽으로 몸을 구부린다. 그의 안경에 반사된 햇빛 때문에 샐리의 눈이 사팔뜨기처럼 찡그려진다. 그는 키스를 했고 샐리도 응한다. 그러나 그녀는 왠지 메스껍고 약간 불안하기도 하고 불편한 느낌이 든다. 피크닉이 끝나자 그들은 따로 돌아온다. 게리가 전화를 해도 샐리는 받지 않는다. 그녀는 다시는 게리와는 피크닉을 가지 않는다.

누군가가 왜 게리와 데이트를 하지 않느냐고 물으면 샐리는 온갖 합리적인 구실을 댄다. '자신이 원하는 타입이 아니다, 유머감각이 없다, 이제 겨우 1학년이기 때문에 너무 깊은 관계에 들어가기가 겁난다' 등이다.

그러나 그런 합리적인 설명들은 그녀가 게리를 멀리하는 진정한 이유가 아니다. 진짜 이유는 네 살 때 있었던, 이제까지 잊어버리고 있었던, A급 사건의 장면들이 그날 피크닉에서 재연됨으로써 연계작용을 일으킨 데 있었다. 게리가 "넌 다치지 않았어, 다치지 않았어"라고 한 말과 목소리, 그리고 키스하느라 구부릴 때 안경에 반사된 햇빛 때문에 눈이 찡그려진 것이 샐리로 하여금 메스꺼움과 생존의 위협을 느꼈던 네 살 때의 A급 사건과 연계시키도록 만든 것이다. 그녀의 A급 사건 기록이 게리와 연계되었기 때문에 그녀는 그를 더 이상 만나지 않는 것이다.

장면 3 옵션 2
피크닉에서 있었던 일에서 상황만 조금 바꿔 연계작용의 결과를 살펴보겠다. 샐리가 나무에 기대앉아 있다. 게리가 옆에 앉으려고 다가온다. 그리고 무릎을 꽉 쥔다. 샐리가 "아야!" 하고 놀라 소리친다. "넌 다치지 않았어, 다치지 않았어!" 당황한 게리가 대답한다. 그리고 키스하기 위해 몸을 구부릴 때 안경에 반사된 햇빛이 샐리의 눈을 사팔뜨기로 만든다. 그러나 이번에는 그가 키스를 하자 메스꺼움을 느끼는 대신 그로 하여금 자신의 얼굴을 핥게 하고 싶다는 충동을 억누르지 못한다. 긴 프랜치 키스가 끝나자 그가 다시 그녀를 와락 끌어당기며 그녀의 입술 언저리를 핥아댄다. 샐리는 그와 결혼한다. 누군가가 샐리에게 왜 게리와 결혼했느냐고 물으면, 그녀는 온갖 합리적인 이유들을 댄다. 부잣집 아들이고, 의대에 갈 예정이고, 종교적 배경도 같고…. 이루 헤아릴 수 없는 많은 이유들을 댄다. 그러나 그런 건 진짜 이유가 아니다. 사물을 '기록'과 연계시키려는 마음의 경향이 진짜 이유다. 그녀는 전에 죽은 래그라는 개를 되살려 내기 위해 게리와 결혼하는 것이다(우습지만 많은 사람들이 이렇듯 강아지와 결혼한다. 특히 초혼일수록).

스스로 통제한다는 환상

우리는 자신에게 일어나는 일을 스스로 통제하고 있다고 생각하지만, 사실은 그렇지 않다. 반응심리가 작용하여 나도 모르게 현재의 일을 합리화하고 있음에도, 자신은 현재를 통제하고 있다고 믿는 것이다.

따라서 우리가 말하는 합리적인 결정이라는 것들은 결코 제대로 된 의사결정이 아니다. 그건 이미 우리의 연쇄적 반응심리가 선택한 것을 정당화하는 과정일 뿐이다. 전에 있었던 일과 지금 일어나고 있는 일을 연결시키는 마음의 작용일 뿐이다. 통제란 재빨리 돌아가는 반응심리가 제공한 환상이다. 반영심리는 반응행동 바로 뒤에 바짝 붙어서 통제라는 환상을 유지하기 위한 변명을 늘어놓는다.

스토리에 관한 스토리

반응심리 중에 반영심리가 있다. 기본적으로, 우리는 아주 어릴 때부터 반복되는 사건들을 이리저리 비교해 보는 과정에서 생각을 형성하기 시작한다. 하나의 생각이 만들어지기 위해서는 최소한 두 사물간에 같은 점이나 다른 점 그리고 긴밀한 상호관련성이라는 세 가지 요소가 있어야 한다. 반영심리란 유사성, 상이성, 연관성이라는 이 세 요소들이 서로 복잡하게 얽혀 있는 체계다.

생각이 만들어지는 과정을 예로 들어보자. 갓난아기는 허기를 느끼는 것과 우는 것을 반복적으로 경험한다. 그러면서 뭔가를 먹을 때와 먹지 않을 때에 대한 기억을 희미하게 형성한다. 이런 기억들은 단순히 조각들로 남아 있다가 하나씩 쌓이면서 단순한 개념으로 자리잡는다. 점점 자라나면서 같은 방법으로 엄마, 아빠, 자기 방, 자기 침대 등을 구별한다. 우리가 반영심리라고 부르는 마음이라는 것은 이와 같은 사건들을 재료로 하여 순간적인 연상 작용을 통해 만들어진다.

마음이라는 것이 방금 이야기한 것처럼 반영심리모형에 따른다면 다음과 같이 말할 수 있다. 당신이 지금껏 옳다고 생각한 모든 신념들은 당신이 자신을 통제하고 있다는 환상을 주기 위한 것들이었다. 무엇이 옳고, 그때 무슨 일을 하고 있었으며, 당신이 행한 그 모든 일들이 정당하다는 모든 생각은, 당신이 판단한 것을 반응심리가 합리화한 것이었다. 그리고 온갖 이론을 동원하여 자신의 행위를 변명한 것은 이 이론에 따르면 별 의미가 없는 행동이었다.

사람에게 일어나는 모든 사건 기록은 하나의 사실묘사 단계와 두 개의 추상화 단계로 이루어진다. 실제 일어난 일, 일어난 일을 소재로 하여 만들어진 스토리, 그 스토리로부터 추출해 낸 의미가 바로 그것이다. 가장 많이 추상화 된 내용, 즉 스토리로부터 추출된 의미를 가지고 우리는 그것이 실제라고 여기고 있다. 우리가 사실이라고 여기는 대부분의 것들이 사실에 관한 스토리이거나 스토리에 관한 스토리인 것이다.

경험이 만들어내는 환상

현재 일어나고 있는 일은 잠들어 있던 과거를 일깨우는 작용을 한다. 우리의 현재 반응은 과거와 항상 연결되어 있다. 남편이나 아내가 격분하여 하는 말투와 목소리는 어렸을 때 부모에게 들은 꾸지람 소리와 대개 닮았다. 따라서 부부싸움을 하면 어렸을 때 입은 상처가 다시 살아나곤 한다. 어쩌면 영원히 감추고 싶던 마음이 나도 모르게 밖으로 나와 버린 것인지도 모른다.

실수를 저지를 때마다 우리는 그것을 되풀이하지 않으려 작정한다. 대체로 두 살부터 열여섯 살 사이에 그런 결심을 많이 하는데, 그 후로는 그 결심을 애지중지하며 삶의 잣대로 삼는다. 그러면서 '절대로, 절대로 다시는 이런 실수를 저지르지 말자'고 혼자 중얼거린다.

내가 열 살 되던 해 나는 아홉 살짜리 바로 아래 동생과 한 살짜리 어린 동생과 함께 자동차 뒷좌석에 앉아 있었다. 앞좌석에는 엄마와 의붓아버지가 모두 술에 취해 큰 소리로 다투고 있었다. 우리는 모두 겁에 질려 있었다. 하지만 동생들을 안심시켜야 한다는 생각에 "음, 다 왔어, 바로 저 언덕 너머야, 여기가 집이야" 하고 다독거려주었다. 그런데 바로 그 순간, 의붓아버지가 엄마 얼굴을 때리는가 싶더니 브레이크 페달을 콱 밟으면서 엄마를 닥치는 대로 마구 후려쳤다. 엄마는 비명을 지르며 대들었다. 앞좌석 의자가 뒤로 쏠렸다. 나는 한 살짜리 동생을 꼭 안았다. 차가 멈춰 서자 나는 한 팔로는 동생을 안고 몸으로 앞좌석을 밀면서 다른 한 손은 자동차 문을 열기 위해 안간힘을 썼다. 우리는 밖으로 튀어나왔다. 그리고 뛰었다. 동생을 안고 뛰면서 나는 스스로에게 울부짖었다. "결코 잊어서는 안 돼! 집안에 들어가지 못했으면 넌 집에 있는 게 아냐! 완전히 끝나지 않았으면 끝난 게 아냐!"

그때의 결심, 매사에 경계를 늦추지 않으며, 뭐든 당연한 것으로 여기지 않고, 형제들을 착각(엄마 아빠와 같이 있으면 절대 안전하다는 식과 같은)으로부터 보호하는 방패막이가 되어야 한다는 생각은 그대로 내 인생의 주제가 되고 말았다.

이 결심은 그 사건으로 인해 생긴 것이 사실이지만 반드시 그 일 하나 때문만은 아니다. 그 일이 떠올리게 한 과거의 그와 유사한 다른 상처들도 함께 영향을 준 것이다. 그 후로 나는 항상 방심하지 않고 주변 사람들을 주의 깊게 돌보고자 애썼다. 다시는 그런 바보 같은 부주의함을 저지르지 않으리라는 결심을 되풀이하면서 말이다. 그렇게 함으로써 나는 항상 나 자신을 통제하고 있다는 환상을 갖게 되었다. 그래서 '보살피는 것이 통제'라는 나의 환상을 지탱하는 방편이 된 것이다.

이와 같은 결심들이 스스로의 삶을 잘 통제하고 있다는 착각 속으로 더욱 깊이 빠져들게 한다. 그래서 이번에는 비록 그렇게 하지 못할망정 다음번에는 반드시 통제하고 말아야 한다고 스스로에게 다짐하는 것이다.

당신의 삶을 마음이 통제한다고?

무의식뿐만 아니라 의식적인 행동을 할 때도 우리는 옛날에 했던 결심을 기억해 낸다. 그것이 바로 우리가 말하는 소위 '생각'이라는 것의 정체다. '마음을 결정한다'는 것은 기억 속에 저장된 과거의 기억들을 다시 꺼내 현재의 결정에 대입하는 것이다. 결국 과거의 환상 속으로 되돌아가 그것에 의지하는 것에 다름없다.

반응심리가 낡은 데이터를 바탕으로 현재의 삶을 결정하지 못하도록 통제한다는 것은 불가능한 일인가? 다른 사람들이 이렇게 저렇게 생각할 거라고 여기는 바에 의해 좌지우지되는 것이 우리의 삶이고, 또한 소년시절의 결심에 의해 통제되는 것이 우리의 삶이라는 사실을 깨닫는다고 해서, 우리 자신의 삶을 실질적으로 통제할 수 있을까? 그 문제에 대한 답으로 들어가기 전에 한 가지만 더 생각해 보자.

마음이 억압하는 당신

글자를 읽는 곳은 뇌 안이지만 글자가 있는 곳은 뇌 밖이다. 세상은 뇌의 밖에 있지만, 당신의 뇌 안에 세상이 담겨 있다. 당신은 1초 동안에도 수없이 많은 세상을 당신의 뇌 속에 담고 있다. 마치 영사기가 풍경을 필름에 담는 것과 같은 이치다. 소리를 듣는 것도 이와 크게 다르지 않다. 이 지각작용이 바로 창조다. 또 다른 세계를 내 안에 만드는 것이다. 이 얼마나 위대한 일인가? 내가 세계의 창조자며, 내가 죽으면 그 세계도 사라져 버린다는 사실이….

자, 이제 이렇게 생각해 보자. 당신은 세계의 창조자다. 하지만 스스로를 통제하지 못한다. 스스로를 잘 통제하고 있다는 생각은 반영심리의 환상이다. 즉 당신은 세계의 창조자인 동시에 통제력이 없는 존재다.

서양의 신화 속에서

그리스 신화에 보면 세상의 모든 것을 알고 볼 수 있는 신들이 올림포스 산에 모여 게임을 즐기는 이야기가 나온다. 이들은 과거와 미래까지도 알고 있었기 때문에 싫증이 난 나머지 '이곳에 없는 것이 이곳에 있는 것보다 더 중요한 것처럼 꾸며보자'라는 게임을 하기로 했다. 신들은 이 게임을 반복했으며, 한참 동안 게임에 빠져 있다 보니 그게 게임이라는 사실을 잊어버렸다. 지금까지도 신들은 게임 속에 빠져 있다고 한다. 이제 내가 당신에게 그 사실을 일깨워 줄 책임이 있다. 당신도 그리스 신들 중 하나다. 그리고 이건 게임이다. 당신은 세계의 창조자다. 당신은 지금 여기에 없는 것이 지금 여기에 있는 것보다 더 중요한 것처럼 꾸며보는 게임을 하고 있다. 이건 사실이 아니고 게임이다.

세상의 교육과정을 통해 당신이 그리스 신 중의 하나임을 망각하게 되었다. 그리하여 당신의 삶이 바뀌었고 당신이 창조자임을 모르고 있는 것이다. 나와 당신은 아무런 통제를 받지 않는 뇌내(腦內) 세계의 창조자다.

동양의 요가 속에서

'요가'라는 단어는 연결 또는 합일의 의미를 담고 있다. 주로 존재나 마음의 합일을 염두에 두는 말이다. 판탄잘리(Pantanjali : 고대 인도의 탁월한 명상 스승 - 편집자 주) 요가경전에 요약되어 있는 것처럼, 수천 년 전의 요가철학에서 가장 중요하게 다룬 것은 바로 마음의 왜곡을 다스리는 문제였다. 요가경전 두 번째 구절에는 '모든 요가의 목적은 마음의 속박을 벗는 데 있다'라고 적혀 있다. 미술, 음악 창작, 사랑, 신체의 운동과 스트레칭, 아이돌보기, 사색, 성행위, 노동 등 무엇이든 간에 마음의 속박 없이 하는 단 몇 초나 몇 분 동안의 이 모든 행위가 모두 요가다.

요가의 목적처럼 마음의 속박은 분쇄하거나 싸워 이기는 것이 아니라, 단지 벗어나는 것이다. 잠시라도 마음의 속박을 벗어 보라. 백 분의 일초라도!

존재와 마음에 대한 현대적 성찰

마음에는 A급, B급, C급 사건의 기록에 바탕을 둔 반응심리와 변명의 구실을 찾아내는 반영심리가 있다. 반응심리는 무작위적이고 우연한 연상 작용일 뿐이다. 반영심리는 반응심리의 연상 작용을 정당화할 이유를 찾고, 그 이유가 어렸을 때의 결심과 일치한다는 것을 증명한다. 바로 이런 심리들이 우리를 실재세계로부터 격리시키는 연막이며 허울이다. 연막들을 걷어내고 실재세계를 직접 부딪쳐보기 위해서는 치열한 정신수련이 필요하다. 우리가 어떤 마음으로 무엇을 하며 어떻게 살 것인가를 결정하는 것은 반응심리고, 온갖 변명과 해설을 통하여 통제라는 환상을 보존하는 것이 반영심리라면, 우리의 근본정체가 뇌내 세계의 창조자라면, 누군가가 자신의 삶을 의식적으로 통제한다는 것이 과연 가능할까?

사태는 더욱 악화되고 있다

토르 노르트랜더스 *Tor Norretranders* 는 최근 저서 《사용자 환각 *The User Illusion*》에서 "최근의 연구에 의하면 사람들의 경험세계, 즉 그들이 만나고 부딪치며 상호작용을 일으키는 사물과 타인들의 범위는 의식이 자각할 수 있는 한계보다 훨씬 광범위하다. 따라서 자신의 의식이 자신의 행동을 통제한다고 믿는 것은 환상이다. 의식은 서양인들이 생각해 온 것처럼 인간 삶에서 그렇게 큰 역할을 하지 않는다"라고 말한 바 있다.

〈워싱턴 포스트〉 지(砥)에 실린 노르트랜더스의 저서에 대한 서평에서 조지 존슨 *George Johnson* 은 의식에 대한 자신의 견해를 다음과 같이 요약하고 있다. "무엇보다 놀라운 사실은 벤자민 리베트 *Benjamin Libet* 와 일단의 심리학자들이 행한 상반된 실험의 결과다. 손가락에 전극 측정장치를 감은 실험대상자들이 손가락을 움직이라는 지시를 받는다. 근육을 움직여야 되겠다는 결정이 내려지기 0.5초 전에 전자신호가 두뇌에서 감지된다. 놀랍게도 자아가 움직이고 싶다는 욕구를 미처 감지하기도 전에 움직여야 한다는 '의사결정'을 신경계가 해치운 것이다." "의식은 스스로를 행위의 최초 촉발자라고 여기지만, 사실은 그렇지가 않다"는 것이 그의 주장이다. 그는 '의식'을 컴퓨터 과학자 알란 카이 *Alan Kay*가 고안해 낸 '사용자 환상'에 비교하며 "의식은 사기꾼이다"라고 말한다.

　마우스를 조작하여 문서들을 폴더에 드래그하거나 휴지통에 넣으면서 컴퓨터 사용자는 기계에 의한 환각상태에 빠진다. 실제 컴퓨터 칩 내부에는 아무런 문서도, 폴더도, 휴지통도, 단어나 문자도 존재하지 않는다. 다만 1과 0으로 된 바이너리 코드를 대신하는 전압과 전류만이 있을 뿐이다. 그러나 컴퓨터는 우리가 알아볼 수 없는 문자들을 감춘 채 잘 배열된 아이콘들을 보여주면서 일들이 잘 처리되었다는 안도감을 준다. 두뇌 또한 비슷한 수법으로 불필요한 데이터들을 폐기처리하면서 '의식'이라고 불리는 사용자 환각을 만들어 내는 것이다. 의식 문제를 다룬 '0.5초의 지연'이라는 제목이 붙은 장에서 노르트랜더스는 다음과 같은 결론을 내리고 있다.

　　"의식은 어떤 행위도 일으킬 수 없다. 그러나 어떤 행위를 해서는 안된다는 결정은 할 수 있다. (…) 의식은 뇌내에서 부하들에게 명령을 내리는 상관이 아니다. 의식은 무의식이 건의하는 여러 옵션 가운데서 단지 어떤 것을 선택할지를 결정하는 작용만을 할 뿐이다. 때론 무의식이 제안을 거부하기도 한다. (…) 거부권으로서의 의식의 개념은 아름답고 풍요롭다."

　'작은 거인 *Little Big Man*'이라는 영화를 보면 주인공 더스틴 호프먼 *Dustin Hoffman*이 총잡이가 되기 위해 자기 누이로부터 훈련을 받는다.

누이는 그에게 "손이 총에 닿기 전에 먼저 방아쇠를 당겨!"라고 말한다. 어떤 행위를 마음에 새기기 전에 먼저 행동으로 옮기는 것은 물론 가능한 일이다. 그럼, 행동은 누가 하는 것인가? 행위자는 누구인가?

럭비선수 조 몬타나 _Joe Montana_ 는 "럭비경기장에 나설 때의 나에겐 의식이 없다"라고 말한다. 그는 아무 의식도 없고, 아무 생각도 없이 자신의 존재를 잊어버린다. 그는 어떻게 플레이할지 미리 생각하지 않고 경기에 임한다.

나는 이미 나의 전작 《철저한 정직성 _Radical Honesty_ 》에서 존재와 마음을 여러 차례 대비시킨 바 있다. 마음은 경험한 것을 스토리로 엮어내고, 그 스토리에 나오는 주인공의 이야기를 늘어놓는 애송이라 할 수 있다. 그에 비해 존재는 경험이나 신체 또는 실제에 직접 맞닿아 있다. 그러므로 마음보다 존재에 우리의 정체성의 비중을 두어야 한다는 것이 나의 지론이다.

마음은 아무것도 최초로 창시하지 못한다. 마음은 서로 연합하고 (예 : 반응심리와 반영심리), 합리화함으로써 세상의 모든 행위들을 창시하고 관할하고 있다는 '사용자 환각'에 빠져 있다. 그러나 진실은 정반대다. 마음은 항상 뒤쳐져 있다. 마릴린 퍼거슨 _Marilyn Ferguson_ 의 말대로 마음은 장례식장에 나타난 리포터이다. 여기저기를 돌아다니며 온갖 질문을 늘어 놓는다. "누가 죽었죠? 왜 우십니까? 무덤은 어디입니까? 고인과는 얼마나 오랫동안 사귀신 사이입니까?"

마음은 둔감하고, 뒤쳐져 있고, 발광도 하며, 느낌에 대해서는 예민하게 반응하지도 않으면서 삶과 실제 사이를 차단한다. 눈앞에 벌어지고 있는 것을 똑바로 이해하지 못하면서 무엇이 벌어지고 있는지 필사적으로 질문만을 늘어놓다. 앞에서도 말했듯이, 마음은 지독한 것이다. 그래서 버려야 한다. 버릴 수가 없으면 최소한 단 몇 초 동안만이라도 활동을 멈추게 하라

그렇다면 우리는 어떻게 생존할 것인가?

두뇌/마음 모형에서 우리가 찾아내야 할 최소한의 시사점은 무엇인가? 이 모든 것이 사실이라면, 우리는 무엇을 해야 하는가? 우선 떠오르는 몇 가지 포인트를 적어보겠다.

1. 통제라는 환상을 버려야 한다. 의식은 당신을 통제하지 않다. 매사가 의식의 합리적인 통제 하에 있다고 여기는 것은 환상이다.
2. 해석을 적게 할수록 더 잘 볼 수 있다. 생각을 아주 안 할 수는 없겠지만, 자각(noticing)이 생각(thinking)보다 더 나은 방향감각을 제공한다.
3. 모든 일에 대한 당신의 해석과 생각을 진실하게 말하되, 그것이 사실이라고 여기지는 말아야 한다. 또한 당신의 해석이 곧 당신의 정체성이며 당신의 생각이 가장 중요한 것이라 여기지도 말아야 한다. 그것은 모두 당신이 만들어 낸 것이다.
4. 정체성의 바탕을 '존재'에 두어야 한다. 존재는 매 순간마다 세계의 창조자임을 알아야 한다. 삶을 신경조직에 내맡기고 당신의 내부와 외부세계에서 일어나는 모든 일을 자각하는 기술을 개발하라.
5. 목마르면 마시고 배고프면 먹어야 한다. 이런 '유기체적 자기관리'에 집중해야 한다. 그때그때 몸이 원하는 것을 하라. 그래야 현실세

계를 지향할 수 있게 된다.

6. 늘 깨어 있어야 한다. 모든 것을 자각하고 알아차리라. 당신 마음의 움직임… 무수한 생각… 신체 감각… 그리고 외부세계의 움직임을 낱낱이 알아차려야 한다.

7. 당신이 존재를 가진 마음(나는 생각한다. 고로 존재한다)이 아니라 마음을 가진 존재(나는 존재한다. 고로 생각한다)가 되면 온갖 가능성이 열려 있는 새로운 세계가 당신을 기다리고 있다.

8. 당신이 반응심리와 반영심리의 노예가 아니라 반대로 그 고용주가 되기만 하면 당신은 깨어 있는 창조자가 될 수 있다. 되고 싶은 사람이 되어서 하고 싶은 일을 하고 있는 모습을 꿈꾸며, 어떻게 해서 그곳에 도달할 것인가 하는 계획을 세우고, 비전을 가지고 계획을 추진하며, 몸과 마음을 인생여정의 진정한 동반자로 삼을 수 있다.

나는 여덟 가지 현실적 방안을 제시하였다. 그러나 도대체 어떻게 해야 그런 삶을 살 수 있단 말인가?

최선의 방법은 당신은 존재 그 자체이지 마음이 아니라는 것을 분명히 하는 노력을 시작하는 것이다. 마음은 생각을 하지만, 존재는 자각을 한다. 몇 가지 수련을 통해 존재로서 당신을 자각할 수 있다. 명상, 요가, 솔직하게 털어놓기, 과거경험과 미래설계를 이웃들과 공유하는 것 등이 그 방법들인데 이것이 전부는 아니다. 전면에 마음을 내세워서 마음이 존재를 좌지우지하도록 내버려두지 말고, 존재가 마음을 주관하게 하라. 이 책의 남은 부분들은 그렇게 하는 세부적 방안을 제시하는 데 초점을 맞추고 있다.

불안이 빚어내는 불안

1977년 3월 샴발라 선 *Shambala Sun* 지와의 인터뷰에서 뻬마 최된 *Pema Choron*이라는 티베트 불교 지도자는 다음과 같이 말했다.

"우리는 통제를 받지 않거나 어떤 사물에 기대지 않으면 한없는 두려움에 빠진다. 그러나 사실, 당신은 결코 어떤 통제도 받지 않으며 어떤 사물에도 기대어 있지 않다. 그것이 존재의 본질이며 방식이다. 그러나 인간은 이 사실을 잘 받아들이려고 하지 않는다. 그래서 나는 사람들에게 허공에 둥둥 떠 있으면서 공포를 잠재우는 훈련을 시키고 있다. 만물로 하여금 있는 그대로 내버려두는 훈련이 그것이다. 불확실성으로 가득 찬 공간에서 기준점을 설정하기 위해 노력하지 않고 다만 견디는 훈련이 바로 그것이다."

나는 뻬마 최된의 말을 주저 없이 받아들였고, 이 수도자야말로 '진리가 자기 자신에게 어떤 영향을 주고 있는지'를 명쾌하게 설명하고 있다고 믿는다. 바로 이 점 때문에 나는 그분을 존경한다. 불확실한 공간에서, 그 불확실성을 회피하지 않고 즐거운 마음으로 받아들일 수 있다면 당신은 삶을 놀이로 즐길 수 있다. 이제 곧 나올 연습문제로 놀이를 즐기기 바란다.

마음에 대한 정리

마음이란 무의식적으로 과거경험이 축적되면서 만들어진다. 우리는 스스로를 조절하고 통제한다고 생각한다. 우리는 유년시절에 있었던 사건이 연상시키는 바에 바탕을 둔 생존방법을 사용하며 그 연상과 그때 개발해 둔 온갖 이론들을 동원하여 행동을 합리화시킨다.

그러나 그런 유년시절의 연상과 가정과 신념들을 의식하는 것은 어쩌다 잠깐씩일 뿐이다. 어리석게도 젊었을 때 통했으니까 지금도 통할 것이라고 여기면서 유년시절의 신념을 언제까지나 적용하고 또 적용한다. 그러면서 그 신념들의 현재상황에서의 유용성 여부에 대한 새로운 증거들을 애써 무시한다. 이러한 연상들, 가정들, 신념들은 통제라는 환상을 유지하는 챔피언이며, 우리의 삶을 속박한다.

마음을 극복하고 열린 관점을 받아들임으로써, 우리는 낡은 신념들이 우리가 생각하고, 느끼고, 행동하는 데 어떤 해를 입히는지 알 수 있게 된다. 이런 제한적 신념들의 정체를 옳게 파악하고 나면, 우리는 더 이상 진정한 자아를 감출 필요 없이, 지각에 기초하여 자유로운 삶을 시작할 수 있게 된다.

첫 번째 연습

스스로 자제하고 참는 방법은 무엇인가? 힘들거나 위험에 처해 있을 때, 또는 갈등의 상황에서 자신을 어떻게 위로하며, 스스로 무엇이라고 다짐하는가? 하고 싶지만 참고, 달려가다가 멈추기 위해 가장 즐겨 사용하는 자신만의 방법은 무엇인가? 당신이 생각하기에 '이 점은 반드시 이래야만 해!' 라고 생각하는 것들에는 무엇이 있는가? 그러한 신념들은 어떤 이유로 만들어졌다고 생각하는가? (예를 들어, 나의 행복이 건강에 달려 있다고 믿으며 건강하지 않으면 불행해질 거라 믿는 것, 다른 사

람의 부탁을 거절하면 상대가 상처를 받을 것이므로 언제나 친절하게 예스라고 말해야 한다고 생각하는 것)

이 질문들에 대한 당신의 답을 글로 써보라. 답을 쓴 종이는 잘 보관하라. 이후 연습문제를 풀어볼 때 필요한다. 자신이 쓴 답을 곰곰이 읽어보라. 필요하다면 지금 수정해라. 다음 장을 읽은 후 수정해도 좋다. 어떻게 수정되어지는지 살펴보는 것도 도움이 될 것이다.

CHAPTER **03**

'신념'이라는 이름의 망상

인류는 더 나아지기 위해 구습을 타파하지 못하고 오히려 고통을 감수면서
악을 용인하는 경향이 있다는 사실을 그동안의 경험이 보여주고 있다.
−미합중국 '독립선언문' 중에서

우리는 나와 가족들을 돌보기 위해 무슨 일을 해야 하는지를 모르고
있다. 혹시 그것을 안다 해도 실행에 옮기는 본질적인 기능을 상실했
다. 우리의 문화는 우리로 하여금 자각보다는 마음에 의존하게 한다.
그 결과, 우리가 타고난 행복, 우리가 마땅히 누려야 할 삶의 희락이 어
떻게 뒤틀리고 있는지 모르는 채 살고 있다.

사람 잡아먹는 신념

20세기의 모든 중요한 과학적 발견들은 관점의 전환에서 비롯되었다. 아인슈타인의 상대성 이론도 뉴턴의 만유인력의 법칙도 관점의 전환이 준 과학적 성과였다.

관점이란 그저 만들어 내면 그뿐이며 관점에 따라 서로 다른 정보를 생산하기 때문에 어떤 관점도 확실히 옳다고 단정할 수는 없다. 따라서 모든 정보는 옳고 그름을 떠나서 실용가치에 의해 평가되어야 할 것이다. 물리학, 심리학, 언어학, 경제학, 사회학, 신학, 철학 등을 포함한 모든 지식의 발전은 결국 상대적일 수밖에 없다.

나는 이러한 현상들을 '클리넥스 *Kleenex* 화장지 모델' 이라 부른다. 즉 '한번 쓰고 버리는' 일회성 가치를 지니고 있다는 말이다. 클리넥스 모델이 종교, 교육, 가족생활, 정부, 조직의 개발, 그룹 심리치료, 개인 심리치료에 적용되면 세상은 지금과는 사뭇 다른 모습이 될 것이다. 이러한 변화는 돌연히 일어날 것이다. 모든 믿음체계는 단지 상대적일 따름이며 모든 모델들은 소정의 목적을 위해 기능을 발휘하거나 그렇게 하지 못할 뿐이다.

모든 의무들, 사고방식들, 생각들, 신(神)들은 단지 소정의 목적들을 위한 믿음의 양상에 불과하다. 모든 개념들은 허구며 상상일 뿐이다. 절대적인 것은 아무 것도 없다. 믿음만으로 가능성이 현실이 되는 것은 아니다. 20세기에 가장 괄목할 만한 지식의 발전은 동서양 사상의 통합, 과학의 발전, 종교와 문화를 비교 분석할 수 있었다는 것이다.

덕분에 어떤 믿음이라도 무조건 옳다는 신념을 내세울 수 없게 되었다. 동양에서는 옳은 것이 서양에서는 옳지 않을 수 있고, 서양에서는 실용적인 것이 동양에서는 비실용적인 것으로 보일 수 있다는 뜻이다.

아는 것, 믿는 것, 진실

서양철학은 사고(思考)에 대한 믿음을 반영하는 반면, 동양철학은 자각에 대한 믿음을 반영한다. 세계의 문화권들이 서로의 지식을 배우게 되면서 우리는 사고와 자각 모두가 중요하다는 사실을 깨닫게 되었다.

유니테리언(Unitarian : 그리스도교의 정통 교의인 삼위일체론의 교리에 반하여, 그리스도의 신성을 부정하고 하느님의 신성만을 인정하는 교파 – 편집자 주) 목사 바이닝 Vining 은 다음과 같이 말하고 있다. "여러분이 어떠한 것을 '경험' 하게 되면 그것이 진실이라는 사실을 알게 된다. 그러나 그것을 믿기 시작하면 이미 그것은 사실이 아닐 수 있다!"

"믿음 없이 살 수는 없지 않습니까?"라고 반문하는 사람이 있을지도 모르겠다. 물론 이론이나 생각 없이 살 수는 없다. 우리가 경험한 것들을 해석하기 위해서는 어떠한 정신적 틀이 존재해야한다. 바이닝 목사는, 우리들이 경험을 범주화해서 나중에 생각하면 마치 그 경험을 재연하고 있는 것처럼 착각하는 경향이 있음을 지적하고 있다. 그러나 이 경우 우리는 그 경험에 대한 모습만을 기억하는 것이다. 이 모습은 현재 내가 겪고 있는 것과 완전히 일치하지 않는다. 단지 비슷한 모습으로 새로운 경험의 원천이 되는 것이다.

우리는 정신으로부터 자유를 얻게 되고 우리가 사랑하는 사람들을 인식하고 그들과 결속한다. 이때 우리는 '참 좋은 경험이야. 이 경험을 다른 사람들도 하도록 해야 돼' 라고 생각한다. 이러한 고결한 충동은 나도 모르게 다른 사람들(우리가 사랑하는 사람들을 포함해)에게 강요하는 하나의 믿음, 일종의 규율, 하나의 도덕적 가치로 전환된다. 결국 다른 믿음의 사람들과 결속하게 되어 하나의 종교를 이루게 되는 것이다.

세상은 이러한 믿음을 가진 사람들 때문에 여전히 고통을 면치 못하고 있다. 믿음이 강한 사람들은 다른 사람들보다 자신의 믿음을 중요시한다. 그들에게 있어 다른 사람들이란 자신들의 믿음의 존속을 위해 얼마든지 희생될 수 있는 대상들이다. 그들의 자식들 또한 희생의 대상이 될 수 있다. 파키스탄 사람들과 인도 사람들, 아랍인들과 유대인들, 가톨릭 신자들과 개신교도들, 세르비아인들과 크로아티아인들, 이슬람교도들과 크리스천들, 세르비아인들과 알바니아인들 등등은 서로가 치열하게 대립하면서 '옳다고 생각하는 것' 을 위해 어떻게 서로가 서로를 죽이고 있는지를 증명하고 있다. "인류가 사람 위에 믿음을 두는 한, 세상의 멸망은 자명하다." 이 명제만이 내가 믿고 있는 진실이다. 하나의 믿음치고는 괜찮지 않은가? 이것이 내가 믿는 바며 특별히 애착을 가지고 있는 믿음이다.

신념의 그늘에 가려지는 경험

사람들은 무엇을 회피하고자 할 때 신념 뒤에 숨어 버리곤 한다. 스스로 극복하기가 힘들 때 신념이라는 방패로 자신을 방어한다. 하지만 이때 우리는 아무것도 경험할 수 없고, 그 믿음이 잘못일지도 모른다는 사실을 증명할 기회조차 갖지 못한다. 내가 편한 방식으로 신념을 방어벽으로 사용한다면, 세상은 무법천지가 되고 말 것이다. 나의 신념을 지키기 위해 다른 사람을 괴롭히거나 죽일 수도 있기 때문이다.

하지만 다행히도 보는 각도에 따라 믿음이 달라질 수 있다는 사실을 인정하는 사람들의 수가 늘고 있다. 우리는 비판 없이 믿기만 하는 사람들을 구할 수 있는 방법을 개발하고 있다. 더 이상 우리 아이들이 잘못된 믿음을 진실인양 배우게 놔둘 수 없다. 나는 현재 다른 저서를 집필중이다. 이 책의 제목은《완전한 양육법 : 창조자들을 키워내는 방법 *Radical Parenting : How to Raise Creators*》인데, 소위 '이단자'들을 키우는 방법을 제시하고 있다. 내 책들을 많이 사서 읽었으면 하지만 그렇다고 해서 내가 하는 말을 맹목적으로 믿기를 바라지는 않다.

내가 제시하는 말을 진리로 받아들이지 말고 그리고 특별히 집착하지도 말고 단지 영감만을 얻으라. 나의 이론을 절대 받아들일 수 없다면 화를 내도 좋다. 내 이론의 옹호자가 되든 비판자가 되든 상관없지만, 중요한 것은 내 이론의 맹종자가 되지는 말라는 것이다.

이제 서로의 문화의 상대성을 인정하고 그 문화를 자신의 것으로 받아들이는 경향은 전 세계적으로 널리 퍼지고 있다. 동양의 명상이 서양으로, 서양의 커뮤니케이션 방법이 동양으로 퍼지고 있다. 과거의 문화에 머물러 있지 않기 때문에 동서양 모두가 지속적인 발전을 거듭할 수 있을 것이다. 이러한 이유에서(우리에게는 천만 다행스러운 일이지만) 시기적절하게 변화에 적응하지 못하는 믿음 체계들은 결국 와해되고 말 것이다. 갖가지 유형의 사상도 이러한 전철을 밟았다. 자본주의도 마찬가지다.

마음과 문화, 그 재창조의 가능성

지금까지의 내용을 정리하면 다음과 같다. 우리 모두는 사고하며 또한 존재한다. 만약 우리가 '사고에 의한 존재'가 아닌 '존재에 의한 사고'라는 논지를 받아들이면 우리 삶에 일대 변화가 올 것이다. 그것은 결코 작은 변화가 아니다.

데카르트가 '나는 생각한다. 고로 존재한다'고 말함으로써 인간은 그동안 자신의 신념을 위해 너무나 많은 죄를 지었다. 그리고 그것을 정당화했다. 신념에 의해 죽어간 수많은 사람들을 추모하며 나는 이제 또다시 '나는 존재한다. 고로 생각한다'는 명제를 주장하는 바이다. 이는 곧 '존재를 통한 배움'이 '배움을 통한 존재'가 되는 것이다.

어린아이들을 보라. 그들은 철저히 존재에 근거를 둔다. 아이들의 이러한 모습은 우리가 아무리 나이를 먹어도 계속 배워가야 할 점이다. 우리가 어떻게 존재해 왔는지 잘 돌이켜 보자.

두 번째 연습

　그럼 제2장 끝 부분에 당신이 '내가 내 자신을 어떻게 방해하는가?'
라는 제목으로 쓴 내용을 수정, 보완해 보자. 방금 읽은 내용을 참고하
라. 수정된 내용을 잘 보관하고 있다가 뒤에 소개된 〈실전연습〉에서
다시 활용하라.

CHAPTER 04

'도덕'에 짓눌린 진실과 기쁨

문화란 사람들이 소정의 목적을 달성할 수 있도록 힘을 규합해주는 사회적 통념이다. 문화에는 구성원들을 위한 물건, 조건, 제도가 포함되어 있다. 그러나 한편으로 문화는 우리가 굳게 믿고 있는 통념 외의 것들을 쉽게 수용할 수 없도록 방해하기도 한다. 당신은 자식들을 돌보고 올바로 양육하기 위해 최선을 다하고 있을 것으로 믿는다. 하지만 아무리 좋은 의도를 가진 부모라도 문화적 무지로 말미암아 도덕관, 정의, 편집증, 도착 등의 극히 인간적인 특성을 가지고 매일같이 자식들을 잘못 인도하며 심지어 학대를 일삼기도 한다. 나 역시도 그런 특성들을 가지고 있다.

문화는 각자의 마음속에 살고 있다. 하지만 우리의 마음은 무지와 편견들로 가득 차 있다. 그리하여 특정한 것에만 관심을 갖고, 환상에 얽매여 현실의 세계를 잘못 보고 있다. 우리는 이와 같이 매일매일 과오를 범하면서 잘못된 정보를 쌓아가고 있다.

사람들은 실제 세계 안에 있으면서도 사실은 스토리 속에 살고 있다. 즉, 우리들 대부분은 우리가 태어날 때의 특정한 상황(그리고 아동기 동안에 지속되는)과 태어나면서 어쩔 수 없이 수용할 수밖에 없는 아동기에 만들어진 스토리 속에 여전히 살고 있는 것이다. 물론 극소수이긴 해도 어른이 되면서 이 때의 영향에서 벗어나 새로운 스토리를 구성해 가는 사람들도 있다. 이들은 자신이 의식적으로 창조한 스토리 안에 사는 것이 어려서부터 간직해 온 스토리 안에 사는 것보다 더 행복하다는 사실을 발견한다.

우리는 자라온 문화 속에서 습득된 어처구니없는 개념들을 통해 끊임없이 스토리를 만들어 스스로를 속박하고 있다. 예를 들어, '삶에는 특정한 의미가 있다', '위험을 모면하기 위해 늘 경계해야 한다', '모든 사람은 나의 경쟁자다' 또는 '항상 친절해야 한다' 등등, 자신을 옭아매는 것들이다. 궁극적으로 우리는 이 같은 믿음에서 벗어나, 나는 어떤 사람일 것이라는 집착을 극복할 때, 미래를 위한 새로운 비전들을 창조할 수 있다.

비록 우리가 필연적으로 비전 속에 살 수밖에 없을지라도 최소한 우리는 어떤 비전 속에 살 것인지 선택할 권리가 있다. 비전을 꿈꾸며 산다는 것은 우리에게 주어진 운명이다. 가능한 미래에 대한 환상을 통해서 창의적이고 의도적인 삶을 살 수 있으며, 더 이상 실효가치가 없는 과거 믿음들에 대한 집착을 버리고 상처까지도 치유할 수 있는 것이다.

비전을 통한 미래의 창조는 다음과 같은 두 가지 조건을 충족할 때 특히 효과적이다. 첫째, 어떠한 방법으로든 다른 사람들에게 공헌해야 한다는 것이요, 둘째, 우리는 과거에 이미 확보한 생존기술을 버리지 않아야 한다는 것이다. 의식적인 환상을 활용하되 그것마저 진리라고 믿지 않는 사람은 더욱 행복하고 충만한 삶을 영위할 수 있다. 자신이 꾸며 놓은 이미지에 금이 가도 쉽게 절망하거나, 죽고 싶다고 느끼지 않는다. 주식시장이 무너졌을 때 창 밖으로 뛰어내린 사람들은 그것만이 진리라고 믿었고, 믿음에 금이 가자 그곳에서 탈출해 버린 경우다. 우리가 창의적인 방법으로 미래를 디자인하는 데 환상을 긍정적으로 활용할 수 있다면 자녀 교육에 적용하여 내 자녀가 행복한 삶을 살도록 도울 수 있을 것이다.

급진적 존재

내가 집필한 저서들은 모두 도덕주의적인 양육법에 의해 생긴 상처들을 치유하기 위한 목적의 산물이다. 그 책들의 중심 논제 또한 대부분의 근심과 우울증의 원인은 마음속에 있다는 것이다.

'문화에 귀속되어야 한다' 라는 전형적인 사고방식을 가진 부모 밑에서 자란 아이들에게 마음은 일종의 감옥이다. 감옥살이가 얼마나 끔찍하고 괴로울 것인지는 굳이 말하지 않아도 알 것이다. 우리는 여러 형태의 거짓말(까놓고 거짓말하기, 숨기기, 생략에 의한 거짓말하기, 가식, 악의 없는 거짓말하기, 말하지 않기, 기타 등등) 때문에 자신의 마음속에 갇혀 산다. 거짓말하기는 자신을 마음속 감옥에 갇히게 한다.

그 동안 나를 찾은 의뢰인들은 그들이 자라온 문화를 온전히 몸에 담고 있었다. 그들은 집 안팎에서 거짓말을 하도록 조직적으로 교육을 받았다. 그러나 우리가 마음의 감옥으로부터 빠져 나올 수 있는 유일한 방법은 우리가 무엇을 했는지, 무엇을 느끼고 생각했는지, 솔직하게 털어놓기 시작하는 것이다. 진실을 말하면 실제 세계로 돌아갈 수 있는 길이 열린다. 실제 세계에서 우리는 다른 사람들을 잘 다룰 수도 있고, 예전보다 나은 모습으로 자신을 계발할 수 있다.

인간의 스트레스는 결국 스트레스를 앓는 자신의 마음 때문에 생긴다. 마음속에 갇히는 것은 고통이 아닐 수 없다. 나는 마음속에 갇히는 이러한 근본적인 병폐를 '도덕주의' 라 칭한다. 도덕주의란 도덕적 원칙들에 지나치게 집착하는 것을 의미하며, 곧 '옳고 그름', '선과 악' 에 대한 판단에 너무 많은 감정적인 의미를 부여하는 것이다. 결국 이러한 원칙들은 삶 자체보다 중요해지고 만다. 그렇기 때문에 행복한 삶의 비밀은(완치는 불가능해도 어느 정도 통제가 가능한 포진(疱疹)이나 당뇨를 다루듯이) 도덕주의의 병폐를 얼마나 지혜롭게 다루느냐에 달려 있다.

우리는 다른 사람들이나 자신과의 관계에 있어서 비슷한 형태의 행동을 반복한다. 자신과 타인, 자식에게 구걸하기, 꾸짖기, 혼내기 등이 여기에 속하는데 이를 통해 자신의 기대에 부응할 수만 있다면 행복해질 것이라고 확신하기 때문이다. 신경증 환자처럼 우리는 이러한 행동을 반복하며 각 경우에 다른 결과가 나올 것으로 기대한다. 그러나 실제의 결과는 언제나 같다. 분노, 불쾌감, 우울증, 근심, 스트레스에 의한 신체상의 병이 그런 잘못된 기대 때문에 생기는 것이다. 대부분의 부모들은 '도덕을 엄하게 가르치는 것'이 부모로서 해야 할 최고의 의무라고 생각한다. 이것이야말로 오늘날 현존하는 가장 나쁜 망상이며, 중산층 가정에서의 아동학대의 가장 핵심적 요인이다.

고루한 자녀 양육

우리가 반복적으로 자신을 제약하고, 하나의 틀 속에 집어넣어 자신을 학대하는 이유는 무엇인가? 이는 명백히 '우리의 부모가 어떠했느냐'에서 시작한다. 남성의 지식이 최상이며, 내가 어떤 유전자를 타고 났는가가 무시되던 암흑기에 살고 있었다는 사실을 감안하면, 당신의 부모는 최선을 다했다고 할 수 있다. 당신은 이러한 악조건 속에서도 용케 성인이 되어 자식을 가질 수 있었지만, 부모의 교육법이 잘못되었다는 것을 아는 당신도 여전히 당신의 부모와 똑같은 방식으로 자녀를 교육하고 있다.

다음을 계속 읽어보라. 도움이 될 만한 착상이 떠오를 거다. 중요한 점은 문화에 의해 강제로 만들어진 제약들을 극복해야 한다는 것이다.

성장과 성숙

인간계발이란, 곧 마음을 발전시켜 가는 과정의 연속이다. 탄생에서 성숙까지 이어지는 성장의 과정은 탄생, 마음의 성장, 마음에 의한 존재의 지배, 마지막으로 마음의 지배로부터 해방된 존재가 오히려 마음을 활용하는 단계로 짜여져 있다.

심리요법 전문가로서, 나는 '자신의 존재성과 분리되어 자신의 마음속에 갇혀 자신의 존재와 멀어진 환자' 들을 치료할 때 진실을 말하도록 유도한다. 사람은 자신의 행동, 자신의 느낌, 자신의 생각에 대해 솔직해질 때 마음의 감옥으로부터 탈출할 수 있다. 반대로 거짓말은 마음의 지배로부터 벗어나지 못하도록 방해꾼 노릇을 한다.

한때 자아분열증으로 삶의 즐거움을 잃은 사람이 심리요법을 통해 다시 온전해지면 자신의 신체를 포함한 세상의 모든 것들을 새삼스럽게 인식하기 시작한다. 이로써 그는 '자아세뇌(自我洗腦)' 에 의해 수용한 해석들을 포기하고 자신이 직접 인식하는 것을 토대로 삶을 다시 영위하게 된다. 그는 자신이 새롭게 확보한 사고의 체계를 주위 사람들에게 알리고자 한다. 이것은 단지 그들과 나눔을 갖기 위한 것이지 자신의 경험이 특별한 교훈적 가치가 있다고 판단해서가 아니다.

잘못된 양육 때문에 마음의 병을 갖게 된 사람은 존재와 마음 간의 균형을 재확립함으로써 치유되고 온전해진다. 이렇게 온전해진 사람은 훌륭한 부모의 조건을 갖추게 된다. 또한 단지 '그래야만 한다' 는 생각에서가 아니라 '실제로 원한다' 라는 인식을 바탕으로 삶을 영위하기 시작한다.

자녀들을 도덕군자로 키우려 하지 말라

다행스럽게도 우리 중 일부는 서로에게 솔직해짐으로써 무엇이 잘못 되었는지를 서로에게 배웠다. 아이들에게 계속해서 도덕성을 강조하는 것은 그들이 만성적인 거짓말쟁이로 성장케 한다는 사실을 알게 되었다. 강압적으로 규율을 강요하는 것은 오히려 역효과만 가져올 뿐이다. 어려서 받은 엄격한 도덕교육은 행복하고 온전한 어른을 만들지 않는다. 오히려 비참하고, 독선적이고, 가식적이고, 남을 잘 속이는 사람을 만들 따름이다.

그래서 어려서 엄격한 신앙적, 도덕적 교육을 받은 사람일수록 어른이 되어서 만성적인 거짓말쟁이가 될 확률이 높다. 더욱이 이 같은 기능장애적인 교육으로 인해 아이들은 혹사당하고 불행한 유년기를 겪는다. 많은 사람들은 어려서 받은 엄격한 도덕교육의 문제점을 이미 알고 있지만 우리 아이들의 교육을 담당한 선생님들은 자신이 아이들에게 얼마만큼 해를 입히고 있는지 미처 깨닫지 못하고 있는 듯하다 (물론 본성이 훌륭하며 아이들을 진정으로 사랑하는 선생님들이 아직 많다는 사실은 부정하지 않겠다). 이들 중 대부분은 '이렇게 해야만 한다' 식의 교육과 조건부 사랑과 잘못된 도덕주의가 얼마나 해가 되는지 알지 못한다. 다만 성적 내기, 비교하기, 코치하기, 강요하기, 교화하기에만 관심을 갖는다.

그러면 안 된다는 사실을 이미 알고 있는 부모들도 계속해서 아이들에게 해를 끼치고 있다. 아이들을 사랑한다는 명분 하에 자기가 받은 교육방식의 병폐를 또 다시 강요한다. 더 나아가 아이들을 학교에 보내고 숙제를 착실하게 하도록 하며, 그들의 정신을 말살하는 체제 안에서 성공하도록 격려한다.

모든 문화들이여, 다 나와 봐라

그렇다면 아이들이 그렇게 고통을 받지 않도록 더 나은 양육법을 고 안할 수는 없을까? 아이들이 자신들 스스로를 보살피도록 놔두는 것은 어떨까? 부모가 자식을 충분히 신뢰하고 그들이 자연스럽게 성장할 수 있도록 배려하며 단지 다치지 않도록 보호만 한다면? 아이들에게 벌을 주거나 부끄러움을 느끼게 하고, 부모의 규율을 수용하도록 무턱대고 강요하는 것보다는, 부모와 함께 배워나가면서 모든 것을 스스로 터득 할 수 있도록 배려하는 것은 또 어떨까? 아이들은 교육되어야만 하는 쾌락주의적 악동이라는 편견을 버리고 그들이 근본적으로는 선하다는 전제 하에 사랑과 격려를 아끼지 않고 그들이 스스로 체험할 수 있도 록 허용한다면 정말로 것이 좋지 않을까?

만약 사랑과 격려와 자유가 효력이 있으며(나는 그렇다고 생각한다) 그것이 일종의 표준으로 정착될 수만 있다면, 인간 공동체 전체의 재 구성과 평생 동안의 행복과 지구상 모든 사람들을 위한 봉사는 현실화 될 것이다. 모든 부모가 사랑이란 이름으로 자신의 고통을 자식들에게 전가하는 나쁜 습관을 단호히 버린다면 어떻게 될까? 만약 세계 전체 가 이러한 정신적 건강을 추구하는 공동체가 된다면 어떻게 될까? 우 리 모두가 더불어 사는 방법은 자식들을 양육하는 방법을 철저히 변화 시켰을 때에 비로소 가능해진다. 즉, 이것은 순간순간을 자유롭고 풍 부하게 누림으로써 나의 삶과 다른 사람들과의 밀접한 관계를 만끽하 는 것을 의미한다. 이러한 변화가 일어나지 않으면 인류의 미래는 보 장되지 않을 것이다.

문화적 무지 :
너무 많은 것을 너무 빨리 가르치려한다

도덕주의가 주는 가장 큰 병폐는 어린 나이에 이해하기 벅찬 추상적 개념들을 받아들이도록 강제로 훈련시키는 것이다. 아이들은 추상적 인식론적 사고가 정립되기도 전에 추상적 인식론적 원칙들(예컨대 옳고 그름, 선과 악, 하나님의 존재, 공명정대의 개념 등)을 이해하고 있는 것처럼 행동하도록 강요받는다.

아이들은 열 살 또는 열한 살이 되고 나서야 일반화, 추상화하는 능력을 갖춘다. 그러나 그들은 이해력의 부족 때문에 받게 될 벌을 모면하기 위해 '이해하는 척하기'를 빨리 터득한다. 아이들은 어른들만큼 무엇을 일반화하는 능력이 부족한 반면, 쉽게 두려워하고 자신이 바보이며 무능력하다고 생각한다. 문제는 이렇게 해서 얻은 '지혜'는 오래도록 유지된다는 것이다. 아이들이 일단 처벌을 모면하기 위해 이해하고 있는 척하는 방법을 터득해 버리면 의미 있는 것은 더 이상 배울 수가 없게 된다. 예컨대 '선생님과 부모님을 위해 쇼를 해서라도 그들로부터 잔소리를 듣지 않는다면 선한 척함으로써 또 다른 비밀의 삶을 영위할 수 있을 것이다'라고 생각하게 된다. 만약 아이들이 이러한 강요를 계속 받는다면 평생 동안 이해하지 못하면서도 이해하는 척하는 사람이 되고 말 것이다.

스스로 온전하다고 느끼게 하라

어떤 문화이든지 간에 행복한 삶을 영위하는 사람들은 매일 잠자리에서 일어나면 어제의 일에 이은 오늘의 일을 기대하고 오늘은 어떻게 일을 진행해 나갈까 생각한다. 자신의 삶을 확실히 인식하고 있기 때문에 아침에 일어나면서 뭔가 흥미롭고, 도전적이고, 재미있는 일이 일어날 것이라 예상한다. 우리 자식들이 그러한 기대를 갖고 이불을 박차고 일어날 수만 있다면 얼마나 좋을까?

우리는 아이들이 타고난 능력을 무시하곤 한다. 예를 들어, 한 아이가 칫솔질을 하면서 "치약 향기가 좋아"라고 말했다. 아이들이 순간순간에 충실하도록 교육해 온 부모는 자신도 오랫동안 같은 생각을 해왔다는 사실을 상기하면서 "그래, 나도 그렇게 생각해"라고 반가운 목소리로 말을 받을 것이다. 그러나 직장에 늦지 않기 위해 아이를 빨리 학교에 등교시켜 어떻게든 오늘도 무사히 넘기고자 하는 부모는 "빨리 해. 늦겠다"라고 퉁명스럽게 대꾸하기 일쑤다. 내가 지각할까봐 아이의 말을 무시하지 말고 아이들이 원하는 대화에 동참하라. 당신의 일정은 생각만큼 중요치 않다. 부모가 자신의 말을 세세하게 들어주는 아이들은 상상놀이를 많이 한다. 아이들은 이 놀이를 통해 미래를 구상하고 비전을 현실화하는 능력을 개발한다. 양육법의 미묘한 차이가 시간이 흐를수록 아주 다른 결과를 초래한다는 사실을 알겠는가?

가르치려 하지 말고 함께 어울려라

눈높이에 맞춰 아이들이 원하는 대로 함께 놀아 보라. 당신 자신도 비전을 갖는 법을 다시 배울 수 있을 뿐만 아니라, 아이들을 올바르게 양육하는 방법을 자연스럽게 터득할 수 있을 것이다. '완전한 양육법' 이란 성인으로서 어린아이들과 친구가 되는 것을 의미한다. 아이들이 우리의 눈을 들여다보듯 우리도 그들의 눈을 유심히 들여다보며 애정 어린 관심을 주는 것은 양육의 가장 큰 즐거움 중 하나일 것이다. 서로 가 서로에게 보이는 관심을 느끼는 순간 부모와 아이 모두 사고력을 발전시킬 수 있다. 돈을 벌 시간보다 아이들과 노는 시간을 더 소중히 여기라. 당신과 아이 모두에게 행복이 찾아올 것이다.

키르케고르*Kierkegaard*가 말했듯이 다른 사람과 사이좋게 지내는 사람은 하나님과도 좋은 관계를 맺을 수 있다. 나는 자신을 중요시하고 남도 중요시하라는 뜻으로 이 말을 받아들인다. 아이들 또한 자신을 중요하게 대해주는 부모의 태도에서 자신을 중요시 여기는 태도가 생기며 또 다시 다른 사람을 중요시 여길 수 있다. 이는 돈보다 귀중한 것이다. 이 것이 바로 돈을 버는 것보다 아이들과 노는 것에 더 많은 시간을 할애하는 것이 소중한 이유다.

모든 문제점을 '놀이'의 기회로 삼아라

우리가 살면서 겪는 모든 문제는 사실 다른 사람들과 함께 나누면 충분히 해결해 갈 수 있다. 나는 생각을 같이하는 친구들이 많아 어떠한 문제가 발생하면 친구들과 함께 나누는 중에 해결책을 찾곤 한다. 문제없는 사람이 있을까? 문젯거리는 우리가 사는 동안 항상 우리 뒤를 졸졸 따라 다닌다. 그렇다고 '잘 될 거야'라는 생각만으로 문제가 저절로 해결되지는 않다. '잘 해결된 척'하는 것도 결국 '눈 가리고 아웅'하는 식밖에 되지 않는다. 다시 말하지만 문제를 덮어두기보다는 다른 사람들과 터놓고 이야기함으로써 해결책을 모색하라. 모든 문제가 비참한 것은 아니다. 실제로 많은 문제들은 재밌다. 생각을 조금만 바꾸면 오히려 재밌는 이야깃거리로 바뀔 수 있다.

예전에 나와 내 친구들은 사춘기 시절부터 고질병이 되어 버린 '남이 우리를 어떻게 생각할까?'에 대한 집착에 빠져 있었다. 하지만 서로의 겉치레에 대해 진솔하게 대화하기 시작하면서, 다른 사람들 눈에 비친 우리의 모습을 상상하는 폐단과 이러한 이미지를 어떻게든 유지하기 위해 거짓말을 일삼는 일이 시간낭비이며 사태를 더욱 악화시킨다는 사실을 깨달았다. 우리는 이제 남들의 방법에 맞추어 살아가기보다는 우리 스스로 어떻게 살아야 하는지 결정한다. 즉, 우리는 다른 사람들이 우리를 어떻게 생각하는지 걱정하지 않기로 했다. 이후 우리는 힘과 뜻을 모아 새로운 세계를 창조하는 이 일을 하기로 마음먹었다.

우리는 우리에게 일어나는 일을 솔직히 나누면서 지상의 낙원을 창조하고자 한다. 세상 모든 사람들의 삶을 향상시키는 것이 우리가 선택한 과제다. 우리는 사람들의 고통을 종식시키는 일에 일생을 바치길 원한다.

우리가 목표로 삼는 것은 예컨대, 기근, 경제적 불공평, 군비(軍備)경쟁, 특정한 국가나 기업들의 독재 통치, 전쟁, 사람을 노예화하는 교육적 패러다임 등을 종식시키는 것이다. 결코 쉽지 않은 문제이지만 우리가 함께 노력한다면 언젠가는 해결되리라 믿는다. 그렇기에 당신의 동참이 필요하기도 한다. 현재 당신이 서 있는 곳에서 이 일을 시작하라. 서로의 문제점을 나누고 함께 해결해보자!

기쁨을 누릴 줄 알게 하라

성장 과정에서 분노와 수치와 성적(性的)억압을 경험한 우리는, 성인이 된 지금 놀랍게도 '기쁨'에 대해 두려움을 가지고 있다. 머리 속의 터부로부터 해방되었을 때 얻어지는 기쁨과 자유의 축제가 너무나 생소하여 오히려 견디지 못하는 것이다.

사랑만 해도 그렇다. 우리는 사랑에 압도당하지 않는 방어장치를 갖추고 있다. 이 방어장치는, 우리가 사랑을 느끼고 한동안 모든 것이 행복하게 느껴지다가, 어느 날 은연중에 행복이 오히려 부담으로 작용하게 한다. 특정한 경험에 압도되지 않도록 조절하는 우리의 마음은, 새로운 사랑의 어려움에서 우리를 구출하기 위해 과거의 아픈 사랑의 경험을 생각나게 한다. 때문에 우리는 종종 현재의 사랑이 잘못될 수도 있다는 근심을 갖고 오히려 사랑의 문을 닫고 강렬한 감정을 감춘다. 마음은 '과거에 사랑을 잃은 적이 있었지. 다시는 그런 일을 반복하고 싶지 않아' 라고 말한다. 우리의 어머니들과 아버지들과 선생님들과 여타 어른들은 우리를 조건부로 사랑했으며 우리는 그 조건을 충분히 충족시키지 못했다. 우리는 결국 그들의 사랑을 잃게 되었고 모든 것이 우리 자신의 잘못이라 자책했다.

이번만큼은 실수를 안 하리라 다짐한 나머지, 사랑을 상실했던 기억에 얽매여 현재의 사랑의 감정을 거부한다. 그렇게 하여, 현재의 사랑은 잃어버린 과거의 사랑에 대한 슬픔과 한탄과 통제의 환상을 유지하기 위한 우리 마음에 의해 방해를 받는다. 이렇듯 우리를 보호하는 것이 우리 마음의 역할이다.

역설 같지만, 실제로 우리는 살아 있음에 대해 사랑에 빠진 존재들이다. 어려서부터 이미 이 사실을 알고 있었지만 우리가 알고 있는지조차 인식하지 못하며 살아 왔다. 성장하는 과정에서 사고력만을 중요시한 나머지 사랑을 잊고 살았다. 우리가 항상 사랑에 빠진 존재라는 사실을 깨달았을 때 우리의 삶은 단지 '최선을 다하기(생존하기)'에서 '행복하기'로 전환되는 것이다.

살아 있다는 사실에 대한 이러한 사랑은 인간이라면 다 느끼는 것이다. 인류의 미래는 우리가 '충실히 살기'와 '삶에 대한 사랑'을 우리의 자식들에게 얼마나 잘 전수하는가에 달려 있으며 그들에 대한 우리의 사랑이 삶의 중심이 되도록 할 수 있는가에 달려 있다.

사람은 누구나 공동선을 지향한다

나는 사람들과 접하는 다양한 상황(예컨대 감옥, 정신병원, 대학, 기업)에서 자신의 편안함만을 추구하는 사람을 많이 봐 왔다. 하지만 나는 아무리 비뚤어진 마음을 가진 사람도 근본적으로 남을 도우며 더불어 살기를 바란다고 믿는다. 다만, 우리가 다른 사람들과 더불어 늘 기뻐하며 살 수 없는 이유는, 다른 사람을 대하는 일은 위험이 따른다고 교육 받았기 때문이다. 우리는 부모가 우리에게 휘두른 권력의 남용으로 인해 편집증을 앓고 있는 것이다. 조금만 노력하면 서로를 돕고자 하는 우리의 의지가 이 편집증적인 증세를 물리칠 수 있다. 중요한 것은 우리가 서로를, 자식을 얼마나 잘 사랑하는가에 달려 있지 않을까?

지금까지의 설명을 통해 독자들이 영감을 받았을 거라고 믿지만 한편으로는 오히려 감정을 상하게 했는지도 모르겠다. 내가 지금껏 한 이야기 때문에 감정이 상했다면 당신이 어떤 도덕적 관념에 집착하고 있지는 않는지 점검해 보고 나를 용서할 수 있는 여지를 생각해 보길 바란다.

다행히 전혀 감정이 상하지 않았다면 (또는 감정이 좀 상했지만 내용에 대해 흥미를 느끼고 있다면) 계속해서 이 책을 읽어보라. 나는 단지 내 이야기가 당신이 자식들을 양육하는 데 그리고 이웃을 사랑하는데 (그리고 즐거운 마음으로 이러한 일에 임하는 데) 많은 도움이 되었으면 하는 바람이다. 나아가 당신은 친절하게, 재미있게, 여유롭게 세상을 구하게 될 것이다.

CHAPTER 05

우리 다음 세대만이라도

우리의 가치관은 자발적으로 선택한 것이 아니라 문화적으로 길들여진 소산이다. 그런데도 우리는 길들여진 가치관들에 맹목적으로 집착하는 경향이 있다. 궁극적으로 우리가 자녀들에게 줄 수 있는 가장 중요한 선물은 그들이 문화적 올무에 매이지 않고 의식적으로 자신의 마음을 초월하여 살 수 있게끔 가르치는 것이다. 이 선물은 자녀들이 보고, 듣고, 느낀 것들에 관심을 가지면서 아이들 스스로 자신이 살아 있음을 느끼도록 하며, 이를 통해 마음의 감옥에서 빠져 나오도록 도와주는 것이다. 이것이야말로 자녀들이 진실로 자유로운 삶을 살게 하는 방법이다.

그런 의미에서 이 책은 다음 세대에 책임을 지고자 하는 사람들 간의 정직한 대화를 위한 기본 지침서이다. 지금까지 10만 명이 넘는 사람들이 이 책을 구입했으며 그들 중 많은 사람들이 이틀짜리 RH(Radical Honesty) 워크숍은 물론 정직 과정(8일), 용서와 창조 과정(4일)을 수료하였다. 나는 이 '가치에 대한 새로운 패러다임'을 받아들인 4천만 명의 사람들(이 통계는 폴 레이 *Paul Ray* 가 1996년에 〈노틱 사이언스 리뷰*Noetic Science Review*〉에 발표한 내용이다)에게 이야기하고 있다. 나는 또한, 부모가 아니거나 그렇게 될 계획이 없지만, 어쨌든 이 세계의 사람들에게 무언가 공헌을 하고 싶어 하는 사람들에게 이야기하고 있는 것이다.

나는 발간된 지 거의 20년이 다 되어가지만, 아직까지도 역작이라 불리는 진 리들로프*Jean Liedloff* 의 《지속적인 개념 *Continuum Concept*》을 모든 사람들에게 권한다. 이 저서에서 그는, 행복을 소재로 우리의 삶을 원시 부족의 삶과 비교하면서 각각의 문화에 따른 자식에 대한 양육의 관습을 나열해 주고 있다. 나는 또한 다음에 나열되는 저서들을 읽어보기를 권한다.

- A.S. 네일*Neill* 의《써머힐 *Summerhill*》
- 존 홀트 *John Holt* 의 흥미로운 여러 학습서들
- 존 테일러 가토 *John Taylor Gatto* 의 여러 저서들
- 그레이스 르웰린*Grace Llewelyn* 의《틴에이지 리버레이션 핸드북 *The Teenage Liberation Handbook*》
- 브래긴*Breggin* 의《아이들과의 전쟁 *The War Against Children*》
- 휴와 게일 프라더 *Hugh and Gayle Prather* 의《정신적인 양육 : 이해와 교육을 위한 가이드*Spiritual Parenting : A Guide to Understanding and Nurturing*》

- 디팩 초프라*Deepak Chopra*의 양육에 관한 새로운 저서인《정신적
  인 양육의 일곱 가지 법칙 *Seven Laws of Spiritual Parenting*》
- 존과 밀라 카베친*Jon and Myla Kabat-Zinn*의 책들과 워크숍《정신
  적인 양육 *Mindful Parenting*》
- 딘 오니시*Dean Ornish*의《사랑과 생존*Love and Survival*》

나는 다음 저서가 될《완전한 양육법 *Radical Parenting*》을 통해 이
모든 책들의 내용을 다루어 볼 계획이다. 딘 오니시의 저서는 될 수 있
는 대로 빨리 읽는 게 좋다. 건강 그리고 치유의 관계에 대한 명쾌한
분석, 사랑이 결여된 도덕의 무의미함에 대한 이해를 명확히 하기 위
해서는 말이다.

이 세상의 사람들은 하루 바삐 긴 잠에서 깨어나야만 한다. 우리는
모두 돕는 사람들이다. 열정적인 사람들은 자신의 권력을 스스로 획득
하기에 살아 있는 것이 더할 나위 없이 즐겁다. 이제 모두 긴 잠에서
깨어나라. 우리는 모두 돕는 사람들이다. 그리하여 자신이 태어난 문
화의 한계를 뛰어넘어 성장해 나가야 한다. 우리는 시간이 지남에 따
라 서로를 분명하게 인식하게 될 것이다. 우리가 그렇게 된다면…, 우
리는 세상을 바꿀 수 있다.

CHAPTER **06**

마음의 감옥으로부터 벗어나는 여정
– 수피교(이슬람교의 신비주의)의 의식단계

이제 우리를 제한하고 있는 문화의 벽을 넘어 더욱 성숙한 인간으로 성장해 가려는 사람에게 어떤 일이 일어나는지 이야기해 보겠다. 여기서는 19세기 서양에 처음 소개된 인간의 의식수준에 관한 수피 시스템 *Sufi System*을 모델로 사용하겠다.

우리가 모두 지독한 거짓말쟁이라고 가정해 보자. 아주 어린 나이부터 사물을 추상화하는 방법만을 배우도록 통제받으며 자라왔기 때문이다. 그래서 오직 정신적인 것에만 집중하느라 어떤 물건도 다루거나 부딪쳐 본 적이 없고, 체험해 본 적이 없는 상태다. 예컨대, 우리는 방 안에서 밖으로 나가려 할 경우 출입구까지 걸어가지도 못한 채 문설주에 부딪치는 그런 사람이라고 할 수도 있을 것이다. 이렇게 이해하지 못하는 추상적 관념에 길들여진 가여운 거짓말쟁이인 우리들일지라도 진정으로 원하는 것은 자신의 삶을 주관하며 행복하게 사는 것이다. '마음의 속박'으로부터 벗어나서 활기찬 경험세계에 머물기를 원한다. 하지만…, 어떻게 해야 그렇게 될 수 있을까?

신념 수준

우리는 지금 수피교도들이 말하는 여러 의식 수준 가운데 '신념 수준'에 머물러 있다고 할 수 있다. '신념 수준'이라 함은 마음으로부터 도망치기 위해서 스스로 무언가 대책을 강구해야 한다는 사실을 아는 단계이다. 무엇을 믿고 또 그 믿는 바를 단순히 어떻게 행동으로 옮길 것인가를 고민하는 수준이다. 핵심은 '생각' 속에서 길을 찾아내기 위해 생각하고자 애쓴다는 데 있다. 그래서 반드시 믿어야 할 것은 무엇이고, 반드시 행해야 할 것은 무엇인지를 찾아내고자 무서울 정도로 집중한다.

이 '신념 수준'은 인간의 의식 수준 가운데 가장 낮은 수준이다. 수피교도들에 따르자면 98%의 사람들이 98%의 시간을 이 수준에서 보낸다고 한다(지금 우리가 모두 함께 이 수준에 있다면 외롭지는 않을 텐데 말이다). 전 세계의 무수히 많은 사람들이 우리와 똑같이 가장 낮은 의식 수준에서 대부분의 시간을 보내고 있다. 이것은 반응심리와 합리화심리가 합작으로 만든 '반복시행명령'의 감옥이다. 그 감방은 우리들이 살고 있는 문화 속에 있다.

사회적 계약 수준

심리치료, 다소간의 정직한 대화, 어느 정도의 진실만 말하기 등이 이 수준에서 기대할 수 있는 것이다. 신념 수준과 달리 사회적 계약 수준에 머물러 있는 사람들은 서로 받아들일 줄도 알며, 타인들의 기대를 충족시키고자 한다. 하지만 신념 수준과 별반 다름없이 여전히 감옥에 있는 상태이다. 왜냐하면, 이 단계에서는 최소한 타인이 있다는 사실은 늘 의식하고 있기 때문이다.

거룩한 에고 수준

드디어 우리가 열심히 일하고 경험을 쌓은 결과, 제 시간에 출근하지 않아도 회사에서 눈치가 보이지 않는 수준에 이르렀다고 하자. 그래서 먹고, 자고, 입는 것을 능가하는 그 이상의 무엇이 있다는 것을 알기 시작했다고 하자. 우리들 대부분은 40대가 넘어서야, 삶에는 책임을 다한다는 것 이상의 그 무엇이 있다는 것을 터득하게 된다. 그것을 터득하고 나면, 우리는 그걸 아직도 터득하지 못한 사람들보다 우월하다는 느낌을 갖기 시작한다. 인생에는 오직 순종하는 것보다 더 중요한 무엇이 있다는 것을 알게 된 것이다.

수피교도들은 이런 의식 수준을 '거룩한 에고 수준' 이라 부른다. 그래서 이 단계에 이른 우리들은 세상의 많은 사람들과는 다르다는 것을 내세우기 시작한다. 하지만 아직도 우리는 수시로 사회적 계약 수준이나 신념 수준으로 되돌아간다.

철학자 수준

자신의 우월성을 내세우던 거룩한 에고 수준을 한동안 지내고 나면 오히려 자신의 에고에 대한 믿음을 잃기 시작한다. 사물을 신념이 아닌 자각을 통해 보기 시작하는 것이다. 이제 많은 어려움을 겪으며 체득한 신념을 다른 사람에게 나누어준다.

절망 수준

이 수준에 도달하면 구약성서 전도서에 나온 '헛되고 헛되며 헛되고 헛되니 모든 것이 헛되도다' 라는 말이 이해되기 시작한다.

우리에겐 더 이상 희망도 바랄 것도 더 믿을 신념도 없다. 모든 신념이 아무 가치 없는 것임을 깨닫기에 이른다.

자살공포 수준

이 단계에 다다른 우리의 의식수준은 그야말로 높디높은 '자살공포 수준' 이다. 그러나 결국엔 자살하지도 않으며 공포에 휩싸이지도 않는다.

이 수준에서 우리는 삶이 무의미하다고 하는 말조차 무의미하다는 것을 깨닫기 시작한다. 남은 것이라곤 당장 우리 앞에 있는 것과 경험할 내부에 있는 것뿐이다.

'지금 여기' 수준

공포가 사라지고 나면 우리는 자각에 바탕을 둔 현존만을 염두에 둔다. 이 수준에 도달하면 이른바 '사랑'이라는 것이 가능해진다. 사랑에 대한 신념이 아니라, 사랑 그 자체로서의 사랑 말이다. 이 수준이 불교나 기타 영성훈련, 심리치료, 집단치유의 초점이다.

수피교도들이 말하는 의식의 수준에는 아직 여섯 단계나 더 있다. 그러나 나는 한 단계만 더 예를 들고자 한다.

순수 이성 수준

우리의 마음이 강요하는 감옥으로부터 도망칠 필요가 없는 수준이다. 오히려 경험에 존재의 근거를 두면서 잃었던 마음을 되찾게 된다.

갑자기 이게 무슨 소리냐고? 우리가 다시 회복한 마음은 에고를 방어하기에 급급한 마음이 아니라 성장을 위한 멋진 도구이기 때문이다. 마음의 지배를 받는 것이 아니라 마음을 내 뜻대로 조절할 수 있게 된 것이다.

이때부터 창조자로서의 삶을 살며, 삶을 놀이로 즐긴다. 이 수준은 불교, 요가, 베다철학, 기독교의 구원, 영혼에 빛을 밝혀주는 여러 수련법의 핵심이기도 한다.

요약

위의 과정은 우리가 한 번 마음을 먹었으면 반드시 거쳐야 한다. 우리가 어렸을 때는 순수 이성 수준에 있었다. 하지만 자라면서 오히려 이 상태에서 벗어나고 말았다. 어렸을 때 우리가 어떠했었는지를 기억한다는 것은 얼마나 즐거운 일인지 모른다. 당신은 다시 그때로 돌아갈 수 있다. 그것은 바로 더 좋은 장난감을 갖는 것이며, 내가 가진 것 때문에 감사하는 마음을 품는 것이다.

다음은 커밍스Cummings가 지은 시다. 커밍스는 사랑의 재료는 바로 이곳에 지금 있다는 사실을 알았던 사람이다. 그래서 우리 모두의 여행에 대한 시를 지었다. 이 시를 읽다보면, 'anyone'이라는 이름의 소년과 'no one'이라는 이름의 소녀가 만나 서로 사랑하고 함께 살다가 죽는다는 내용이 나온다. 이 시는 보편적인 인간의 삶의 모습을 진솔하게 이야기 형식으로 그리고 있다. 소년과 소녀는 각각 우리 자신을 대표하고 있다(커밍스의 시는 어휘나 표현들이 특정한 의미보다는 단지 리듬을 위한 장치가 많아 국문으로 번역할 경우 의미가 전혀 통하지 않아 원문을 그대로 싣는다).

anyone lived in a pretty how town

(with up so floating many bells down)

spring autumn summer winter

he sang his didn't he danced his did.

Women and men (both little and small)

cared for anyone not at all

they sowed their isn't they reaped their same

sun moon stars rain

children guessed (but only a few

and down they forgot as up they grew

autumn winter spring summer)

that noone loved him more by more

when by now and tree by leaf

she laughed his joy she cried his grief

bird by snow and stir by still

anyone's any was all to her

someones married their everyones

laughed their cryings and did their dance

(sleep wake hope and then) they

said their nevers they slept their dream

stars rain sun moon

(and only the snow can begin to explain

how children are apt to forget to remember

with up so floating many bells down)

one day anyone died I guess
(and noone stooped to kiss his face)
busy folk buried them side by side
little by little and was by was

all by all and deep by deep
and more by more they dream their sleep
noone and anyone earth by april
wish by spirit and if by yes

Women and men (both dong and ding)
summer autumn winter spring
reaped their sowing and went their came
sun moon stars rain

CHAPTER 07

노는 방법을 잊어버린 덩치 큰 아이들

이 장의 제목은 인기작가 톰 로빈스의 강연에서 빌려온 것이다. (그의 작품으로는 《마른 다리와 그 밖의 모든 것 *Skinny Legs and All*》, 《딱따구리 정물화 *Still Life with Woodpecker*》, 《길가의 또 다른 구경거리 *Another Roadside Attraction*》 외 다수가 있음). 톰 로빈스는 창조자다. 그는 창조자가 해야 할 일과 살아가는 방법에 대한 귀감이 되고 있다. 그는 과거와 현재의 비극과 신앙의 거짓을 잘 묘사하고 있다. 그의 놀이에 대한 태도와 과거 전통에 대한 저항은 창조의 삶을 영위하고자 하는 모든 사람들에게 절대적으로 필요한 요소다.

다음은 그가 몇 해 전에 한 대안학교 졸업식에서 행한 강연 내용 중 일부다.

나는 사후세계가 과연 존재하는지에 대한 질문을 종종 받는다. 물론 존재한다. 삶 이전에 죽음이 존재했고 죽음 이전에 삶이 존재했으며, 다시 삶 이전에 죽음이 존재했다. 이러한 순환은 영원히 반복된다. 사실 여러분들은 이러한 순환 속에 살고 있다.

천국과 지옥…. 그것들은 이미 지상에 존재한다. 다만 어떤 영역에 체류할지는 각자의 선택에 달려 있다고 생각한다. 간단히 말해 천국이란 희망 속에 사는 것이요, 지옥은 공포 속에 사는 것이다.

안과 밖의 개념으로 따지자면 지옥은 안이요, 천국은 밖이 될 것이다. 지옥에서 빠져 나오기 위해서는 영혼의 내벽에 두루 힘을 가해 벽 너머에 있는 무한한 천국으로 점진적으로 스며들어야 한다.

천국과 지옥은 비록 상극을 이루고 있지만, 놀랍게도 많은 사람들이 이 둘을 정확하게 구분하지 못하고 있다. 예를 들어, 지금 이 시간에도 미국 전역의 고등학교에서는 여러분들과 같은 졸업생들에게 졸업 축사를 한답시고 천국에 대해 말하지만 실제로는 지옥을 묘사하고 있다는 사실이다.

졸업식장의 연사들을 보라. 그들은 "졸업생 여러분, 여러분은 지금 성숙의 황금 문턱에 도착해 있다. 이제는 세상에 나아가 인생의 도전을 받아들이고 각자의 성스러운 의무를 직면할 시점에 와 있다"라고 말한다.

여러분이 졸업을 하고 일단 어른이 되면 마술과도 같이 완벽한 인격체가 된다고 생각하지만, 사실 어른이란 단지 노는 방법을 잊어버린 덩치 큰 아이들에 불과하다.

성장은 결국 함정이다

다들 '책임감'에 대해 말이 많은데 나는 "과연 누구에 대한 책임을 말하는가?"라고 묻고 싶다. 세상 사람들에 대한 책임을 말하는 것인가? 몇 주 전 연방법원에서 뇌사한 사람은 비록 심장이 멈추지 않았다고 하더라도 법적으로 사망한 것이라고 판결했는데, 이런 논리대로라면 세상사람 80%가 법적으로 사망한 것이나 다름이 없다는 소리인데 그렇다면 시체에 대해 책임을 져야 한다는 말인가?

물론 아니다. 우리는 자신 외에는 책임이 없다. 자신의 능력의 한계와 자신이 진정 누구인지를 파악하는 책임만 지면된다. 우리 모두의 마음 깊은 곳에 진정한 내가 누구인가를 알고 있기 때문이다. 각자 본연의 정체성에 충실하다 보면 다른 모든 존재에 대해 너그러워지기 마련이다.

그러나 우리는 책임감이란 소리를 항시 듣고 산다. 책임이란 군소리 없이 명령에 따르는 것, 풍파를 일으키지 않는 것, 직장을 갖는 것을 의미한다. 직장을 갖는다는 것은 실로 암울한 현실이 아닐 수 없다. 사람들은 직장을 갖는 것을 마치 성스럽고 절대 거역할 수 없는 자연법처럼 여긴다. 그러나 사실 인간이 존재해 온 200만 년 중 직업이라는 개념이 있었던 건 최근 500년에 불과하다. 인류의 역사로 볼 때 실로 한순간에 지나지 않는다. 더군다나 최근에는 인공두뇌와 자동화로 직업은 다시 사라지는 추세다. 즉, 직업은 한순간 반짝거리다가 사라지는 유행에 불과하다. 직업과 식사가 전혀 현실적인 관계가 없듯이 직업과 일은 현실적으로 아무런 관계가 없다. 흥미롭게도 많은 사람들은 직업이 없으면 먹는 문제가 해결되지 않는다고 생각한다. 보잉Boeing 사가 없었다면 음식물을 씹을 턱이 없었을 것이고, 해군이 없었다면 창자가 제 기능을 하지 못했을 것이고, 웨어하우저Weyerhauser사가 없었다면 식물이 자라지 않았을 것이라는 터무니없는 이치와 같은 것이다. 기술 제일주의가 우리의 경험들을 근원적으로 왜곡함으로써 사물에 대한 자연스러운 인식을 흐리고 있다. 토끼는 직장생활을 하지 않다. 그럼에도 불구하고 토끼가 굶어 죽었다는 소리를 들은 적은 없다.

그러나 책임감 없이 살아서야 되겠는가? 우리는 책임이행의 대가로 백인들의 합법적인 약탈이라 할 수 있는 안전한 직장, 보장된 수입, 쉽게 얻는 신용카드, 언제든지 갈 수 있는 상점들, 구입한 물품들을 저장할 사택 등을 얻게 될 것이다. 삶을 만끽하면서 얻는 신비함, 경이로움, 놀라움, 재미, 마음의 안정, 우주와의 일체감, 압도적인 사랑 따위는 없어도 되지 않는가? 최소한 책임감 있는 시민이라는 자아인식으로 족하지 않은가? 이처럼… 책임감이란 일종의 함정과 같다.

여러분이 고등학교를 졸업하고 난생처음 부딪치게 될 체제는 여러분들에게는 큰 함정이 아닐 수 없다. 이 함정은 여러분을 말 잘 듣는 노예로 전락시키고 결국 지옥으로 빠뜨리기 위해 고안된 체제다. 실패에 대한 두려움, 사회적으로 소외당하는 것에 대한 두려움, 가난에 대한 두려움, 처벌에 대한 두려움, 죽음에 대한 두려움 등으로 여러분을 괴롭힐 것이다.

예를 들어, 우리는 한때 공산주의를 두려워하도록 교육받은 바 있었다. 그 결과 수백만 명의 미국인들이 매일 밤 모택동이 침대 밑에 숨어 있는 것은 아닌가 하고 생각했었다. 반면에 지구의 반대편에서는 수백만 명의 러시아인들과 중국인들이 혹시 헨리 키신저 *Henry Kissenger* 가 침대 밑에 숨어 있는 것이 아닌가 하고 걱정하면서 잠자리에 들었다. 전체주의 공산정부가 자본주의의 위협이라는 속임수를 통해 그들의 국민을 노예화했듯이 우리의 전체주의 정부도 공산주의의 위협이라는 속임수로 우리를 조정하고 노예화했다. 매우 오래되었고 누구나 익히 알고 있는 효과적인 속임수다.

사실 공산주의의 배후세력과 자본주의 배후세력은 같다고 볼 수 있다. 여기에 바티칸 배후세력들과 이슬람 배후의 세력들도 포함시킬 수 있을 것이다. 그들은 전지전능의 환상을 창조함으로써 대중의 마음을 현혹하여 그들을 더욱 용이하게 통치하려고 한다. 동시에 피지배자들에게 건강, 행복, 성취의 환상을 제공한다. 하지만 세상에 건강하고, 행복하고, 충만한 성취감을 느끼는 사람들이 그다지 많지 않다는 것은 명백한 사실이 아닌가?

그렇다고 걱정할 일은 아니다. 이러한 함정에서 빠져 나올 방법들은 얼마든지 있기 때문이다. 내가 오늘 여러분들에게 드릴 수 있는 조언은 그 체제에 적극적으로 저항하지 말라는 것이다. 적극적인 항의와 저항은 오히려 그 체제에 더욱 깊숙한 참여를 가져오기 때문이다. 대신 그것을 무시하고 등을 돌리길 바란다.

이런 상황에서 여러분들의 유일한 지도자며 영도자는 여러분 자신이다. 고대 요가 도사나 피리 부는 사나이, 구름 위를 걷는 사람들, 주술가들의 방법과 방편을 배우라. 자연과의 조화를 꾀하라. 여러분들의 혈관 속의 광란의 리듬에 귀를 기우리라. 삶 속에 발견되는 모든 것에서 아름다움과 시를 찾아내라. 달과 별, 봄과 여름 등과 친숙해지라. 안전한 방법을 거부하라. 자유가 주는 달콤한 꿀은 흔들리는 절벽의 가장자리에서 위험스럽게 떨어진다. 위험을 반기며 사는 습관을 길러라. 그리고 사랑이 충만한 삶을 살라. 마법의 힘을 믿으라. 상상력을 키우라. 비록 그것이 광기로 이어진다 하더라도!

레몬과 토마토가 그랬듯이 태양의 섭리를 배우고, 정글이 그랬듯이 여러분 자신들의 향취를 확인하라. 세상은 심각하게 받아드리기에는 너무나도 심각하다는 사실을 잊지 마라. 노는 법을 한시도 잊어버리지 마길 바란다.

오늘 여러분들을 바라보면서 나는 여러분들이 잘 해 나갈 수 있으리라 믿어 의심치 않는다. 끝으로 내가 종종 받는 질문 몇 가지를 소개한다.

- **우리는 (죽어서) 벌레들의 밥이 될 것인가?**

당연히 그렇다. 살아서 우리는 다른 생명체를 그렇게 많이 먹어치웠는데 우리도 같은 운명이 되어야 하지 않겠는가? 이것은 일종의 정의며 멈출 수 없는 과정이다. 만약 고인을 추모하는 뜻에서 시체를 화장시켜 지구의 식량을 갈취한다면 반드시 대가를 치르게 될 것이다.

- **죽는 순간 우리의 영혼이 육신을 빠져 나오게 되는가?**

아니다. 이것은 어리석은 미신에 지나지 않다. 태양에서 지속적으로 에너지가 빠져나가듯이 여러분들의 영혼은 지속적으로 여러분들의 몸을 빠져나가고 있다. 오히려 여러분들의 몸이 죽는 순간 여러분들의 영혼은 더 이상 몸을 빠져나가기지 않게 된다.

예수님은 재림하실 것인가?

물론이다. 항상 그렇게 해오셨다. 여러분도 마찬가지다. 모든 영혼들은 우주 도처에 영원히 메아리친다. 여러분 모두 즐거운 인생여정이 되기를 기원하는 바다.

폭발과 창조

Explosion and Creation

::

삶의 질을 진정으로 향상시키고 싶다면,
어려서부터 주입당한 삶의 모델대로 살기 위해 자신을 채찍질하는 것이
오히려 삶의 질을 떨어뜨리고 있음을 빨리 깨달아야 한다.

::

그곳을 넘어서서

지금까지, 마음이란 무엇이고 어떤 작용을 하며, 문화라는 맥락이 마음에 대해 어떤 작용을 하며, 어떻게 해야 문화적 편견을 극복하고 창조적으로 성장할 수 있는지에 대해 이야기했다. 이제는 어떻게 하면 서로 도우면서 새로운 공동체를 형성해 갈 수 있을지에 대한 이야기를 할 때다. 중요한 것은 이 새로운 공동체를 구성하게 될 개개인의 마음의 평화다. 세계의 평화 또한 이 이야기에서 아주 중요한 부분이다. 이것은 우리가 얼마만큼 신념에 사로잡혀 있으며, 그 신념을 어떻게 초월하는가에 대한 이야기다. 결코 쉬운 일이 아니다. '마음의 요새'를 벗어나야만 하며, 당신을 도울 수 있는 친구들을 찾아 나서고 과거를 정리해야만 한다.

CHAPTER **08**

존재를 향한 연민

자신의 저서 《에이미(Eimi : 그리스 어로 ' I am ' 이라는 뜻 – 옮긴이 주)》
에서 커밍스*cummings*는 그가 1931년에 러시아의 한 극작가와 논쟁하
던 내용을 소개한 바 있다. 그가 공산주의자인 극작가에게 축배를 제
의하며 나누었던 대화다.

커밍스 그에게 이 잔을…, '거룩한 개인성' 을 위해 바친다고 전해주십
시오.

〈잠시 후 …〉

극작가 그가 그것은 말도 안 되는 소리라고 합니다.

커밍스 그에게 나는 '말도 안 되는 소리' 를 사랑한다고, 그리고 말도 안
되는 소리를 위해 건배를 제의한다고 전해주십시오.

〈잠시 후 …〉

극작가 그는 매우 화가 났습니다. 그가 당신더러 겁쟁이라고 하는군요.

커밍스 맞습니다. 그에게 나는 겁쟁이가 맞다고 전해 주십시오. 그리고 또 이렇게 전해 주십시오. 세상에는 '지금 존재한다'라는 부류와 현재는 '아무것도 아니다'라는 부류가 있는데, 온 우주를 동원한다 하더라도 '현재는 아무것도 아니다'라는 부류의 믿음을 '지금 존재한다'라는 믿음으로 바꿀 수는 없다라고, '아무것도 아닌'이라는 이름의 한 미친 사람이 이야기하더라고 말씀해 주십시오."

우리가 과거에 집착하지 않고 현재의 매순간에 충실하게 되었다면 우리는 마음의 요새를 드디어 함락시킨 것이다. 일단 마음을 정복하였으면 그때부터는 다른 사람들과 함께 공동체를 형성해야 한다. 생각하는 존재로서 자신의 정체성을 새롭게 발견한 다른 사람들의 지속적인 지원이 없다면, 우리는 다시 쉽게 이전의 학습된 모습으로 돌아가 버리며, 예전의 방식대로 생각하는 존재가 되고 만다. 계속적으로 현실을 지각하면서, 지각한 대로 나누면 서로를 더 잘 알 수 있고, 자연스럽게 공동체를 이루게 된다. 그러다 보면 공동체를 통해 무언가를 '함께' 창조할 수 있게 되는 것이다.

이러한 공동체의 경험을 통해, 우리 사회의 여러 인습들을 재편할 수 있는 힘을 가지게 된다. 또한 다른 사람들에게 봉사하는 것이 결국 자신에게 이익이 된다는 사실을 깨닫게 된다. 우리는 혼자 살도록 만들어지지 않았다. 우리는 공동체를 이루며 살아야 한다.

스스로 감옥을 짓는 전쟁 포로와 같이

크레인 브리튼 *Crane Britton* 은《혁명의 해부 *Anatomy of Revolution*》에서 '혁명은 상황이 막 좋아질 때 일어난다' 고 지적한 바 있다. 철저하게 억눌려 있을 때는 잠잠하다가도 더 나아질 수 있다는 가능성이 보이면 민중은 더 많은 것을 원하고, 기득권자들에게 위협을 가하기 시작한다는 것이다.

하지만 현대사회에서는 기득권층이 가능성을 열어주면서도 자신들에게 닥쳐올 위협을 사전에 모두 봉쇄해 두었기 때문에 혁명이 쉽지 않다. 그런 가운데도 '쥐들의 질주(돈을 벌기 위해 앞만 보고 달림)'에 반대하는 혁명이 일어나고 있다. 지금 일어나고 있는 이 혁명은 의식의 혁명 또는 정신혁명이다. 이 혁명을 시작한 이유는, 우리가 물질적으로 풍요로운 삶만을 추구하다 보면, '시장경제(이제 아무도 자유시장경제라고 부르지 않는다. 왜냐하면 자유가 아니니까)' 라 불리는 통제 기구에 의해 조정당할 수밖에 없다는 것을 깨달았기 때문이다.

영화 '콰이강의 다리(The Bridge Over the River Kwai)'에 나오는 포로들을 기억하는가? 그들은 포로 시절 적을 위해 다리를 건설했다. 하지만 적군들을 저지하기 위해 다리를 폭파해야 하는 상황에 처한다. 이때 그들은 자신들이 건설한 그 다리에 대한 자부심 때문에 폭파를 망설이는 해프닝을 벌인다. 우리는 삶의 질을 높이기 위해 들이는 노력에 너무 자부심을 가진 나머지, 삶의 편안함을 위해 쥐들의 질주에 참여함으로써 우리의 적들(예를 들어 배불뚝이 회장)에게 더 많은 권력을 가져다주고 있다. 정작 그러한 경제 시스템을 유지시켜 주는 우리들에게 돌아오는 혜택은 보잘것없다는 사실을 알면서도 말이다. 자신이 갇힐 감옥을 짓는 전쟁 포로와도 같이, 우리도 스스로 지어놓은 것을 막연히 신뢰하며 그 안에 갇혀 있는 건 아닐까?

우리가 진정으로 우리의 삶을 한 단계 높이는 것은 더 많은 물건을 사들이는 것이 아니라 더 많은 것을 깨닫는 것이다. 우리는 TV를 보며 멋진 삶을 동경하며 나도 그와 같이 될 수 있다는 희망을 가지면서, 더 많은 노력을 기울인다. 딜레마는 이렇게 끊임없이 일을 하는데도 생활의 질은 점점 더 악화된다는 데에 있다. 한편으론 일에 중독되어 현실을 보는 눈이 어두워지고 만다. 우리 중 대다수가 자신이 생각하는 이상적인 삶을 흉내 내는 것이, 현실의 삶 자체를 받아들이는 것보다 더 중요한 일이라고 생각하고 있다. 마치 음식은 먹지 않고 메뉴를 먹고 있는 것과 같다.

어릴 적부터 우리는 다음과 같은 자기질문에 끊임없이 시달려 왔다. '내가 어떻게 하고 있지?', '난 잘하고 있나?', '다른 사람 눈에 내가 어떻게 보일까?' 어떻게 되어야만 하고, 내가 가진 것에 비해 어떤 대접을 받아야 하는가에 대한 일련의 표준, 개념, 가치, 또는 생각들에만 마음을 집중시킴으로써, 우리의 삶은 보잘것없어지고 만다. 우리는 교육과 문화에 의해 저항하지 않고 순종만 하도록 주입 당한다. 그러나 다행스럽게도 몇몇 사람들은 돌연 깨달았다. '우리의 마음을 믿어서는 안 되겠다!' 마음은 단순한 '모델 제조기' 다!

이 새로운 혁명으로 이르는 중요한 열쇠는 의식적인 '모델 제조기' 가 되어서, 한 가지 모델에 의해 사로잡히는 것을 초월하는 거다. 이렇게 함으로써, 삶은 항상 창조적일 수 있다. 우리가 상상할 수 있는 최고의 삶을 영위할 수 있다. 물론, 그렇게 살기가 쉽지는 않지만…. 우리가 여태까지 심각하게 여겨 왔던 여러 신념들이 틀렸다고 한번 가정해 보자. 그리고 당신의 경험에 의해 그 신념을 다시 쌓아간다고 생각해 보자. 이 얼마나 흥분되는 일인가?

삶의 질을 향상시킨다는 것

삶의 질을 진정으로 향상시키고 싶다면, 어려서부터 주입당한 삶의 모델대로 살기 위해 자신을 채찍질하는 것이 오히려 삶의 질을 떨어뜨리고 있음을 빨리 깨달아야 한다. 당신은 주입당한 대로 사는 것이 아니라 주변 상황에 대해 능동적으로 자각하는 주체다. 마음은 단지 소유하는 것이지 마음이 내가 아님을 깨닫게 된다면, 한때 당신의 삶의 질을 저하시키던 마음을 즐겁게 사용할 수 있게 된다. 이제는 지킬 수 없는 모델을 만들어 그것에 지배당하지 말길 바란다. 대신 당신이 남은 생애 동안 즐길 수 있는 모델을 만들어 그 안에서 즐겨라.

사람들이 '자각(noticing)'과 '사고(thinking)'를 구별할 수 있도록 돕기 위해 내가 준비한 연습과 이야기들은 문화와 경제, 사회적 수준의 높고 낮음에 상관없이, 전 세계의 발전에 매우 중요한 관심사일 수 있다. 이러한 생각은 결코 배타적이지 않다. 이는 나만의 생각이 아니라, 현재를 살고 있는 우리 모두의 생각이며, 우리를 지배하고 있는 기존의 모든 통제를 극복하고 '존재'에 의해 통제를 올바로 실현시키는 것이다. 이것은 혁명이라고 말할 수 있다. 이러한 혁명이 역사상 처음으로 가능해진 시대에 살고 있다는 것은 크나큰 행운이 아닐 수 없다.

수천 년 동안 지속되어 온 인류 역사의 마지막 통치형태는 개인에 의한 것이다. 민중을 대표하는 정부가 나타나기 시작하면서, 선출되어진 자들이 민중을 억압하는 권력을 갖게 되었던 것이다. 하지만, 이제 우리는 개인이 통치하는 시대로 접어들었다. 알래스카 주의 뛰어난 상원의원이었던 마이크 그래블*Mike Gravel*의 비전처럼, 투표를 통해 우리의 의지들을 실천에 옮길 대표 일꾼들을 직접 뽑을 수 있게 되었다. TV를 통해서, 인터넷을 통해, 전화 서비스를 통해 지금이라도 당장 실천할 수 있다. 어느 누구도 내 마음을 통치할 수 없다. 오직 나만이 내 마음을 통치할 수 있다.

스탠리 밀그램의 연구

내가 스탠리 밀그램*Stanley Milgram*이라는 심리학자를 처음 알게 된 것은, 1965년 시카고에서 열린 미국 심리학 협회의 모임에서다. 그는 예일 대학에서 연구한 결과를 발표하고 있었다. 학파에 따라 밀그램의 발표는 찬사와 비난을 동시에 받았다.

밀그램은 몇 년 전에 한나 아렌트*Hannah Arendt*가 아돌프 아이히만 *Adolf Eichman*의 공판에 대해 쓴 책을 읽었다. 아돌프 아이히만은 히틀러의 오른팔로서 6백만 명의 유태인과 그 외 히틀러의 눈 밖에 난 사람들의 처형 결정을 방관한 책임으로 기소됐다. 아이히만 측 변호사가 주장한 바는, 아이히만이 조직의 일원으로서 자신의 책임을 수행한 것에 불과하기 때문에 개인적으로 전쟁에 대한 책임이 없음을 변호하였다. 법정에서 사회적 시스템은 심판 받아 마땅하지만, 그 시스템 내에서 자신의 의무에 충실한 개인을 심판해서는 안 된다고 아이히만 측의 변호사는 변호했다. 하지만, 이 항변은 기각되었다. 자신이 속한 사회적 시스템에 상관없이 아이히만에게는 '개인적으로' 책임이 있다고 판결했으며, 이에 따라 그는 처형되고 말았다. 밀그램은 이 내용을 아메리칸 뉴스 지에 여러 차례 기사로 다루었다.

　스탠리 밀그램을 감탄하게 만든 부분은 한나 아렌트가 제기한 다음과 같은 또 하나의 의문이었다. 과연 아돌프 아이히만은 보통 사람과 달리 변태적이고 새디즘적인 성향을 가진 별종이었을까? 아니면 단지 평범한 관료주의자 중의 한 사람이었을까? 아렌트는 실제로 아이히만이 대학살을 목격한 것은 두 차례에 불과하며, 그때마다 그는 역겨움을 느꼈다고 변호한 점을 지적했다. 그가 실제로 대학살에 기여한 것이라고는 사무실에서 반복해서 문서처리를 하고, 전화로 명령을 내린 것뿐이라는 것이었다. 일을 떠난 그의 삶은 친구와 동료들, 단란한 가족들과 함께 하는 정상적인 것이었다.

　밀그램은 아이히만이 겪었던 경험과 비슷한 상황을 만들어 실험을 해 보았다. 그는 예일 대학 주변에 사는 남자들을 몇몇 그룹으로 구분하였다(후에 여자들에게도 실험이 실시되었다. 그 결과, 남자들의 경우와 차이가 거의 없는 것으로 나타났다). 그는 미리 실험 대상자들에게 자신의 실험이 강요에 의한 학습의 부정적 측면에 관한 연구라고 말해 주었다.

　밀그램은 실험 대상자들을 캠퍼스 내의 한 건물로 모이게 했다. 그리고 두 명씩 자신이 있는 방으로 들어오게 했다. 하지만 사실은 한 명만이 진짜 실험의 대상자였으며, 나머지 한 명은 바람잡이로서 예일대 드라마 연기과 학생이었다.

밀그램은 그들에게 말했다. "자, 지금부터 하는 실험은 강요에 의한 학습의 부정적 측면에 대한 연구의 일환입니다. 당신 둘 중 한 명은 교육자 그리고 다른 한 명은 학습자의 역할을 하게 될 것입니다. 동전을 던져서 그 역할을 정하도록 하겠습니다."

물론, 동전은 진짜 실험 대상자가 항상 교육자의 역할을 하게끔 만들어져 있었다. 역할이 정해진 후 밀그램은 두 실험 대상자를 무시무시한 전기의자가 설치된 방으로 데리고 갔다. 바람잡이인 학습자의 역할을 하는 피실험자를 그 의자에 앉게 한 뒤, 그의 손목과 머리에 전기를 연결하였다. 밀그램은 이 전극을 설치하는 이유는 학습자의 살갗이 타는 것을 방지하기 위해서라고 말하고, 또 조작된 학습자로 하여금 자신은 심장이 약하다고 말하게끔 하였다. 어쨌든, 교육자(진짜 실험 대상자)는 한쪽에서만 볼 수 있는 거울이 설치된 또 다른 방으로 안내되었다. 교육자는 학습자를 볼 수 있지만, 학습자는 교육자를 볼 수 없게 되어 있는 것이다. 이 교육자 앞에는 스위치가 30개 달린 스위치보드가 설치되어 있었고, 스위치마다 전기 강도가 높아지게 고안하였다.

밀그램은 실험을 시작했다. "자 지금부터, 학습자는 여러 단어를 한 번 쭉 훑어본 후 이 단어들이 다시 나타날 때, 다음 순서에 나올 단어가 무엇인지 알아 맞추는 게임을 할 것입니다. 학습자가 한 번씩 틀릴 때마다 교육자는 학습자에게 전기 충격을 가하게 됩니다. 틀리는 횟수가 늘어날 때마다 전기 충격의 강도는 높아지는 거죠."

하지만 실제로 학습자가 받게 되는 전기 충격은 미미한 전기 신호에 불과했다. 단지 교육자가 알아차리지 못하도록 괴로운 표정으로 연기하는 것뿐이었다. 처음에는 그저 꿈틀하는 정도의 반응을 보이다가, 충격의 횟수가 늘어감에 따라, 몸부림을 치고 소리를 지르기 시작했다. 마침내 학습자는 비명을 지르고 다음과 같이 이야기하기 시작했다. "그만해! 나 그만 둘래! 더 이상은 도저히 못 참겠어!" 마지막 단계에 가까워지면서 학습자는 거의 실신 단계에 이른 것처럼 연기하였다.

이 실험을 행하기에 앞서, 밀그램은 예일 대학 주변 사람들에게 설문조사를 실시한 바 있다. '당신은 어쩔 수 없는 사회적 상황에 처한다면 다른 사람들에게 반인류적인 행위를 가할 수 있겠습니까?' 라는 질문에 92% 이상의 사람들이 그러지 않겠다고 대답하였다. 하지만 실제로 행한 실험에서 마지막 단계의 스위치를 누른 교육자는 무려 실험 대상자의 68%에 이르렀다.

학습자들은 식은땀을 흘리며 비명을 질렀다. 실험이 끝난 후 학습자가 자신의 행동이 연기였음을 말해주었음에도 불구하고, 많은 교육자들은 자신이 한 짓으로 인해 며칠 동안 악몽을 꾸었노라고 2주 후에 행한 인터뷰에서 밝혔다.

물론, 실험 대상자 대부분은 지침대로 따라하는 것을 매우 힘들어했다. 못하겠다고 하기도 하고, 기분이 상했으며, 죄책감을 느끼기도 했지만, 하여튼 그들은 시키는 대로하였다. 밀그램은 피실험자의 반발을 예상해 '실험은 계속되어야만 한다' 라는 문구를 실험이 거행된 방 벽에 붙여놓기까지 했다.

밀그램은 이 실험이 아돌프 아이히만의 경우를 충분히 나타내기에 부족했다는 점에 착안하여 다음 실험에는, 한 명의 바람잡이를 더 참관시켰다. 아이히만에게는 많은 동료들이 있었다는 점을 대입한 것이다.

추가된 바람잡이는 학습자가 문제를 틀릴 때마다 전원을 연결하는 역할을 수행했고, 교육자는 버튼만 누르게 했다. 둘은 공범이 된 것이다. 이런 식으로 자신의 책임을 나누어지는 상황이 되자, 마지막 스위치를 누른 교육자(피실험자)의 비율은 92%로 높아졌다.

밀그램의 이 실험은 '악의 정당성에 대한 연구(A Study in the Legitimation of Evil)'로 불려졌으며, 실험을 마친 그는 다음과 같은 결론을 내렸다. "사람들은 권력과 결탁하기 위해 개인적인 도덕성을 포기하는 경향이 있다." 동일한 실험이 여자와 남자, 서로 다른 인종 및 종교 분야에 폭넓게 이루어졌지만 결과는 크게 다르지 않았다.

아마도 당신은 '아니야, 나는 권력과 결탁하지 않는 8%에 속해 있어'라고 생각할 거다. 하지만 실험에 참가한 사람들도 처음에는 당신과 똑같은 생각을 했다는 사실을 주목할 필요가 있다.

나는 밀그램의 연구결과에 지난 32년 동안 죽 매혹되어 왔다. 월남전에 대한 반대연설을 할 때에도 나는 밀그램의 연구를 인용한 바 있다. 내가 행해온 조직의 리더 연구 및 심리치료들은 어쩌면 밀그램의 통계치를 바꿀 수 있는, 그러한 인간의 독립적 인격을 발견하고 발현시키고자 하는 프로그램들이라 할 수도 있겠다.

밀그램의 실험에 참가한 피실험자들의 독립적 인격이 발현되기 위해서는, 의자에서 고통을 당하고 있는 사람에 대해 느끼는 동정심이 그들의 행동과 일치해야만 한다. 하지만 그들은 괴로워했음에도 스위치를 눌렀고, 권력에 협조하는 성향을 극복하지는 못했다. 이를 극복하기 위해서는 학교나 교회, 가정에서 출생 이후 쉬지 않고 받아온 권력에 순종하는 습성들을 버릴 수 있을 정도로 결단력이 강해야만 하는 것이다. 아이히만은 보통 사람이었다. 누구나 아이히만이 될 수 있었다는 말이다. 우리들 중 대부분은 히틀러에게 복종하였을 것이다. 사실, 지금도 우리 대부분이 자신이 스스로 설정한 권위가 아니라, 외부의 권력에 복종하며 살고 있지 않은가?

줄서서 뒤로 물러나 있고, 다시 열 맞춰 교실로 들어오고, 다시 줄 서서 점심 먹으러 가고, 또 시간 되면 다시 들어오고, 자기 자리에 앉아서 아무 말도 하지 않고 얌전히 벨이 울릴 때까지 기다리고…, 뭐 그러면서 살고 있지 않은가 말이다. 우리 스스로가 만들어 놓은 윤리의 올가미들…. 수피교도들이 이야기한 것처럼, 인류의 92%는 삶의 92%를 어린 시절에 억압과 강요로부터 설정된 신념의 수준에서 보내고 있다.

존재를 존중하는 것

만약, 이 사회가 권력에 대한 복종보다는 존재의 존중을 중요하게 생각한다면 어떻게 될지 상상해 보자. 만약 인간을 얼마나 존중하느냐에 따라 직업이 재편된다면 어떨까? 우리는 아마도, 변호사에게는 시간당 10달러 이하의 임금을 주면서, 아이를 돌보는 보모에게는 시간당 최소임금 300달러를 보장해 줄 것이다.

법적 문제는 본질적으로 중요하지 않으며, 작은 존재를 보살피는 일이 훨씬 더 중요한 가치라고 여길 것이다. 실제로 자신보다 어린 작은 존재를 사랑으로 대할 줄 아는 보모와 교사, 부모들이 변호사의 임금을 대신 받아야만 한다. 이들이 하고 있는 일들의 가치를 비교해 볼 때 말이다. 만약, 이 세계가 권력에 대한 복종이나, 질서유지보다 인간의 동정심에 더 가치를 두게 된다면 우리는 좀더 가치 있는 일에 돈을 지불할 수 있게 될 것이다.

신념에 대한 집착은 고통 그 자체

지난 4년 동안 내가 보아온 수많은 성공한, 그러나 불행한 사람의 공통점은 하나같이 숨막힐 것 같은 시스템 하에서, 명령과 규율에 복종하며 그로 인해 많은 스트레스를 받고 있었다는 사실이다. 집단을 위한 집단 그리고 그 집단을 위해 소모되는 개인들은 고통에 시달리고 있는 것이다.

'신념'과 '경험적인 진실'을 구별할 수 있을 때, 개인과 사회 전체의 고통은 줄어든다. 이 차이를 구별하는 것이야말로 더 나은 삶을 살고자 하는 우리의 의식 혁명의 원천이다. 이것이 바로 '철저한 정직성'이다. 우리가 서로에 대해 솔직해지고 서로를 충분히 공유하게 되었을 때에 마음을 숭배하거나 지배를 받거나, '신성한 제도'를 유지하는 대신, 창조적인 일을 하는 도구로 마음을 사용할 수 있다. 이것은 혁명이다. 이 혁명은 기성 세력을 위협함과 동시에 그 세력의 근간을 이루는 기존의 가치관들을 위협한다.

이 혁명은 조직체들에게, 어떠한 것도 '이전에 그랬던 것처럼 변하지 않고 유지되는 것은 없다'는 방식으로 적용된다. 세계 굴지의 컨설팅 기업들이 '하나같이 모든 기업가들은 이제 기업을 운영하기 위해서는 끊임없이 조직을 개편해 나가야만 한다'고 말한다. 조직 개편을 자주 하기 위해서는 조직을 자주, 유심히 둘러봐야 한다. 서로를 유심히 둘러보다 보면, 종업원들을 비롯한 조직 전체에 이익을 가져다줄 것이다. 조직의 기초도 튼튼해진다.

기업은 본질적으로 인간으로 구성된 조직이다. 따라서 종업원 각자가 서로를 보다 깊이 인식하는 것이 기업 전체의 문화를 형성하는 것보다 훨씬 더 중요할 수도 있다. 조직 내의 인간이 번영할 때 조직 전체도 같이 번영할 수 있기 때문이다.

이러한 논리로 볼 때 유치원에서부터 대학원에 이르기까지 현 교육제도들은 하나같이 진부하기만 하다. 수업보다 더 중요한 것은 배움이다. 배우고자 하는 당신의 열정은 완벽을 추구하는 신념이 아니라 현실에 대한 경험으로부터 나와야만 한다. 가정교육과 개개인에게 달리 적용되는 교육 방침이 우리 교육의 미래상일 것이다.

나는 이러한 나의 생각을 주위의 친지와 대학의 여러 학회 사람들, 국가 조직, 기업, 사업가들, 나의 동료들, 조직 운영기관, 미래학자들, 심지어는 종교 기관에까지 이야기하였다. 사람들은 이 모델을 인정하면서도, 정작 자기 자신이 가진 신념에 적용시키는 데에는 그리 적극적이지 않았다. 이러한 모델이 실질적으로 우리의 삶에 영향을 끼치게 하기 위해서는 서로가 관심을 가지고 개별적으로 서로 도와야만 한다.

나의 심리치료 고객들을 볼 때, 그들의 심각한 스트레스와 근심불안의 주된 원인은 그들의 입에서 나오는 거짓말이었다. 거짓말은 정신분열 상태를 일으키는 원인이기도 하다. 우리가 내리는 결정이 우리의 판단에 의하지 않고 의무감이나 신념에 의해 내려질 때, 종종 과거에 집착하면서 미래에 대해 낙관적인 생각을 하고자 애를 쓴다. 하지만 그런 낙관적인 희망은 절망을 애써 좋은 얼굴로 감추려는 것으로서, 이 또한 하나의 거짓에 불과한 것이다. 이런 가식적인 태도는 우리를 불행, 갈등, 질병, 죽음으로 시시각각 몰아가고 있다.

이러한 가식과 거짓의 굴레에서 벗어나기 위한 첫 번째 단계가 바로 '철저한 정직'임을 깨달아야 한다. 우리가 용기를 내어 진실만을 이야기하였을 때, 걱정했던 것처럼 상황이 그렇게 나빠지지만은 않았다. 그래서 계속 진실만을 이야기하고 솔직한 삶을 살며 모든 상황을 있는 그대로 받아들이다보니, 어느새 우리가 원하는 삶을 창조해 나갈 수 있는 자유를 얻게 되었다. 개개인이 존중되는 공동체 속에서 의무감이나 역할 같은 것에 얽매이지 않는, 정말 우리가 좋아해서 무엇인가를 하는 그런 삶을 창조해 나가게 되었던 것이다. 이렇게 살다보니 너무나도 즐거웠기에 다른 사람들을 초대하지 않고서는 배길 수 없게 되었다. 그래서 우리는 워크숍을 열었고, 책을 쓰게 되었다. 지금은 우리가 행했던 워크숍을 통해 다시 배우게 된 것들에 대해 책을 쓰고 있는 중이다, 보시다시피….

워크숍과 이 책을 통해 이루고자 하는 프로젝트는 사람들이 서로 진실만을 이야기하고 그로 인해 자신들의 삶에 대해 힘 있는 창조자가 될 수 있도록 훈련시키고 지원해 주는 것이다. 우리들 작업의 초점은 개개인이 삶의 희생자에서 예술적인 창조자로 전환하는 데에 있다. 《철저한 정직성》을 집필 중에 있을 때, 많은 주위의 사람들이 자유에 대한 나의 이상에 반향을 보여주던 것이 생각난다. 그 책에서 이야기한 것처럼, 진실을 이야기하는 것은 어떤 윤리적 이상을 실천하기 위한 것이 아니다. 반사적으로 행동하는 이성의 작용에 제동을 걸어보자는 아주 실질적인 이유에서다. 나는《철저한 정직성》에서 다음과 같은 이야기를 한 바 있다.

- 진실을 이야기하는 것보다 마음을 조절하는 데 유용한 일은 없다.
- 우리는 진실에 대한 자신만의 해석을 진실인 것처럼 여김으로써, 일상을 있는 그대로 경험하며 누릴 수 있는 풍요를 스스로 포기하는 경향이 있다.
- 진실을 이야기하면, 오랫동안 자신의 내부에 숨어 완치되지 않았던 상처들이 치유된다. 이 치료는 때론 엄청난 고통을 수반할 때도 있다. 고로, 용기가 필요하다. 쉬운 일은 아니다. 하지만 확실히 다른 어떤 대안보다는 훨씬 나은 방법이다.
- 사람들은 안전에 대한 근거 없는 환상을 가지고 있다. 우리들은 안전이 우리 자신과 다른 사람들에 대한 통제와 규율을 통해 얻어진다고 믿고 있다. 사실 안전이란 존재하지도 않는다.
- 창조라는 게임은 우리를 사로잡기에 충분한 매력이 있다고 믿어진다. 창조는 우리가 살면서 즐길 수 있는 유일한 게임이다.

나의 이러한 생각은 점점 퍼져나가, 이제는 많은 사람들이 이 새로운 의식의 혁명에 매료되었다. 21세기를 맞이한 현시점에 있어 우리가 어디에서 살며 무엇을 믿든지 간에 우리를 얽매는 의무에 의해 지배될 때, 즉 우리가 '해야 하는' 일만을 하게 될 때, 그 의무는 점점 더 불어나기만 하고 우리의 삶은 점점 더 바빠지며 마음은 우리의 삶을 집어삼키면서 결국 우리를 침몰시키고 만다는 것을 모두들 잘 알고 있다. 이러한 사실들을 깨닫게 된 사람들이 점점 더 많아지면서, '하고 싶은 일'을 하고자 하는 창조적인 생각들이 하나의 '운동'으로 확산되어야 함을 느끼고 있다.

이 운동의 핵심 요소는 자신이 처한 문화적 환경에 의해 의식 속에 자리잡은 의무감을 버리는 것이다. 이것을 극복하고자 미친 듯이 애쓰는 것, 이것이야말로 서로 지각하고 공감하며 살 수 있는 새로운 공동체를 창조할 수 있는 필수 선행 조건이다.

이러한 능력은 전쟁을 멈추게 할 뿐 아니라, 평화를 지속시킬 수도 있다. 자아의 실현, 존엄감, 개인이 느끼는 자유에 있어 핵심적인 사항은 자신의 분노를 극복하는 것이며, 분노를 극복하기 위해서는 진정한 '용서'가 필수적이다. 이 용서는 공개적으로 사람들이 보는 가운데 실천되어야 하며, 개인의 자유, 나아가 사회 전체의 자유를 이루는 핵심 요소다. 이는 스탠리 밀그램의 실험 결과의 통계치를 바꿀 수 있는 방법이다.

CHAPTER **09**

분노를 솔직히 폭로하라

그럼 분노에 대해 이야기해 보도록 하자. 문화를 초월하지 않고서는 진실에 도달할 수 없으며, 문화라는 것은 개인의 마음속에 존재한다. 같은 문화 내에서 어떤 이는 문화의 변화를 꾀하고 어떤 이는 변화를 거부하면, 내적·외적 갈등은 불가피해진다. 이때 분노는 당연히 생기게 된다.

분노의 극복은 개인의 성숙과 문화적 변화를 위해 꼭 필요로 한다. 따라서 자신이 속한 문화의 편협성을 벗어나고자 하는 사람이라면 반드시 직면해야 할 질문이 '분노를 어떻게 극복할 것인가?' 다.

카타르시스가 아닌 완전한 폭로

우리는 '철저한 정직성'이라는 강력한 학습과정을 통해 마음의 세계에 잘못 그려진 지도를 수정할 수 있다. 과거에 집착했던 것들을 포기하는 데에는 적지 않은 연습이 요구된다. 이러한 연습의 중심에는 분노를 어떻게 표출시킬 것이며, 어떻게 극복해야 할 것인가? 라는 과제가 놓여 있다.

'철저한 정직성'은 가식이라는 힘겨운 부담에서 벗어나 큰 해방감을 맛보게 한다. 또한 나와 뒤틀린 관계에 있던 사람들을 용서함으로써 진정한 친교의 장이 마련되게 한다. 이를 위해서는 우리의 분노를 가감 없이 표출하여 이를 해소해야 한다. 분노를 느끼게 하는 상대가 아직 살아 있다면 직접 만나서, 만약 이미 고인(故人)이라면 전문의의 도움을 통해 치유받아야 할 것이다.

본 장에서는 분노가 무엇인지에 초점을 맞추고자 한다. 그래야만 사고의 지배로부터 빨리 자유로워질 수 있기 때문이다.

광기의 극복

분노를 극복하는 묘안이 있다. 바로 '용서하기'다. 그러나 이것은 생각만큼 쉽지 않다. 용서를 위해서는 원칙적으로 당신을 분노케 한 당사자의 면전에서 화를 내야 한다. 아울러 화가 난 이유를 사실대로 말해야 한다. 추상적인 단어가 아니라 구체적인 단어로, 화가 완전히 풀릴 때까지 분노의 대상과 대화를 지속해야 한다.

하지만 당신도 그렇거니와 많은 전문가들은 이러한 상황을 어떻게든 피하는 것이 상책이라 권유한다. 당신은 대부분 분노를 풀지 않고 내내 마음에 두기를 원한다. 나를 화나게 한 사람에 관한 온갖 비난거리를 찾아내고, 내가 옳았고 그들이 틀렸다는 사실을 입증할 추가적 단서를 찾고자 한다. 이것은 재미도 있고 별로 어렵지도 않다.

하지만 불행히도 그런 '쉬운' 방편은 자신에게 해만 될 뿐 효과는 거의 없다. 회피로 인해 야기된 우울증, 근심, 신체적 통증을 치유할 수 있는 유일한 방법은 두통약을 먹는 정도다. 전문가들조차 당신이 분노를 효과적으로 해소하도록 쉽게 도와주지 못한다. 그러면, 여기서 분노에 대한 거짓 해결책 중 몇 가지를 검토해 보기로 하자.

"용서를 하기로 마음만 먹으면 그만이다"라는 말은 옳지 않다. 이러한 방법으로 분노가 극복될 것이라는 발상은 결국 자신을 속이는 행위다. 만약 당신이 기도를 함으로써, 편지를 보냄으로써, 의사의 진료를 받음으로써, 제3자와 상담을 함으로써, 통제된 환경에서 분노를 행동으로 옮김으로써(예컨대 복싱과 같은 운동), 베개를 때리며 고함을 지름으로써, 영적(靈的)인 방법을 모색함으로써 당신의 분노가 풀릴 것이라 생각한다면 다른 사람들과 마찬가지로 당신은 환상에 잠기게 될 뿐 아니라 여전히 화가 풀리지 않은 상태로 남아 있게 된다.

진지하게 말해서 당신의 분노의 근원에 대한 집착을 극복하는 길은 분노의 대상과 맞대면함으로써 서로의 상황에 대해 웃어넘길 수 있을 때까지 분노를 해소해 나가는 것이다. 만약 서로간의 분노의 진정한 나눔을 회피하도록 종용하는 정신과 의사들의 말을 따른다면 당신은 영원히 분노를 해소할 수 없을 것이다.

얼굴을 맞대고 분노를 폭발시켜라

보다 잘 보기 위해서는 조금 뒤로 물러나라는 가르침을 우리는 받아왔다. 하지만 이러한 원칙은 화가 났을 때는 전혀 해당이 되지 않는 듯하다. 화가 났을 때 그 일과 거리를 두려 한다면 '나는 옳고 너는 틀렸다' 정도의 생각에 사로잡히게 된다. 만약 진정으로 화를 풀 의향이면 사건이 일어난 경위를 구체적으로 떠올려야 한다. 경우에 따라서는 당사자의 면전에서 그의 어떤 행동과 말이 당신을 화나게 했는지 말해줄 필요도 있을 것이다.

그 행동과 그 말이 '왜' 당신을 화나게 만들었는지 설명하려 하지 마라. 정확하게 설명할 수도 없다. 즉, 분노의 요인을 밝히고 합리화시키려 하지 말라는 거다. 물론 속이 좁다는 욕을 먹을 수 있겠지만 따지고 보면 속이 좁지 않은 사람이 어디 있는가? 혹시 미쳤다고 생각할지 몰라도 조금은 미치지 않은 사람이 어디 있겠는가? 마음 놓고 속이 좁다는 평가를 그냥 듣고 미친 짓을 하라. 목청을 높여 분노의 경험을 말하라.

분노의 경험을 직면함으로써 그것을 극복하는 것은 분노의 대상과 만나야 가능하다. 불만의 대상과 자리를 함께 하여, 불만과 직결된 신체상의 감각을 직접 경험하고 불만을 상대방에게 실토할 의사가 있을 때 비로소 불만이 해소되는 것이다. "나는 당신에게 불만을 가지고 있어"라고 말문을 열고 그의 눈을 보면서 구체적으로 상대방의 어떤 말과 행동이 화근이 되었는지 밝히라. 이때 목소리 음조와 높이는 불만의 정도에 의해 결정된다. 특히 쌍방이 모두 기억하고 있는 사건에 대해 말을 하는 것이 효과적이며 '옳고 그름' 또는 '선과 악' 따위의 추상적인 해설은 할 필요가 없다. 이로써 당신의 개인적인 해설보다는 경험 자체에 대화의 초점이 맞추어지게 된다.

이러한 과정을 통해서만이 당신과 상대방은 앞으로 진실한 교류를 지속할 수 있다. 역설적이지만 분노를 표면화하면 분노의 영향이 오히려 사라진다. 화를 내고, 그것을 극복하고, 용서하고 넘어가서 '창조'라는 더 뜻 깊은 일에 몰두하라. 이 모든 것은 '신념'의 부작용을 최소화하는 데에 필수적이다.

분노 표출시의 지침

여기서는 분노를 표출시키는 몇 가지 지침을 제시하고자 한다. 처음 당신은 이러한 접근방식이 이치에 맞지 않는다고 생각할지 모르지만, 실제의 느낌을 직접 확인하면서 결국 상대방을 용서하는 체험을 하게 될 것이다. 이 지침은 일종의 전략이며, 궁극적 목적은 당신으로 하여금 순간순간의 진솔한 느낌들을 허심탄회하게 표현할 수 있도록 도와주는 것이다. 또한 분노 또는 감사의 경험 그 자체를 보다 자세히 볼 수 있게도 한다. 아울러 '표현의 과정(즉, 어떤 과정을 통해 감정을 표현하게 되는가)'에 대해 새로운 깨달음을 준다.

만약 당신이 경험을 제쳐두고 맹목적으로 규정들만 따지려 들면 이러한 전략은 소용이 없어진. 따라서 실험을 하는 동안 규정보다는 경험을 스스로 인식하기 위해 노력해야 한다. 당신이 해야 할 일은 순간순간마다 인식한 것을 상대방에게 솔직하게 전달하는 것이다. 포기하지 말고 온전함을 느낄 때까지 상대방과 끈질기게 대화하다보면 결국 그와 화해할 수 있다. 이로써 당신이 가지고 있던 불편한 감정은 완전히 사라지고 상대방을 다른 시각으로 보게 될 것이다.

사랑은 상대방의 있는 그대로의 모습을 관용할 때 일어난다. 상대방에 대한 판단을 유보할 때 비로소 용서와 사랑이 꽃필 수 있는, 열린 공간이 형성된다. 이에 대한 지침은 다음과 같다.

전화보다는 가능한 한 당신이 분노를 품고 있는
당사자의 얼굴을 직접 보며 이야기하라

서로의 눈을 바라보며 그때그때 달라지는 상황에 적절하게 대처해야 하기 때문에 간접 교류는 효과적이지 못하다. 직접 만나는 것이 제일 좋고, 서로 멀리 떨어져 있는 경우에만 전화를 이용해야 한다. 하지만 전화를 사용할 때도 너무 길게 통화하지는 마라. 전화로 통화할 경우 속단과 좋지 못한 감정이 생기기 쉬우며, 특히 화가 많이 났을 때는 오해의 소지가 너무 많다.

나는 지금 당신의 이러이러한 면 때문에 화가 나 있어.
또는 나는 특히 당신의 이러한 면에 감사해. 등으로 시작하라

"나는 너의 이러한 면이 마음에 안 들어"는 "나는 여차여차해서 화가 나 있어"라고 하는 것보다 훨씬 개인적인 효과를 나타낸다. 후자의 경우 단순하게 어떠한 '상황' 때문에 화가 났다는 것을 의미하지만, 전자의 경우는 '나'와 '너'의 관계가 훨씬 명확하게 드러난다. 하지만 대부분의 사람들은 "나는 너의 이러한 면이 마음에 안 들어"와 같은 표현을 선뜻 쓰지 못한다. 상대방을 사적으로 지나치게 공격하고 있다는 느낌을 받기 때문이다.

물론 "이것이 나를 화나게 해"라고 보다 우회해서 말하면 부담은 적어지겠지만, 그만큼 효과도 적어진다. 그렇게 되면 당신은 완전한 불만 해소를 경험하지 못하게 될 것이며 진실을 사실대로 말하지 않았기 때문에 그 효과도 오래 가지 못한다. 사실 당신의 불만사항은 상대방이지 어떠한 상황이나 애매한 그것은 아니지 않는가?

'화가 난다'라는 표현을 좀더 부드럽게 표현하는 것도 효과적이지 않다. "당신이 그럴 때면 나는 정말 불쾌해" 같은 표현은 다분히 수동적이며, 현실에 대한 일반적인 묘사에 그친다. 그러나 "나는 너에게 화가 났어"라는 표현의 경우는 능동태로서 상대방을 앞에 두고 현재의 감정을 직접적으로 표현한 말이다.

어쨌든 이 같은 방식의 표현에 대해 당신이 거북해하는 것은 당연하다. 하지만 아무 불편한 감정 없이 화가 난 것을 피력하는 것은 우리가 이제까지 자라온 환경을 감안하면 불가능한 일이다. 편한 방법으로 분노를 극복하려 하지 마라. 편한 방법을 찾으려면 약국에서 두통약을 먹는 것이 나을 것이다.

또한 많은 사람들은 직접적으로 감사와 따뜻한 말하기를 어렵게 여긴다. 분노의 말을 하는 가운데도 감사의 말이 나오면 감추지 말고 같이 해야 한다. 분노를 묻어두는 것만큼이나 감사의 뜻을 전하지 않는 것은 나중에 화를 부른다. 지난날의 감사함이나 불만족한 경험들을 잘 정리함으로써 상대에 대한 새로운 감사의 마음이 생겨난다.

반드시 현재형으로 말하라, 비록 지난 일이라 할지라도

"나는 너에게 화가 나 있었어" 와 같은 표현을 쓰지 마라. 과거에 있었던 일이라도 당신이 여전히 화가 풀리지 않은 상황이라면 그 표현 역시 당연히 현재형을 써야 한다. 과거형에서는 그 당시 당신이 어떤 마음의 상태였는지에 대한 상황 설명만이 가능하기 때문에 큰 변화도 기대하기 어려워진다. 분노가 현재형으로 표현되어야만 다시 화를 낼 수 있고 그 분노를 실감나게 경험할 수 있게 된다. 내가 누누이 강조했듯이 분노의 경험을 회피하면 분노는 사라지지 않고 당신의 마음속에 남아 있게 될 것이다. 명백한 합리적인 사고로 남게 된다. 즉 당신으로 하여금 분노를 표현하여 그것을 정화하기보다는 다른 사람과의 접촉을 회피하게 하며 자신의 몸 안에 이루어지는 경험과의 단절을 가져오고, 독선만 조장한다.

당신이 화가 난 이유를 최대한 구체적으로 표현하라

당신은 상대방의 특정한 말이나 행동 때문에 화가 났을 것이다. 그런데도 당신이 "나는 당신의 속물근성 때문에 화가 났어" 또는 "당신이 나를 깔보는 태도 때문에 화가 났어"라고 추상적으로 말하면 그는 당신이 무엇 때문에 화가 났는지 정확히 알지 못할 것이다. 아마도 그는 "난 속물이 아니야"라고 대꾸할 것이다.

사실 당신은 그의 어떤 말이나 행동 때문에 속물이라는 판단을 했는지 말하지 않았다. 당신은 단지 당신의 주관적인 평가를 상대방이 수용하도록 종용하고 있을 따름이다. 평가에는 구체적인 지적이 뒤따라야 한다. 그가 왜 속물인지 딱 꼬집어서 말하라. 예를 들어, "식품점에서 내가 인사를 했을 때 당신은 고개도 돌리지 않았어. 그래서 화가 났어" 또는 "당신이 어제 '시골뜨기만이 컨트리 뮤직을 좋아해'라고 말해서 열 받았어"라고 한다면 분노의 직접적인 요인이 밝혀질 것이다.

행동을 일반적으로 묘사하거나 단순히 판단하는 것에 머물지 마라. 당신이 만약 '항상' 또는 '결코… 하지 않는다' 따위의 말을 하면 상대방은 당신이 무슨 말을 하고 있는지 잘 이해하지 못할 것이며 당신의 분노도 해소되지 않을 것이다. 그의 귀에 당신의 말은 단순히 잔소리로 여겨질 것이다.

따라서 "항상 불평불만이 많은 당신이 나를 화나게 해"라는 표현은 구체적이지 않다. 당신이 기억하고 있는 구체적인 사례들을 제시해보라. 예컨대, "지난 목요일에 당신이 내가 시장을 잘못 봐왔다고 핀잔하고는 '내가 직접 다시 장을 봐야겠군'이라고 말을 한 것이 나를 화나게 했어"라고 구체적으로 설명할 수 있을 것이다. 같은 맥락에서 "나는 나의 진가를 인정하지 않는 당신에게 화가 났어" 또는 "나를 로맨틱하게 대하지 않아서 화가 났어" 같은 표현은 매우 모호하며 포괄적이다. 간과하지 말아야 할 것은 우리가 지금 배우고 있는 분노의 표출

방법은 단순히 상대방의 흠을 잡자는 것이 아니라 자신의 불만을 해소하기 위한 수단이라는 사실이다. 이러한 불만은 "우리 결혼기념일에 술에 취해 잠을 자버린 것 때문에 화가 났어" 같은 구체적인 지적이 포함 높여 이야기하라. 보편적 이야기의 부족함을 목소리의 강렬함이 보완해 줄 거다. 잊지 말아야 한다.

너무 화난 나머지 침착하게 구체적인 설명을 하지 못할 사정이면 보편적인 이야기로 대화를 시작해도 무방하다. 그러나 이 경우 목청을 높여 이야기하라. 잊지 말아야 할 것은 이러한 감정의 폭발이 끝나면 구체적인 이야기들이 제시되어야 한다는 사실이다.

실제로 일어난 일들에만 초점을 맞추라

만약 당신이 상대방이 하지 않은 일(즉, 당신의 기대에 못 미쳤던 점들) 때문에 화가 났다면 애당초 그의 어떤 말이나 행동에 그러한 기대감을 갖게 되었는지 상기해 봐야한다. 바로 이러한 말이나 행동에 이야기의 초점을 맞춰라. 상대방에 대해 당신이 가지고 있는 기대, 실망, 분노 등은 당신 자신이 만들어 낸 거다. 그럼에도 불구하고 당신의 기대에 미치지 못한 상대방의 행동을 표면화시킴으로써 당신이 스스로 만든 마음의 상처를 치유할 수 있게 된다.

만약 당신이 하고자 하는 말을 사전에 철저히 준비한다면 분노는 그만큼 잘 풀리지 않을 것이다. 차라리 발생하는 감정들을 그때그때 발산하는 것이 더욱 효과적이다. 예를 들어, 당신의 배우자가 일전에 당신에게 부탁했던 일을 상기하고자 한마디 했다고 하자. 이에 대해 당신은 "당신이 내가 할머니 생일선물을 준비했는지 확인해서 솔직히 기분이 좋지 않았어"라고 말할 수 있을 것이다.

할머니 선물을 미처 준비하지 못한 죄책감이 들어 있는 상태에서 이런 질문을 받았다면 더욱 거부반응을 가질 수 있다. 좀더 확대해서 생각해 보면 배우자가 애당초 당신에게 선물을 준비하라고 시킨 것도 불만의 요소가 될 수 있을 것이다. 게다가 생일을 맞으신 할머니도 지탄을 면치 못하실 거다. 종합해 보면 생일을 챙겨야 할 할머니가 존재한다는 사실, 그녀를 위해 생일선물을 준비해야 한다는 사실, 배우자로부터 그 일을 지시 받았다는 사실, 배우자가 그 일을 기억하고 있는지 확인했다는 사실, 이때의 상대방의 목소리와 표정 그리고 당시의 기분 등 다양한 이유에서 당신은 화가 났을 것이다.

분노를 해소하기 위해 이렇게 하라. 먼저 당신의 불만을 명확하게 밝혀라. "당신이 할머니 생일선물을 사는 것 잊지 않았겠지? 라고 말한 것에 대해 불쾌했어"로 시작해서 "당신의 가식적인 목소리 때문에 화가 났어 → (다소 추상적), 그 말을 할 때의 당신의 어조 때문에 화가 났어 → (좀더 구체적), 나를 지금 대하는 눈빛이 거북해, 당신이 얼굴을 찌푸리고 있어 화가 났어" 등으로 이어질 수 있을 것이다. 좀 우스꽝스럽고 지나치게 느껴질지도 모른다. 솔직히 배우자에게 큰 잘못이 있는 건 아니기 때문이다.

당신도 이런 경험을 해보지 않았는가? 상대방에게 잘못이 없는 줄 알면서 당신의 기분 때문에 화가 난 상황 말이다. 하지만 상대방은 당신의 공격에 대처할 수 있는 충분한 능력의 소유자이기 때문에 당신의 행동을 중지해서는 안 된다. 상대방의 감정이 다소 상한 것은 금방 풀리게 마련이다. 한번 시도해 보길 바란다. 스트레스가 좀 풀리지 않는가? 이제는 죄책감에 시달릴 필요가 없다. 당신과 당신의 배우자는 이제 새로운 관계를 맺을 수 있다.

고맙게 생각하는 점을 말할 수 있을 때까지 완전히 화를 풀라

불편한 마음만을 해소하고 자리를 떠나서는 안 된다. 이제 당신이 해야 할 또 한 가지의 일이 남아 있다. 서로에게 더 이상 노여워할 것이 없게 되면 이제 이렇게 말해야 한다. "그래도 내가 당신에게 고맙게 생각하는 것은…" 만약, 이 말을 꺼낼 수 없다면 아직 화가 완전히 풀리지 않았다는 증거다. 고맙게 생각하는 것을 말할 수 있을 때까지 계속하여 대화를 이어가야 한다. 당신이 걱정하는 것만큼 시간이 많이 걸리지 않을 것이다. 그러나 생각하는 것보다는 오랜 시간이 걸릴 경우도 있다.

서로의 불만사항을 충분히 교환한 후에는 같은 방법으로, 고맙게 생각하는 부분들을 이야기하라

이때의 기분이 어떤가? 어깨에 힘이 들어가 있거나, 호전적인 자세로 팔을 포개고 있지는 않는가? 입술에 힘이 들어가 있거나, 한순간이라도 빨리 이 상황을 벗어나고 싶지는 않은가? 특히 마지막 질문에 해당사항이 있다면 아직 시원하게 털어놓지 않았다는 징조다. 만약 상황을 벗어나고 싶다면 "당신과 함께 앉아 있는 것이 나에게는 아직 어색해"라고 말하는 것이 낫다. 당신의 가슴이 따뜻해지고 상대방의 얼굴에 미소가 피어오르면 이젠 고마움을 표시하라. "그런 미소로 나를 바라봐 줘서 고마워" 또는 "내 실험에 기꺼이 응해줘서 고마워" 등이 될 것이다. 결국 당신은 상대방을 새로운 눈으로 보게 될 것이며 상황에 대한 새로운 안목이 생기게 될 것이다. 상대방을 용서하고 그에게 용서를 받고자 하는 마음이 생기며, 당신은 이러한 과정이 진행되는 동안 포기하지 않고 함께 있어준 상대방에게 고마움을 느끼게 될 것이다.

지속적으로 하라

서로의 진실한 마음을 교환한 후에도 시간이 지나 다시 피상적인 관계로 돌아갈 수 있다. 서로간의 분노가 해소되고 사랑을 확인했는데도 의식적으로 서로를 피할 수 있다. 왜냐하면 대부분의 사람들에게 사랑의 경험이란 분노의 경험만큼이나 두려움의 대상일 수 있기 때문이다. 따라서 진솔한 의사 교환이 이루어진 후 두 사람이 다시 만나도 다시 속마음을 쉽게 드러내지 못하는 것이다. 속으로는 '이전에 이야기를 나눌 수 있어서 참 고마웠어. 나에게는 상당히 의미 있는 경험이었어'라고 생각할지라도 하찮은 이야기로 화제를 곧 옮겨버린다.

서로의 마음을 털어놓고 진정한 대화가 이루어지면 그와 진실하고 생동감 넘치는 관계를 맺을 수 있을 것이다. 서로에게 솔직해지는 것은 궁극적으로 서로에게 큰 힘이 될 수 있다. 물론 충분한 연습 없이는 불가능한 일이다. 차후에 상대방을 만나게 되면 다시 숨기고 싶은 감정이 생길 수 있다(오랫동안 그렇게 훈련받아 왔기 때문이다). 그러나 당신이 감정을 숨기고 있다는 사실을 알고 있다면 곧바로 바른 궤도로 대화를 되돌릴 수 있을 것이다.

거듭 연습하라

분노를 줄이고 분노가 당신의 삶을 지배하지 않도록 하기 위해서는 상대방과의 협의를 통해 분노를 의도적으로 이끌어내어 분노를 올바로 인식함으로써 물리쳐야 한다. 변화란 선을 행해야 한다는 도덕적 의지로 되는 것이 아니다. 이보다는 분노를 제대로 알고 확실히 물리치는 데서 비롯된다.

본 연습들은 단지 제안에 불과하다. 수용하고 안하고는 물론 당신의 자유다. 아무튼 분노가 잘 해소되지 않는 상황을 직면하게 되면 이러한 연습들이 매우 유용할 것이다.

분노에 대해 실험해 보기로 합의를 하라

몇몇 친구들, 배우자, 또는 이 책을 읽을 수 있는 가족에게 동참하기를 요청하라. 먼저 본 장을 함께 읽어보고, 나중에 다시 만나 서로에 대한 불만을 열흘 동안 가감 없이 이야기하기로 합의하라. 이 열흘 동안은 어떠한 불만사항도 말할 수 있지만 어떤 말도 구속력을 가지지 않는다는 사실을 명심하길 바란다. 예컨대, 한 사람이 "당신이 주차장 입구에 차를 세워 불만이야"라고 이야기한다고 해서 가해자가 차를 다른 곳으로 옮겨야 할 의무는 없는 것이다. 다만 볼멘소리를 경청하

기만 하면 된다. 이 실험은 열흘간 지속되어야 하기 때문에 초반부터
감정이 격해지지 않도록 주의해야 한다.

분노에 대해 터놓고 이야기하라

그룹단위로 '분노를 다루는 방법'을 함께 모색해 보라. 우선 본 장
을 구성원 전체가 읽고 내용을 함께 이야기해 보자.

친구들에게 도움을 청하라

만약 당신이 소심하여 상대방과 마주했을 때 담아두었던 분노를 표
출시키지 못하거나, 애당초 만나기를 싫어하거나, 만남이 성사되어도
별다른 성과를 보지 못할 경우에는 제3자에게 도움을 청할 수 있다. 친
구에게 중재해 줄 것을 부탁하라. 중재하는 친구와 분노의 대상 모두
가 본 단원을 읽도록 부탁하라.

추천하고 싶은 책

추가적으로 연습이 필요하면 존 스티븐스 *John O. Stevens*의 책《인
식*Awareness*》을 권하다. 특히 '죄책감', '불만', '요구'와 관련된 세
가지 연습을 추천하는 바다(참고로 존 스티븐스는 현재 스티브 안드레
*Steve Andreas*로 알려져 있다).

죄책감과 분노

우리는 잘못을 저지른 뒤 들통 날지도 모른다는 불안에 사로잡히곤 하다. 최소한 큰 실수를 저지른 뒤엔 마음이 편치 않은 것이 인지상정이다. 표면적으로는 이 상황에 분노가 개입되지 않았다고 생각할 것이다. 단지 죄책감일 뿐이라 여기는 것이다.

그러나 보다 깊이 들여다보면 분노가 고개를 든다. 분노는 자신의 죄책감을 감정어린 눈으로 점검하는 과정에서 생긴다. 우리가 죄책감을 처음으로 배우게 된 것은 프릿츠 펄스 *Fritz Perls* 가 말한 '투영된 원망 *projected resentment*', 즉 우리가 어렸을 때 '해야 될 일'과 '해서는 안 되는 일'을 강요하는 어른들에게 종종 화를 내면서다. 우리는 힘으로 이길 수 없는 어른들에게 분노를 느끼면서도 분노를 삭여야만 했으며, 이로 인한 죄책감은 더욱 심화되었다. 나의 분노보다는 부모의 분노를 걱정해야만 했다. 아울러 심한 벌을 받지 않으려고 오히려 우리 자신에게 벌을 주었다. 우리가 충분히 자신을 학대하면 그들의 분노를 어느 정도 모면할 수 있을 것이라는 기대에서다.

따라서 당신이 만약 죄책감에 사로잡혀 있다면 상대방이 당신에게 갖고 있으리라 예상한 분노가 실제로는 그들을 향한 자신의 분노가 아닌지 한 번쯤은 짚고 넘어갈 필요가 있을 것이다.

명상

당신이 만약 분노와 맞서기 위해 명상이라는 것을 사용해왔다면 명상 또한 많은 도움을 줄 것이다. 명상을 통해 만족이 증가하고 분노는 줄어든다. 조용히 앉아 묵상하는 과정에서 점진적으로 분노가 녹아내리는 것을 느낄 수 있을 것이다. 자신을 보다 깊이 자각하고 사랑할 수 있으며, 자아인격에 덜 집착하게 될 것이다. 하지만 나는 명상을 통해 모든 분노가 사라지리라고 생각하지는 않는다.

분노에 대한 정리

지금까지 말한 분노와 감사를 표현하는 연습을 통해 분노를 효과적으로 다스릴 수 있다. 이 지침들은 분노를 삭이는 종전의 고루한 방법들과는 근본적으로 다르다. 이 지침들의 궁극적인 의도는 분노를 더욱 강렬하고 숨김없이 드러냄으로써 그것을 극복하도록 하는 것이다.

어쩌면 당신은 지침들을 잘 따른 뒤에도 나에게 화를 낼지도 모른다. 예전에 비해 분노가 줄기는커녕 오히려 더 심해졌다고 생각할 수 있기 때문이다. 그럴 땐 분노가 더욱 커졌다고 할 것이 아니라 분노에 대한 경험이 더욱 풍부해졌다고 생각하면 어떨까? 감정을 통제하기 위한 일반적인 방법들과 내 방법 중 어느 것이 더 효과적인지에 대한 평가는 당신께 맡기겠다. 만약 부정적인 결과가 나오더라도 환불은 불가하다.

지금까지의 내용을 정리해 보자.

• 가능하다면 분노의 대상과 직접 만나서 이야기하라.

- 가급적 '나는 여차여차해서 당신에게 못마땅하게 생각한다' 또는 '나는 여차여차해서 당신에게 고맙게 생각한다' 로 말문을 열라.
- 현재형으로 이야기하라.
- 구체적인 사실을 말하라.
- 상대방의 행위에 관해 일반적인 지적이나 보편적 평가에 머물지 마라.
- 발생하지도 않은 일보다는 실제로 발생한 일에 가급적 초점을 맞춰라.
- 말하는 과정에서의 체험 자체에 주목하라.
- 서로의 불만사항을 주고받는 데 소요되는 시간 이상으로 대화를 계속하라.
- 서로의 불만사항이 충분히 확인된 후 동일한 방법으로 서로에게 감사하는 사항에 대해서도 이야기를 나눠라.
- 지속적으로 하라.
- 거듭 연습하라.
- 분노에 대해 실험해 보기로 합의하라.
- 분노에 대해 터놓고 이야기하라.
- 친구에게 도움을 청하라.

이 모든 것을 왜 해야만 하는가?

분노에 대해 좀더 철저하게 정직해짐으로써 우리는 거짓말 훈련으로 인한 뇌사상태를 벗어나 아이처럼 생생한 삶을 즐길 수 있다. 분노에 대해 솔직해짐으로써 존재의 경험을 되찾을 수 있으며, 자신을 사랑하고 남을 사랑할 수 있는 여유가 생긴다.

분노를 솔직히 드러내고 삶을 되찾으라. 그렇게만 한다면 당신은 온전한 주체로서 홀로 설 수 있다. 이것은 '빛을 밝히는 빛'을 되찾는 일이다. 사실 이 빛은 우리가 태어나는 순간 밝혀져 지금 이 순간에도 꺼지지 않고 있다. 우리 각자의 분노를 극복하는 것은 궁극적으로 인류의 생존문제와 직결된다.

CHAPTER **10**

낡은 패러다임이여, 안녕!

이제는 하향식 경영, 하향식 교수법, 하향식 독재적 양육법 등의 옛 패러다임에 대한 장례식을 치러야 할 시간이다. 대신 우리를 성장케 하는 천부적 창의력을 축복하고 감사할 때가 되었다. 우리가 옛 패러다임을 땅속에 묻지만 옛 것의 소유자들에게는 관대해져야 한다. 우리가 상속받은 위대한 유산을 마련해 준 모든 노동자들, 교사들, 부모들, 정치인들, 기술자들에게 감사의 마음을 가져야 한다. 우리는 그들이 창조한 것들과 그 과정에서 그들이 당한 고통과(우리도 그랬던 것처럼) 그들이 물려준 생각들과 이상들을 받아들이고 수정 보완할 수 있었다는 사실에 감사해야 한다.

모든 사람들에게 우리는 다음과 같이 말한다. '우리는 여러분의 인생에 효력을 발휘한 모든 해결책들을 고맙게 생각한다. 비록 우리에게는 신통치 않아도 말이다. 우리가 그것들의 문제점과 부작용에 대한 해결책을 가지고 있지만, 아무튼 사회와 문화의 기반을 마련해 준 것에 대해 고맙게 생각한다.'

산업혁명이 없었더라면 오늘날의 정보화시대도 없었을 것이다. 과거의 하향식 경영방식 하에서의 비참하고 헛된 삶들에 감사한다. 그러한 과거의 희생이 없었던들 오늘의 풍요와 안락은 가능치 않았을 것이다. 모든 봉급의 노예들과 수전노 고용주들 그리고 이 두 극단 사이의 많은 사람들에게 감사한다. 모든 노동조합 창립자들과 경찰관들과 부패한 정치인들에게 감사한다. 모든 신자들과 믿음을 수호하기 위해 목숨을 바친 전사들에게 감사한다. 이러한 변혁의 기회를 마련해 준 오류에 빠진 교육자들과 부모들에게 감사한다. 알코올 중독자들과 공장에서 일하는 노무자들과 군인들에게 감사한다. 우리를 위한 여러분의 숭고한 희생에 감사의 뜻을 전한다.

우리가 어렸을 때 업어주시고 재워주신 부모에게 감사한다. 아울러 열심히 돈을 벌고 우리를 돌보아 주었을 뿐만 아니라 때로는 우리를 학대해서 고맙게 생각한다. 술밖에 없었던 그 시절에도 현실도피를 위해 수행된 수많은 실험들에 감사한다.

성공여부를 떠나서, 삶을 만끽하기 위한 모든 시도들에 감사한다. 물질적 풍요와 더 좋은 음식, 더 좋은 집, 더 좋은 장난감에 감사한다. 각양각색의 수많은 텔레비전 프로들에 감사한다. 우리에게 전수한 모든 교훈과 규율과 자기학대의 체제에 감사한다. 과거 어느 때보다도 잔인했던 20세기에 감사하며 악의적 사전숙고와 악의적 사후숙고, 숙고를 통한 악의…. 이 모든 것의 교본이 된 최근 영화와 텔레비전과 과학기술에 감사한다. 모든 낭만적 이상주의와 이로 인한 고통에 감사한다. 컴퓨터에 감사한다. 자동차, 고속도로, 빌딩, 도시, 지방으로 이어지는 도로에 감사한다. 우주 탐험에 감사하며 이로 인한 새로운 안목들과 과학기술이 발전한 것에 감사한다. 비디오게임과 영화와 영화비디오에 감사한다. 녹화된 음악과 CD에 감사하며 세계 모든 음악가들의 최고의 순간들을 놓치지 않게 해주어서 감사한다. 인터넷을 주어서 감사한다. 미합중국 헌법을 초안한 사람들, 그것을 실행에 옮기는 데 일조한 사람들, 그리고 그것을 지속시킨 모든 사람들에게 고맙게 생각한다.

서구세계의 명작들에 감사하며 위대한 의미를 우리에서 전달해 주어서 감사한다. 20세기 중엽 이후에 동양과 중동의 지식을 번역해 준 것과 번역을 통해 알게 된 모든 새로운 관습에 감사한다. 세계의 모든 신화들과 현대 심리학의 발전에 감사한다. 모든 시문을 고맙게 받겠다. 물론 소설들과 희곡들의 경우도 그렇다. 모든 음악에 감사한다. 진정으로 이 모든 것들에 대해 감사한다.

CHAPTER 11

당신의 삶, 당신이 창조하라

당신의 분노는 당신 자신에 의해 만들어진다. 화를 내는 것은 결국 당신 책임이라는 것이다. 당신을 분노하게 하는 유일한 사람도 당신이요, 그 분노를 극복하여 다른 긍정적인 에너지로 승화시킬 수 있는 사람도 오직 당신뿐이다. 분노를 표출하면서 용서의 단계로 나아갈 수도 있으며, 아니면 그냥 정의감에 사로잡힌 채 그대로 분노하고 있을 수도 있다.

세상을 능동적으로 인식하고 창조하는 주체로서 우리의 정체성을 발견할 수 있는 능력은 용서를 통해 마음의 감옥으로부터 벗어날 때에 얻어진다. 우리와 비슷한 생각을 하는 사람들과 어울리면서, '바르게' 사는 것보다 '역경을 이겨내는 삶'을 살아간다면, 그저 바른 삶을 사는 것보다 훨씬 더 재미있고 신나게 살 수 있다.

나는 이제부터 이야기할 지침을 수 년 전에 알게 된 이후 계속적으로 워크숍의 교육 자료로 사용하여 왔다. 이 지침은 나의 고객 중 한 명이 썼지만 이름이 기억나지 않아 지면에 올려주지 못함을 애석하게 생각한다. 아무튼 그 고객에게 감사를 표하는 바다.

당신은 삶의 창조자

예술가로서의 삶을 영위하는 사람들은 몇 가지 소중한 생활의 원칙들을 가지고 있다. 다음의 원칙들을 일정 기간 동안 당신의 삶에 적용시켜 본 다음, 결과를 한 번 검토해 보길 바란다. 만약 그 결과가 맘에 든다면, 남은 일생 동안 계속 적용하며 살 수도 있다. 그렇다면 더할 나위 없이 보람찰 것이다.

- 나의 모든 자각은 나 스스로 하는 것이다. 나는 그 과정을 지배하고, 그 과정을 '내가 이끈다.' '내 안에 존재하는 대상' 외에는 아무런 대상도 존재하지 않는다. 나는 나 자신의 감정과 자각을 지배하는 유일한 힘이다. 나는 내가 어떻게 하는가에 대해 전적으로 책임이 있으며, 당신이 어떻게 하는가에 대해서는 책임지지 않는다(당신이 나의 어린 아들이 아닌 한…). 나의 존재는 '내가 행하는 나 자신의 과정' 이다.
- 내 환상의 모두는 내가 스스로 행하는 것들이다. 그것들은 오로지 내 안에서 일어난다. 그것들은 나를 통하여 구현된다.
- 모든 나의 꿈, 나의 글, 나의 건축물들은 내가 스스로 행하는 것들이

다. 오로지 내 안에서 일어나는 것들이며 나를 통해서만 구현된다.

• 나는 나의 대행인이 아니다. 나는 수시로 확장하고, 변화하는 조직체다. 나는 항상 어떠한 '상태'로 존재한다. 나는 유일한 전체다. 나에게는 '부분'이란 존재하지 않는다. 나는 고통스러워하고, 분노하며, 두려워하며, 사랑하며, 좌절하고, 침울해 하며, 남을 지겹게도 하고, 기뻐하며, 아파하며, 희열을 느끼며, 긴장한다.

• 나는 나의 육체다.

• 나는 존재한다.

• 당신이 나의 자원이라고 인정하는 것은 풍부한 자원의 핵심이다.

• 우리 모두는 '존재 연합'의 시민이다.

창조의 도구로서의 마음

공동체 안에서는 서로 도울 수 있다. 서로를 도움으로써, 어린 시절에 습득한 시스템이 아니라, 창조하여 얻어낸 삶을 살 수 있다. 마음은 어린 시절 습득한 반사적인 생존 기술을 사용하도록 강요하는 악이다. 그러나 마음을 천사로 변하게 할 수 있는 방법이 있다. 그것은 미래의 비전을 설정하고, 과거의 단순한 반응에 의한 현재의 삶이 아닌, 미래의 비전에 근거한 현재의 삶을 사는 것이다.

공동체를 통한 창조

'철저한 정직성'을 추구하는 공동체는 곧 개인의 창조 작업을 추구하는 생동감 있는 조직이다. 생각으로만 갖고 있던 계획을 여러 사람들과 나누는 중에 도움을 받기도 하면서 계획을 현실화시켜 간다. 이는 자신의 계획을 공동체의 사람들이 가벼이 여기지 않고, 그 계획을 사랑하고, 이를 통해 공동체 사람들 간의 사랑과 존경을 서로 나눌 수 있게 되기 때문이다. 우리는 창조적으로 살아야 하기 때문에 그렇게 사는 것이 아니다. 우리가 창조적인 삶을 살고자 하는 이유는, 창조적 삶이야말로 얼어붙은 마음의 감옥으로부터 자신을 계속하여 구원해 주면서, 우리의 상상력이 실현되도록 추진력을 제공하기 때문이다. 이러한 공동체는 각자의 계획이 실현 가능해지도록 하는 힘을 준다.

이곳 정직성 센터에서 우리는 3개월에 한 번씩 소식지를 발송하며 각종 워크숍을 운영하고 책을 쓰며, 그 외에도 다양한 일을 하고 있다. 우리가 정기적으로 발행하는 소식지 '철저한 정직성 클럽(The Radical Honesty Rag)'과 그 자매지 '이 - 진E-Zine'은 우리의 운동에 관심을 보여준 모든 사람들에게 보내지고 있다. 그 외에도 웹상에는 많은 소모임이 있는데, 이 모임을 통해 우리들은 전 세계에 우리와 같은 생각을 가진 사람들의 이야기를 듣고 있으며, 또 그들의 의견을 수렴하고 있다. 사람들은 이곳을 방문하여 3~4개월 정도에 걸쳐 '정직 과정'과 '용서와 창조 과정'에 참석하면서, 공동체를 형성하고 이를 통하여 지속적인 창조 과업을 실천하고 있다. 정직과정이 끝나면 곧바로 용서의 과정이 이어진다. 이 과정을 통해 자신의 인생에 창조적인 계획을 할 수 있으며 비로소 이 계획을 도와줄 공동체를 만나게 된다.

철저한 정직성 공동체를 만들자는 목소리가 현재 유행처럼 번져가고 있다. 우리의 일차적인 목표는 서로를 돕는 친구들로 이루어진 이와 같은 공동체를 계속하여 만들어 가는 것이다.

이 과정을 통해 참가자들은 현재를 떳떳하게 살 수 있다는 자신감을 갖고 동시에 즐거운 미래를 위한 설계도를 그린다.

모든 과정에는 돈과 시간이 든다. 따라서 참여를 희망하는 사람들은 이 점에 먼저 동의해야 한다. 시간이 없다는 이유로 중간에 탈퇴할 수도 없다. 과정 중에 때때로 숙제가 부여되기도 한다. 가장 많은 시간을 할애해야 하는 과정은, 자신의 실제 삶을 어떤 식으로 설계할 것인가와 비전대로 자신의 삶을 어떻게 끌고 갈 것인가에 대한 것이다.

당신이 이 과정을 공동체를 통해 하든, 책을 보며 혼자 또는 주위 사람들과 하던 간에 명심해야 할 점은, 이것은 '당신이 꼭 해야만 하는 어떤 일'이라는 점이다. 하지만 이 '일'의 목적은 당신에게 추가적인 부담을 주려는 것이 아니라, 오히려 일을 하면서 들이는 걱정과 근심의 시간을 줄여 일하면서 겪는 부담을 덜어주는 데 있다.

당신은 이제 스트레스를 날려버리고 홀가분한 마음으로 자신의 에너지를 마음껏 발휘할 수 있게 된다. 당신의 삶이 좀더 단순해지면서 원하는 것만 할 수 있게 되기 때문이다. 덜 일하면서 더 놀고, 행복하고, 더 많은 보람을 느끼고, 생산적이 되며, 건강하게 사랑하며, 당신에 대해 누구보다 잘 알고, 진실만을 이야기할 수 있는, 당신이 일생 동안 사랑할 수 있는 친구들로 이루어진 공동체를 갖게 된다는 뜻이다.

정직성 공동체가 가르치는 것들

워크숍과 강의는 내가 훈련시킨 사람들에 의해 행해진다. 점점 더 많은 과정들이 전국 곳곳에서 생겨나고 있다. 이제 래디컬 어니스티(Radical Honesty : 이하 RH)의 원칙을 배우고 싶은 사람은 누구나 언제라도 참여할 수 있게 되었다. 완전한 자녀교육 워크숍이라 불리는 새로운 과정은 곧 발간될 나의 저서《완전한 자녀교육 Radical Parenting》에서 자세히 다룰 것이다. 고로 내년부터 본격적으로 시도되어질 것이다.

단순한 조절이나 조작이 아닌, 진실만을 이야기하며 부딪혀 나가는 삶을 살 수 있는 사람이라면 누구든지 이 워크숍에 참여할 자격이 있으며, 그러면서 활기찬 삶을 살아갈 요건을 갖추게 될 것이다. 동료와 교관들이 최선을 다하여 도움을 줄 것이다.

우리는 우리의 과정을 이수한 사람들이 자신이 살고 있는 곳으로 돌아가 이웃사람들과 서로 돕는 공동체를 조직하고, 그를 통해 RH 과정을 자신의 삶에 적용시킬 수 있도록 교육하고 있다. 우리는 2일짜리 RH 소개 과정을 전 세계의 여러 도시에서 개최할 예정이며, 그 후에 8일짜리 정직 과정을 버지니아에 있는 RH 센터와 전 세계의 지역 센터에서 행할 예정이다. 이미 이 과정을 수료한 사람도 다시 구성되는 RH 공동체에 참여할 수 있다. 친구들과 함께 오면 더 좋을 것이다.

인터넷을 통한 개인 상담과 지도, 3개월에 한 번 있는 3일간의 대면 미팅, 지역 모임을 통한 지속적인 지도와 교육이 가능하도록 커리큘럼을 설정해 놓았다. 우리는 또한 무료 전화 서비스, 웹 페이지를 통한 대화방, 서로서로 언제든지 연락을 취할 수 있는 이 메일 공유 등의 모든 시스템을 제공하며, 이를 통해 실질적으로 우리의 삶이 변화할 수 있도록 최선의 장치를 마련할 것이다.

다음은 우리들이 마련한 커리큘럼의 개략이다. 구체적인 일정과 지침은 나와 있지 않지만, 이 과정의 방향성은 엿보실 수 있을 것이다. 우리의 과정에 직접 참여할 수 없는 분들을 위한 셀프–가이드라인이기도 하다.

커리큘럼의 핵심 : 이상적인 삶에의 꿈

1. 당신의 삶을 한탄하는 데 이제 그만 지겨움을 느낄 것.
2. 《철저한 정직성 Radical Honesty》 : 진실만을 이야기함으로써 자신의 삶을 변화시키기'를 읽을 것.
3. 이 책을 읽을 것.
4. RH 과정에 가입할 것. RH 소개 과정(2일)을 마칠 것.
5. 정직과정을 마칠 것(8일).
6. 지도를 충실히 받고 주어지는 숙제를 하며, 과정을 끝까지 마칠 것에 동의할 것.
7. 고급 과정인 용서와 창조 과정(4일)에 당신이 원하는 만큼 자주 참여할 것.
8. 공동체와 지속적으로 연락할 것. 과정 중에는 물론이거니와, 과정이 끝난 후에라도 당신의 지역에 있는 공동체의 사람들을 매주 혹은 2주마다 한 번씩이라도 지속적으로 만날 것. 이러한 공동체를 통하여 적어도 한 가지 이상의 어떠한 연습을 각자 해볼 것. 모든 모임

이전에는 집단 명상을 실시하고, 요가나 댄스 요가, 집단 작업, 짝지어서 일하기 등을 해 볼 것. 이에 관한 비디오와 영화를 잘 이용할 것. 지도, 대화방, 전화, 파티 등의 지도 기회를 잘 이용할 것.

9. 만약 당신이 RH 운영 자체에 관심이 생기거나, RH를 삶의 목적으로 삼고 싶으면 RH 지도 과정에 등록할 것.

10. 죽을 때까지 당신의 삶을 창조하고 다른 사람에게 공헌할 것.

이 과정을 통한 목적을 결론적으로 이야기하면 다음과 같다.

• 참가하는 모든 사람이 4~5개월 전에는 이 세상에 존재하지 않았던 어떤 존재를 창조하는 것과

• 당신을 진정으로 사랑하는 친구들로 이루어진 공동체를 결성하는 것이다.

나는 현재 버지니아에서 정기적인 훈련과정을 운영하고 있으며, 우리 RH 기업의 본부에서는 세계 각지에서 일하고 있는 훈련 리더들을 지원하고 있다. 이와 같이 전 세계의 친구들과 공동체를 실현하고자 노력하고 '진실함' 으로 무장한 공동체의 규모를 확장시키다 보면, 언젠가는 우리가 살고 있는 이 세계 전체에 기적이 일어나게 될 것이다. 그 날이 그렇게 멀지 않다고 확신한다.

나와 나의 동료들은 우리가 지금 하고 있는 일 때문에 무척 행복하며, 우리가 한 생명체로서 얼마나 소중하고 가치 있는 일을 하고 있는지 가슴 뿌듯함을 느끼고 있다.

우리는 정말로 다른 사람들을 사랑할 줄 알고 그들과 함께 나눌 줄

아는 세상을 만드는 문제를 다루고 있는 것이다.

나는 선언한다. 내 삶의 목적은 이 지구상의 모든 인류들에게 봉사하고, 그들이 놀 수 있는 세상을 만들기 위해 헌신하는 것이다. 나에게는 많은 동료들이 있다. 어서 동참하라. 나와 함께 놀다보면 이 지구상에 진정한 조직이 생겨나고 있다는 것을 자연스럽게 알게 될 것이다.

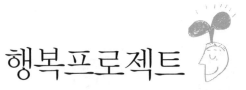

The **Happiness** Project

::

자유는 회피하지 않을 때 주어진다. 더 이상 숨어서 정당화하거나,
편집하거나, 보류하지 말고, 솔직하게 이야기하면서 당신을 있는 그대로 드러내야 한다.
그래야만 진정한 자유를 경험하게 된다.

::

삶을 다시 쓴다

이 부분은 진정한 의미의 자유와 정직성을 찾는 곳이다. 또한, 어떻게 하면 당신이 자라온 문화적 환경을 탈피하여 새로운 문화를 창조할 수 있을까에 대한 암시가 담겨져 있다. 정직성은 다른 사람들의 평가로부터 당신을 자유롭게 한다. 보통 한 문화 속에서 '잘 해낼 수 있는가? 하는 것은 '당신이 그 문화에 잘 받아들여질 수 있도록 좋은 인상을 그들에게 줄 수 있는가' 에 의해 결정된다. 그래서 당신은 이를 위해 많은 노력을 해왔을 거다. 하지만 당신이 자신의 이미지를 관리하는 데에 드는 이 같은 에너지를 줄일 수 있다면 당신은 자신이 진정으로 원하는 삶을 창조할 수 있는 여력이 생기게 될 것이다.

자유는 회피하지 않을 때 주어진다. 더 이상 숨어서 정당화하거나, 편집하거나, 보류하지 말고, 솔직하게 이야기하면서 당신을 있는 그대로 드러내야 한다. 그래야만 진정한 자유를 경험하게 된다. 물론 실제 삶에서 완벽한 정직을 적용하고 실현한다는 것은 쉽지 않은 일이다. 우리의 머리 속에는 나만의 독특한 '생존 전략'이 완벽하게 짜여 있어서, 그것이 언제나 우리를 지배하기 때문이다. 그러나 용기를 내어 당신의 의도를 다른 사람에게 보다 많이 공개하여 보라. 당신의 문제점이 자연스럽게 드러날 것이다. 이 방법이 효과가 있다고 여겨지면, 당신의 삶에 계속 적용시켜야 한다. 실제적으로 삶에 적용하지 않으면 목표는 절대 이뤄지지 않는다.

이제 여기서 당신은 당신이 원하는 것들을 솔직히 적을 것이다. 당신 자신을 온 세상에 당당히 내보일 수 있게 될 것이다. 그리고 '우산 프로젝트 모델'을 통해 당신이 원하는 삶의 방향을 설계할 것이다. 《성공하는 사람들의 7가지 습관 *The Seven of Highly Effective People*》의 저자 스티븐 코비 *Stephen Covey*는, 효율적인 사람들은 가치를 스스로 선택하여 자신이 고안한 틀을 통해 추구한다고 했다. 이 부분에서 나오는 각종 연습을 통해 당신도 그렇게 할 수 있을 것이다.

만약 연습과정이 어렵게 느껴진다면, 그것은 이 과정을 제대로 행하고 있다는 증거다. 힘들다고 그만두지 말고 계속해서 실시해 보라. 다른 사람들과 지속적으로 이에 대해 이야기해 보라. 당신의 창조적 과업을 지지하여 줄 친구, 즉 협력자를 찾아라.

CHAPTER **12**

성장과 진화를 위한 프로그램

진보는 적응이 아닌 창조의 과정이다. 자신의 최근 모습을 그대로 답습하며
살 것이 아니라, 자신이 되고 싶은 모습을 창조하는 삶을 살아야 한다.
– 마리안 윌리엄슨 *Marianne Williamson*

이번 장에서 다룰 '인생 설계를 위한 지침서'를 통해, 여러분은 지
침서를 어떻게 작성하고, 주변 사람들의 도움을 어떻게 이끌어 내며,
그들과 함께 어떤 방법으로 창조활동을 해나갈지 배우게 된다. 이 프
로그램의 궁극적인 목표는 '대화를 통해 당신이 원하는 삶을 창조하
는 것'이다. 대화로 다른 사람들을 부추겨서 그들을 당신이 원하는 방
향으로 움직이게 하자는 것이 아니다. 대신, 당신이 실현하고 싶은 비
전을 정직하고 명확하게 말한 후, 다른 사람들이 그것을 옹호하는 입
장에서 해주는 말을 들어보라는 것이다. 이때 자신의 비전을 말하다보

면 자칫 흥분하기가 쉬운데 침착해야 한다. 그래야만 자신의 의사를 보다 분명히 전달할 수 있다. 스스로 어떤 일에 사로잡히기를 바란다.

다음의 농담을 생각해 보자. 전구를 갈아 끼우려면 몇 명의 사람이 필요할까? 정답은 세 명. 전구를 갈아 끼우는 사람, 전구를 갈아 끼우지 않는 사람, 전구를 갈아 끼우려 하지도 또 그냥 놔두려 하지도 않는 사람.

대머리 철학자인 켄 윌버 *Ken Wilber*는 한 인터뷰에서 다음과 같이 이야기한 바 있다. '우리를 자유롭게 하는 것은 진리(Truth)가 아니라 진실됨(Truthfulness)이다.' 더할 나위 없이 옳은 말이다. 진실로 진실됨만이 우리를 자유롭게 할 수 있다.

신념에 관한 진실됨은, 당신이 아무 생각 없이 그냥 현실이라고 받아들이는 신념들로부터 당신을 자유롭게 한다. 그리고 신념이 곧 현실이라는 착각에서 벗어나는 순간, 당신은 이제 현실이 아니라고 알고 있는 신념에 의해 의식적으로 지배받을 수 있게 된다. 즉, 사람이 자신의 선택에 의해, 의식적으로 어떤 특정한 신념에 중독될 수 있는가의 문제다.

우리는 모두 각자의 신념에 중독되어 있다. 하지만 의식적으로 빠져드는 중독은 무의식적인 경우와 달리 통찰력을 가질 수 있게 한다. 내가 가진 신념들을 몇 가지 예로 들어보겠다.

- 신념은 의식의 적이다.
- 진실됨은 당신을 자유롭게 한다.

- 정직함으로 형성된 친밀감은 거짓말을 통해 보장받는 무사안일보다 훨씬 더 활기 있고, 모험적이다.
- 생각하고 느끼는 것을 솔직히 말하는 사람들은, 그렇게 하지 않는 사람들보다 더욱 더 행복하고, 효과적으로 함께 일한다.
- 자유는 심리적인 성취감이다. 자유는 신념에 대해 반사적으로 생각하면서 무의식적으로 그것에 의해 지배당하는 것으로부터 초연할 때 가능하다.
- 좋은 삶이란 친구들과 함께 창조의 과정을 활기차게 수행해 나가는 삶이다.
- 모든 사람들을 위한 세상을 만드는 힘은 서로 사랑하고, 보편적인 믿음을 공유하되 그것에 너무 사로잡히지 않는 사람들로부터 나온다.
- 어떤 일에 함께 사로잡혀 다른 사람들에게, 또는 상호간에 도움을 주는 사람들은 그 일에 완전히 개입되면서도, 동시에 그 일로부터 완전히 초연해 있다.

자 그럼, 이러한 신념에 사로잡혀 있는 나는 어떻게 동시에 초연할 수 있는가? 이렇게 신념들을 나열할 수 있다는 사실은 내가 이러한 신념에 충분히 사로잡혀 있고, 또 이 신념에 충실하다는 것을 보여준다. 나는 오랜 세월 동안 이 신념에 충실하고자 노력했고, 또한 이 신념들을 세상에 알리고자 하였다. 나는 내가 선택한 규칙을 준수하도록 노력했다. 이로 인해 많은 해방감을 경험하였고, 스스로 선택한 기준에 의해서 그 일들에 열정을 가지고 하나씩 추진해 나갔다. 나는 이 신념들에 완전히 충실하며, 몰입해 있다.

동시에 나는 이 신념들에 대해 초연한다. 나는 이것들이 내가 사로잡혀 있는 신념에 불과하다는 것을 알고 있다. 이 신념들은 스스로 실체를 가지고 있다거나, 거룩하거나 한 존재가 아니라 단지 도구에 불과하다. 또한 유일하게 올바른 신념도 아니며, 숭배되어야 할 절대 진리도 아니다. 나는 충실히 신념을 지켜나가긴 하지만, 동시에 이 신념들을 증명하거나, 옹호하거나, 현실화 또는 실현시키는 데에 있어 초연한 자세를 견지하고 있다.

카를로스 카스테네다 *Carlos Casteneda* 는 《익스틀란으로의 여행 *Journey to Ixtlan*》이란 저서에서 돈 주앙 *Don Juan* 의 예를 들며, 소위 '통제된 포기(Controlled abandon)' 라고 부르는 것에 대한 실현가능성을 언급하였다. 그것은 어떤 일에 완전히 헌신하여, 흔들림 없는 완벽함을 추구하면서 동시에 그 일에 완전히 굴복하는 것을 의미하는데, 그는 이것이 인간이 발휘하는 힘의 정도를 결정하는 제1의 요소라고 하였다.

베르너 에르하르트 *Werner Erhard* 와 그의 동료들이 새롭게 고안해내고, 그 후로 계속 실행해 오던 프로그램들 역시 '완전무결함' 과 '굴복' 양쪽을 모두 강조하고 있다. 나는 이 조언을 수용하여 창조에 힘씀과 동시에, 운명이 가져다주는 결과를 기꺼이 수용하는 것이 얼마나 강력한 힘을 발휘하는지를 알게 되었다.

나는 지금 나의 모든 에너지를 쏟아 부어, 밤을 새워 가면서 온 인류를 잘못된 신념의 감옥으로부터 해방시키려고 노력하고 있지만, 동시에 꼭 그렇게 되어야만 한다고 생각하지도 않는다. 나는 사실 우리는 지금 냉전시대의 핵문제와 비견될 정도의 위험에 직면해 있다고 생각한다. 아니, 어쩌면 핵폭발의 위협보다 훨씬 더 강력한 멸종의 위기를 맞고 있는지도 모른다. 하향식 경영방식이라는 패러다임 속의 그릇된 신념에 대한 집착에서 비롯된 사회 전반의 파괴적 위험에 비하면, 폭탄의 위험은 어쩌면 아주 순간적이고 약한 것일 수 있다.

오감으로 느끼는 현실과 우리들이 믿는 신념의 차이를 인식하지 못한다면, 우리는 시아파 이슬람교도들이나 자본가들과도 같이 신념을 위해서라면 순교나 살인도 마다하지 않는 그런 사람이 될 수 있다. 또한, 얼굴빛 하나 변하지 않은 채 자신의 이웃인 알바니아인을 집밖으로 내쫓고, 혹은 그들을 눈 하나 깜짝하지 않고 죽이기까지 하는 세르비아인과 같은 사람이 될 수도 있는 것이다.

신념은 신념에 불과하다는 것을 인정한다면, 다른 사람들에게 자신의 신념에 대해 '일반 상식과는 조금 다르게 들릴지 모르지만, 훨씬 더 효율적이고 효과적인 사고방식'이라고 설명할 수 있게 된다.

나는 이 '신념에 대한 신념'이 온 세계로 퍼져나가길 진심으로 원한다. 그리고 이러한 신념들을 어떻게 사용하고 또 자신의 삶에 적용시켜 나갈 것인가를 충실히 가르치며 또 배워나가려고 한다.

《인도로부터의 이야기 Tales from India》에 실려 있는 다음의 신화는 불가항력적인 일이 어떻게 하여 도전해 볼 만한 일로 변화될 수 있는가를 보여주고 있다.

보디사트바 아발키테스바라 Bodhisattva Avalokitesvara는 지옥 아래에서 고통받고 있는 많은 영혼들을 보았다. 갑자기 그에게 '지옥에서 고통받고 있는 저 영혼들을 모두 해방시켜 주어야겠다'는 결심이 떠올랐다. 그는 영겁의 세월 동안 지옥 이곳저곳을 돌아다니면서, 지옥을 비우는 일을 했다.

위대한 보디사트바는 작업을 마친 후, 눈썹에 맺혀 다이아몬드처럼 빛나는 땀방울을 손으로 훔치며 텅텅 빈 지옥을 바라보며 미소를 지었다. 지옥 여기저기에서는 아직도 연기가 모락모락 피어오르고 있었다. 하지만 분노의 불길은 꺼졌고, 거대한 불 냄비도 잠잠해졌다. 달콤한 정적이 지옥에 감돌고 있었다. 심지어는 악마들도 이 자비의 화신이 행한 노력 덕분에 해방되어 천국으로 올라갔다.

그러나… 이게 웬일인가! 갑자기 여기저기서 다시 비명소리가 들리기 시작하였다. 불꽃이 튀고, 연기구름이 다시 피어오르고, 큰 냄비가 미친 듯이 부글부글 끓기 시작하였다. 순간 보디사트바의 얼굴에 미소가 싹 사라졌다. 지옥은 완전히 다시 채워졌다. 눈 깜짝할 사이에 모든 것이 이전대로 돌아와 버린 것이다.

보디사트바의 머리와 팔이 갑자기 여러 개로 갈라졌다. 1천 개의 머리가 지옥에 가득한 고통받는 존재들을 동시에 바라보았다. 지옥의 모든 영역에 도달할 수 있는 1천 개의 팔은 도움이 필요한 그들을 향하고 있었다.

천 개의 소매를 걷어올리면서, 위대한 보디사트바는 다시 한번 그 끝없는 작업에 착수하였다.

끝없는 작업

나는 인간이 무능한 존재라고 믿는 무용론자다. 이것은 내가 만들어낸 종교다. 무용론자들은 신념을 포기하고자 하는 시도는 아무 소용이 없다고 믿는다. 심지어 어떠한 것을 믿는다는 것 자체를 무의미하게 생각하기도 한다. 그런데 이러한 무용론적인 자세가 신념으로부터 초연해지는 것을 가능하게 해준다. 무용론을 확신함으로써 얻게 되는 자유로움은 맛을 보기 전에는 알 수 없는 것이다.

나는 지금 이 책을 마무리 짓는 작업에 완전히 사로잡혀 있다. 나는 이 책이 여태까지 내가 쓴 책 중, 최고가 될 것이라 믿고 있다. 나는 어떤 일에 사로잡히는 것을 좋아한다. 제대로 사는 것이란, 어떤 일에 사로잡히고 그렇게 사로잡힌 상태를 계속 유지하며 사는 것이라고 생각한다. 하지만 그렇게 사로잡히기 위한 최선의 방법은 오히려 그 일에

자신이 창조하지 않은 스토리 안에 살고 있다.	자신이 창조하지 않은 스토리 안에 살고 있으며, 그 사실을 알고 있다.	자신이 만들지 않은 스토리 안에 살고 있다.	두 가지 스토리를 통합하며, 신념을 프로그래밍한다.	신념에 사로잡히지 않은 공동체에 속한다.
그리고	그리고	그러나	그리고	그리고 ▶
자신이 '해결할 수 있다'고 믿는다.	때때로 신념 밖의 것을 경험한다. 이 경험들을 인식하고 기억한다.	새로운 스토리를 고안하며, 스토리를 초월하는 경험을 보다 많이 축적한다.	지속적인 명상과 함께 정직성 나누기를 수시로 경험한다.	독립적이고 서로 돕는 존재로서 서로의 문제에 관심을 갖는 공동체에 참여한다.

[그림 2] 신념에서 비신념으로

대해 초연한 자세를 취하는 것이다.

　나는 또한, 이 책을 통해 그려내고자 하는 '비전'에 대한 생각에 사로잡혀 있으며, 동시에 우리가 설립한 새로운 출판사인 '래디컬 어니스트 엔터프라이즈 *Radical Honesty Enterprise Inc.*'를 통해 그 비전을 현실화하는 데에 헌신할 것이다. 이 비전의 최종 목표는 '성장 모델'에 근거하여 개인과 사회를 계몽할 대학을 설립하는 것이다. 우리 프로그램의 맥락을 연속적으로 반영하고 있는 커리큘럼들은 [그림 2]에서와 같은 개인 친화과정의 이미지에 근거한 것이다. 이 그림은 우리 삶의 성장 단계를 잘 보여주고 있다.

새로운 대학

　지금까지의 대학 시스템은 먼저 인류학, 과학, 순수학 등의 여러 학문들을 배운 다음, 그 중 한 과목을 선택하여 전공으로 택한다. 이러한 커리큘럼의 방향성은 사전에 자기가 할 수 있는 일을 충분히 살핀 다음, 자신이 생업으로 삼을 수 있는 일을 선택하게 하는 데 있다. 그러나 우리가 제안하는 새로운 대학의 패러다임은 어떤 생업을 가질 것인가가 아니라, 어떻게 살아갈 것인가에 초점을 맞추고 있다. 즉, 이 대학은 학생들이 '자유'의 상태에 이르도록 이끄는 데에 그 목적이 있다.

　개인의 성장과정은 각각의 라이프스타일에 따른 몇 가지 단계가 있으며, 이에 따른 적절한 행동 방침 및 프로그램 정보가 제공된다. 이 새로운 삶을 위한 '대학 모델'은 '철저한 정직성' 프로그램 센터가 보조하여 준다. 오메가 연구소(Omega Institute), 로외 컨퍼런스 센터(Rowe

[표1] 환상에서 창조로

단계의 이름	정신 상태 : 존재의 상태	훈련 내용	'철저한 정직성' 프로그램
1단계 : 통제의 환상	행동하고 판단하기: 판단하고 행동하기. 판단이 현실이라는 신념	통제의 환상에 대한 분명한 교육 필요. 지각과 사고(思考)간 의 구별 필요	'철저한 정직성'에 대한 소개, (2일 워크숍)
2단계 : 과거 청산	억제했던 것들에 대한 진실을 이야기해 줄 수 있는 과거의 사람 만나보기	게쉬탈트(Gestalt) 뜨 거운 의자 작업, 집단 과정 작업, 인생 이야 기 하기, 자각 연습, 현실 세계의 숙제	'정직' 과정 (8일 워크숍)
3단계 : 패러다임들의 상대성에 대한 패러다임	고민스러운 삶 끝내기. 분노의 극복, 용서 등의 행위에 중점을 둔 활 기찬 삶 추구	삶은 열정적인 훈련 과정임:초연 모델:패 러다임을 위한 클리넥 스(Kleenex) 모델:한 번 사용하고 버리기	'용서' 과정
4단계 : 깨어있음 (mindfulness)	명상(meditation), 자 각(noticing), 깨어있음 (mindfulness) 기술의 향상 : 자각의 정교화	당신이 자각한 것을 다른 사람들과 나누는 것은 친밀함의 근간이 됨. 과제를 나누고 상 호 지도함	'창조' 과정
5단계 : 근본이 없는 존재이나 문제 는 없음	책임감 있는 개인, 그 리고 개인적 책임	행동 후 자각에서, 자각 후 행동으로 근본적인 정체성이 바뀜. 존재에 대한 정체성의 변화	축적된 과정과 교관의 훈련
6단계 : 사랑과 창조의 삶	다른 사람들과 지속적 으로 반응하고, 함께 창조	결과에 집착하지 않으 면서 사랑으로 과업을 창조하고 운영함	교관을 통한 훈련과 지도

Conference Center), 에살렌 연구소(Esalen Institute), 학습 가옥(The Learning Annex), 그리고 개인의 성장과정에 집중하는 다른 모든 기관들은 이전의 모델을 버리고 이 새로운 모델을 사용하고 있다.

[표1]은 '통제의 환상' 단계에서 '사랑과 창조의 삶' 단계로 진행해 나가는 단계를 설명하고 있다. 특히 이 프로그램은 각 단계로의 전환과정에 그 초점을 두고 있다. 아울러 우리 모두 사춘기 시절 경험하게 되는 고립의 단계(현실을 대신하여 마음속에서 배타적으로 생활하는 시기)에서, 적극적인 사회 참여의 단계로 나아가는 진행과정을 요약하고 있다.

철저한 정직성 커리큘럼

[표1]의 내용이 실제로 어떻게 적용되었는가를 알아보기 위해, 먼저 '철저한 정직성' 워크숍 과정을 한번 살펴보겠다. 토요일 아침, 16명의 사람들이 모여 다음 8일 동안 무엇을 할 것인지 합의했다. 무엇보다 중요한 것은 앞으로 8일 동안 서로에게 무조건 진실만을 이야기하기로 한 것이다. 이 규칙만 제대로 지켜진다면, 어쩌면 세부 일정은 불필요할 것이다. 이 약속을 이행하는 그 자체만으로도 효과가 너무나 강력하기 때문이다.

8일 간의 하루 일정은 다음과 같다. 7시 30분부터 8시까지는 요가, 8시 50분까지 합동명상, 20분 정도 조깅을 하거나 아니면 에어로빅을 실시한다. 이는 참가자로 하여금 경험적 현실과 접하게 하기 위해서다. 9시부터 10시까지 아침식사(이 시간을 이용해 샤워를 할 수 있다), 10시부터 2시까지는 전체 모임, 간간이 15분씩 휴식, 전체 모임의 내용은 매우 다양한데 보통 강의, 커뮤니케이션 지도, 짝 운동, 작은 모임 운동, 그 외에 참여자 모두가 자각과 생각을 구별하도록 도움을 주는 프로그램들로 구성되어 있다.

2시부터는 점심식사를 하고 5시까지 휴식을 취한다. 이때 참가자들은 합의를 통해 집단 명상을 다시 한번 하거나 낮잠을 자고, 다른 사람들과 함께 원하는 활동을 하거나 교재를 읽기도 하며, 글쓰기 또는 개인 명상을 하기도 한다. 5시부터 8시까지는 모두 모여서 영화를 봅니다. 상영 프로는 다음과 같은 것들이다. '비밀과 거짓말', '작은 거인', '앙드레와의 저녁 식사', '바그다드 카페', '가라데 키드', '언덕을 올라 산을 내려온 영국인', '이카루' 등..이 영화들은 모두 비정상적인 세상 속에서 정상적인 정신을 가지고 살아가는 이들을 다룬 것들로, 내가 일컫는 '비정상적 정신 건강'과 관련된 영화들이다.

8시는 저녁식사 시간. 9시부터 11시까지는 두 사람의 인생 이야기를 듣는 시간이다. 한 명이 한 시간 동안 자신의 인생에 대해 이야기를 하는데, 이를 비디오로 녹화한다. 15분마다 시간을 알려 주고, 이야기가 끝날 즈음 자신의 스토리에 대한 질문을 받고 질문에 솔직한 대답을 해야 한다. 워크숍 참가자는 모두 이 과정을 거치게 되며, 이를 통해 모두가 자신의 이야기를 함과 동시에 다른 사람의 이야기를 듣게 된다. 그리고 훗날 자신의 부모님, 옛 배우자, 형제자매, 연인, 친구들 등, 자신의 인생에 관련된 사람들과 이야기를 나눌 좋은 소재가 되는 비디오테이프를 받게 된다.

대략 5일째 날 모든 참가자들은 벌거벗은 채 뜨거운 튜브 룸에 들어가게 된다. 모든 사람들이 한 번씩 차례차례 거울 앞에 서서 자기 몸에 대해 좋아하는 부분과 좋아하지 않는 부분에 대해 이야기하게 된다. 참가자들은 각각 모두의 앞에 서서 이러한 세세한 자신의 이야기들을 비디오카메라 앞에서, 그리고 자기를 바라보고 있는 우리들(역시 벌거 벗은 채로 지켜보고 있다)이 이제 더 이상 부끄러워하지 않는 것 같다고 느낄 때까지 계속해야 한다. 물론 참가자들은 처음에는 상당히 부끄러 워한다. 하지만 완전히 진실한 모습을 공유하자는 우리의 설득을 받고 점차 부끄러움을 극복해 낸다.

사람들은 이러한 경험이 매우 선정적일 것이라고 짐작할 수도 있다. 그렇지만, 지금까지 이 과정이 선정적으로 보인 적은 한 번도 없었다. 이 과정은 부끄러움과 수치심에 관한 과정이며, 쾌락보다는 고통에 중 점을 더 두고 있으며, 어떻게 하여 우리의 삶을 통제하고 있는 많은 요 소들을 벗어 버릴까에 주목하는 내용이기 때문이다.

다음날, 사람들은 그 비디오테이프를 다시 함께 본다. 자신이 테이 프의 주인공으로 나올 때마다 사람들로부터 피드백을 받는다. 자기 자 신이 벌거벗은 채로 사람들 앞에 서서 자신의 성생활에 대해 이야기하 는 비디오 화면을 보는 일은, 사람들 앞에 직접 서 있었던 경험보다 더 욱 고통스러울 수 있다. 하지만 의지로 고통들을 이겨내며, 부끄러움 에서 오는 긴장감을 줄여나갈 수 있게 되고, 자기 자신의 삶에 대한 애 정을 점점 더 많이 갖게 되면서 삶에 대한 통찰에 변화가 일어난다. 짐 작하겠지만, 5~6일째쯤 되면 참여자들은 서로 매우 친해진다. 모두가 다른 모든 사람들과 사랑에 빠지게 되는 것이다! 워크숍이 진행될 때 마다 이 점은 변함이 없었다. 첫째 날에는 당신 스스로 '머저리같다' 고 비판했던 사람을, 바로 당신이 꼭 끌어안으며 다음과 같이 말하게 된다. '당신은 정말 멋진 분이군요! 정말 힘든 일을 해내셨어요. 용기가 대단하세요. 정말 잘 했어요! 당신은 정말 나와 비슷해요. 우리는 얼마나 서로 닮았는지…. 우린 너무 웃기지 않아요? 정말 한심하죠? 산다는 건 참 이상하지 않아요? 당신을 정말 속속들이 사랑해요!'

서로를 제대로, 속속들이 알게 되면 그들은 서로 사랑에 빠지게 된다. 정말 웃기지 않은가? 결국 다른 사람들이 자기를 좋아해 주길 바라면서 했던 그 '가식적인 행동'들은 시간 낭비였던 것이다. 정작 필요한 것은 그러한 가식들을 버리고 그저 진실을 말하면 되는 것인데 말이다!

사람들은 낯설고 불안한 느낌 때문에 약간은 두려워하기도 하지만, 사랑에 빠진 이 상태를 좋아하기 때문에 다음과 같은 의문을 가진다. '이러한 느낌을 지속시킬 수는 없을까?' 실은 이 부분에 커다란 위험이 도사리고 있다. 이때 사람들은 마음을 통한 통제를 하고 대상을 평가하며, 판단을 내리고, 무엇인가에 의지하여 결정하는 첫 번째 오류를 범하는 것이다.

나는 지금 아주 중요한 애기를 하고 있다. 우리가 정말 깨어 있고 활기차게 살고자 한다면, 어떤 것에도 너무 치우쳐서 의지하면 안 된다. 무언가를 지키고자 과도하게 노력한다면, 우리는 그 지키고자 하는 대상들을 오히려 죽이고 만다. 이것이 마음이 하는 작용이다. 살아 있는 현재보다 죽은 과거의 기억들을 더 중요하게 느끼게끔 하는 것이 마음의 기능인 것이다. 과거의 지나간 즐거움으로부터 의무감을 만들어 내는 것 또한 마음이 늘 하는 짓이고, 이러한 일들을 어떤 신호만 떨어지면, 즉시 해버리는 것이 바로 마음이다. 이렇게 마음은 우리의 삶에서 '기쁨 제거기' 의 역할을 한다.

이 단계를 넘어 더욱 성장하기 위해서는, 자가수정이 가능한 커리큘럼을 필요로 한다. 친구들과 함께 계속적으로 고안하고 창조해 나가는 것도 이 커리큘럼이 제시하는 중요한 지침 중의 하나이다. '정직 과정' 이 끝나고, 3개월 혹은 6개월 후에 참가자들이 다시 모이게 되는데, 이때를 '용서 과정' 과 '창조 과정' 이라 한다. 이 과정은 주로 그들이 처음 가졌던 진솔한 관계를 유지할 수 있도록 서로 연습하는 프로그램들로 이루어져 있다. 또한 처음에 느꼈던 소중한 감정적 기억들에 충실하기보다는 앞으로 유지하게 될 관계에 중점을 두고 있다.

계속되는 공동체

사람들과 지속적인 관계 속에서 창조활동을 해 나가는 상황이 우리가 만든 프로그램에 의한 것이든 아니든 간에, 정작 중요한 것은 이러한 의식의 변화가 어쨌든 일어나야 한다는 것이고, 다른 사람들에 대한 이해와 좀더 깊은 교제를 경험해야 한다는 것이다. 마리안 윌리엄슨은 그의 저서 《미국의 영적 치유 *Healing the Soul of America*》에서 이와 관련하여 다음과 같이 설명한 바 있다.

'이러한 의식의 르네상스는 좌파나 우파로부터 오는 것이 아니며, 과거 혹은 미래로의 연결고리가 아니다. 우리는 진정 누구인가에 대한 해답으로의 연결고리다. 더 나은 미래와의 연결고리는 혁신적인 전환,

우리가 공개적으로 알리고 싶어 하지 않는 우리 자신의 모습, 교회에서 눈물 흘리며 기도하는 그런 연약한 우리들의 모습을 솔직하게 보여주는, 그런 의식의 전환이며 이는 여러 치료요법을 통해 실현 가능하다. 이것은 사회적 기준에 의한 평가들과는 별 상관없는, 우리들의 본 모습이다.'

다음 장은 당신의 삶을 조정하고, 어떻게 하면 서로 사랑하는 상태를 잘 유지할 수 있도록 이성을 사용할까에 관한 내용이다. 당신이 우리 프로그램에 참여하지 않더라도, 삶을 창조해 나가는 지침으로 친구들과 함께 사용할 수 있다. 자신의 경우에 적용시켜 보라. 시행착오를 두려워 말고 당신이 배우게 될 것만 생각하라.

CHAPTER 13

과거를 깨끗이 청산하라

　　운명 창조를 위한 첫 번째 단계는, 과거에 완결시키지 못한 중요한 일들을 마무리 짓는 것이다. 그러려면 관계가 해결되지 않은 사람과 직접 만나 대화로 문제를 풀어가야 한다. 이때 둘 사이에 거짓이 하나도 남지 않도록 노력해야 한다. 이제 이 방법을 적용시킨 사례들을 소개하겠다.

　　브래드,

　　최근 재회모임(Reunion Group meeting) 에서 일어났던 일들을 알려드리죠. 저의 첫 번째 과제는 저의 일(바이올린 레슨)을 내가 원하는 방식으로 바꾸는 것이었어요. 학생들에게 이제 한 달에 세 번의 개인 레슨, 두 번의 그룹 레슨을 하게 되었어요. 덕분에 저는 한 달에 일주일씩 자유시간이 생겼어요. 그래서 저는 신체자각 운동(요가, 펠덴크라이스 Feldenkreis 등), 즉흥 연주, 창조적 시연, 음악 역사, 그 외에 여러 가지 프로그램을 수강 했지요. 레슨은 이전보다 훨씬 더 활기차게 되었고, 수업료를 더 많이 받게 되었어요.

다음으로 이혼문제에 착수했죠. 나의 목표는 남편인 아놀드와 친구가 되어 아이들에게 안정적인 가정을 마련해 주는 것이었어요. 결과는 대성공이었어요. 우리는 12월에 이혼하였고, 좋은 친구로 남아 있어요. 우리 아이들도 지금처럼 함께 잘 지낸 적이 없었던 것 같아요. 우리는 지금 책을 내볼까 하고 생각하고 있어요. 제목은《1001일 동안의 플라토닉 사랑》.

나의 다음 과제는 연인을 찾는 거예요. 대학에서 새로운 섹스 경험으로 나를 이끌어 준 한 남자를 만났어요. 잘못될 경우를 대비하여, 대안도 마련해 놓을 생각이고요.

동봉하는 글은, 지키지도 못할 약속을 너무 많이 해서 본의 아니게 남에게 상처를 준 사람의 편지에 대한 저의 답장이에요. 당신이 저에게 얼마나 많은 영향을 끼쳤는지 다음 글을 보시면 알게 될 거예요.

사랑하는 랄프 *Ralph*에게,

올해 나의 목표 중 하나는 정신적인 굴레를 버리는 것이었어요. 예를 들면, 내가 당신에게 글을 쓸 때마다 당신이 나의 생각들을 귀찮아하면 어떡하나 하고 두려워한다는 사실을 깨달았어요. 하지만 이러한 굴레를 스스로 깨닫고 인정하게 되자, 나는 불안해하면서도 계속해서 이러한 편지들을 보낼 수 있게 되었어요. 당신 스스로 두 손 들 때까지 말이죠. 나에게는 새로운 경험이었어요. 난 여태까지 내 생각을 남에게 알리지 않았어요. 이제부턴 달라지겠지만….

난 당신이 나와 함께, 진실을 말했으면 좋겠어요. 당신의 여과되지 않은 감정들을 매일매일 나누고, 심지어는 그 내용이 나에 대한 감정이 식어버렸다는 내용이어서 날 상심케 하는 것이라도 좋아요. 첫째, 무엇보다도 나는 연인에게 차인 적이 없고, 내 인생에 있어 새로운 경험을 해 보길 원하거든요. 둘째, 연인으로서의 아놀드를 차 버렸을 때 죄책감을 느끼긴 하였지만, 난 그 행동이 자존심과 친절함에서 나온 것이라 여기고 있어요. 그는 아마도 실연을 통하여 많은 심적 성장을 경험했을 거예요. 셋째, 나는 아버지로부터 많은 상처를 입었어요. 어쩌면 심적 치유 과정으로서, 다시 한 번 새롭게 상처를 입는 것도 괜찮을 것 같아요.

나는 어머니와 함께 치료 과정에 들어갔어요. 나는 이제 아버지와 관련된 과정에 들어갈 거예요. 당신은 나의 아버지와 비슷해요. 그래서 이 과정 동안 나를 도와줄 사람으로 당첨되었어요. 영광으로 아세요. 그래서 다시 말하지만, 당신 있는 그대로를 보여주세요. 당신의 과거 여자 문제도 받아들이겠어요. 이 관계는 좀더 '실제생활' 과 관련이 있는 것이 될 거예요. 그렇다고 항상 당신의 잘못을 지적하며, 당신을 얽매고 싶진 않아요. 그건 내 스타일이 아닌걸요.

내 마음속에 당신에 대한 강렬한 감정이 있음에도 불구하고, 당신보다는 내가 당신을 떠날 확률이 더 높아요. 내가 이렇게 말할 수 있는 것은, 이제 난 결혼으로부터 자유롭게 되었으니 내가 누구고 또 내가 원하는 것이 무엇인지에 대해 좀더 유연하게 생각할 수 있기 때문이죠. 내가 여러 남자를 사귀길 좋아하는지, 아니면 한 남자에게만 충실히 하는 스타일인지, 20년 동안 지속되어 온 관계 외의 나의 성적 욕구의 패턴에는 어떠한 것들이 있는지, 내가 어떤 스타일의 사람에게 매력을 느끼는지 등등…. 난 세상에 내던져진, 성인의 몸을 가진 사춘기 소녀와 같아요. 게다가 내가 고려하는 나의 정신적 굴레 – 사랑에 상처받아 위축되는 성향 – 도 고려하지 않은 것이고요. 내가 할 수 있는 가장 확실한 약속은 나 자신에게 솔직해지도록 노력하면서, 내가 할 수 있는 한 최대한 얌전하게 처신하겠다는 것밖에 없어요. 이제부터는 '해야만 하는' 것들에 의해 지배받는 삶은 그만 살 거예요.

– 당신의 조지아 *Georgia* 로부터

브래드 *Brad*,

브래드, 이런 종류의 커뮤니케이션은 내 몸에 핵분열 반응이 일어나게끔 하고 있어요. 때때로 저는 옷을 입고도 이렇게 발산되는 에너지 때문에 경범죄로 체포되는 게 아닌가 하고 생각할 때가 있답니다. 이 과정에는 정말 나의 생활을 꿰뚫고 있는 힘이 있는 것 같아요.
저의 다음 과제는 가족들과 좀 더 가까워지는 거예요. 오늘밤엔 아버지와 약속을 잡아 놓았고, 토요일에는 캘리포니아에 있는 언니와 거기서 일주일 동안 함께 지낼 거예요. 4월에는 사촌들, 고모, 어머니 등을 만나기 위해 3일 간의 모임을 계획하고 있지요. 거기에서 우리는 죽음, 돈, 가족간의 불화에 대해 많은 이야기를 나눌 거예요. 다시 한 번, 고마워요. 몇 주 후 다시 뵙겠네요.

– 조지아 *Georgia* 로부터

과거에 대한 완전한 청산이 창조에 이르게 한다

조지아의 변화를 보면 놀랍지 않은가? 이런 편지를 보내오는 사람은 조지아 외에도 많다. 우리는 좀더 많은 자유를 누릴 수 있는 일련의 연습과정을 개발시켰다. 만약 우리의 '철저한 정직성' 과정에 동참할 수 없다면, 당신 자신 스스로 이러한 '철저한 정직성' 워크숍을 만들어 그 그룹에 적용시켜 보라.

새로운 시도 1

인생 이야기를 하는 모습을 비디오에 녹화하여 친구들에게 보여 주라. 친구들의 질문에 솔직히 대답하고, 이렇게 대답하는 장면도 모두 비디오로 녹화하라. 길이는 1시간이나 1시간 반 정도가 적당하다. 모든 걸 공개하고 이야기하라. 잊지 말라. 이는 모두 당신을 위한 것이다.

새로운 시도 2

테이프를 당신의 부모, 배우자, 형제, 자매, 가장 절친한 친구, 12살이 넘은 당신의 자녀에게 보여 주라. 그러고 나서 토론을 하면서, 테이프를 본 모든 사람들에 대해 당신이 어떻게 생각하는지 솔직하게 이야기하라. 그리고 그들 모두를 무조건 용서하고 싶다고 이야기하라. 중요한 것은 당신이 몸 안에서 이젠 정말 완결되었다고 여겨질 때까지 이 용서의 과정을 계속 해야 한다는 것이다.

당신 스스로의 에너지를 발산하는 데에 편안함을 느끼고, 또 당신이 말하고 난 뒤에 어떤 일이 일어날지 불안해하지 않으며, 당신이 용서하고자 하는 그들과 눈 마주치는 것을 꺼리지 않게 될 때, 그때가 바로 당신의 모든 문제가 완결된 순간이다. 당신이 만약 아직 긴장이 풀리지 않고 흥분된 상태로 계속 불편함을 느낀다면, 아직 당신의 문제들은 완결되지 않은 것이다. 과거의 문제들이 완전히 해결될 때까지 계속해서 모임을 가져라. 다시 모일 때마다 완전히 처음으로 돌아가 다시 시작해야 한다.

이 '철저한 정직성' 과정을 시행한 사람들 중 90% 정도가 자신이 맺고 있는 사람들과 새로운 관계를 맺는 데 성공했다. 사실, 항상 성공하는 것은 아니다. 그러나 모든 사람들과의 관계를 새롭게 설정할 수 없다 하더라도, 적어도 당신 스스로의 개인적인 가치관에라도 영향을 끼칠 수는 있다. 만약 당신을 화나게 하거나 당신의 감정을 상하게 한 그들이 정말 용서가 되지 않는다면, 당신의 자존심을 해치지 않는 범위 내에서 그들을 동정하는 맘으로 포용하도록 노력해 보라. 당신이 그러한 모습을 꾸준히 보여준다면 그들은 반드시 당신에게 돌아올 것이다. 우리가 '철저한 정직성' 워크숍의 광고에서 이야기하는 내용은 세계에서 몇 안 되는 정직한 광고다. "철저한 정직성! 효과 만점이에요! … 거의 모든 사람들에게 적용되죠!"

진실만을 말하는 삶과 과거의 사건과 감정과 판단에 대해 솔직히 말할 수 있는 용기는 앞으로 당신의 삶에 창조적 에너지를 제공하는 결정적 요인이 된다. 당신이 과거의 일을 해결하기 위해 노력하면 상대방도 당신을 어쩔 수 없이 좋아하게 될 것이다.

그러나 당신이 미완의 문제들을 해결하지 않은 채 내버려두면, 당신의 창조력은 현저히 약해질 수밖에 없다. 과거로 돌아가라. 그리고 모든 것을 사실대로 얘기하십시오. 다시 돌아가야만 한다. 돌아가서 당신의 과거의 이야기, 또는 사람과의 관계를 완결지어야만 한다.

CHAPTER **14**

속박의 굴레로부터 벗어나라

당신이 진정으로 삶의 질을 높이고자 한다면, '마음'으로부터 '현실'로 빠져나올 수 있게 해주는 이 과정을 끊임없이 반복해야 한다.

일단 마음이 자유로운 통찰력을 갖는 순간, 그것은 더 이상 자유로운 것이 아니게 된다. 마음은 사물을 빠른 속도로 부패시킨다. '향수 어린 사랑 이야기'라는 것은 참 어리석은 이야기에 불과하다. '예전엔 이랬었지…' 하는 것은 사랑이 아니다. 사랑은 하고 있든지 끝나든지 둘 중 하나다. 사랑의 기억은 사랑 그 자체와는 다른 것이다.

경험보다 신념을 중시하는 사람들은 제도를 지배, 통제하고자 하는 경향이 있다. 이들은 병적으로 신념에 집착한다. 그러나 종교, 정부, 기업체 등 신념을 신봉하는 사람들로 가득 찬 곳에서는 그다지 활기찬 삶의 모습을 볼 수 없다.

결국은 예술가들이 승리할 것이다. 멋지게 사는 사람들은 창조하는 사람들이며, 이들은 자기 인생의 최고 예술가들이다. 예술가들은 삶에 대한 최상의 경지를 누린다. 창조자들이야말로 그런 삶을 살 용기가 있는 자들이다.

예술적인 삶은 다음과 같은 삶이다.

"서로 나눔을 통해서 얻어지는 것들을 원래 의도한 것보다 훨씬 더 중요하게 여긴다. 계획을 철저하게 세우며, 계속해서 계획을 수정해 나가며, 삶의 궁극적 비전이 자신의 창의력을 계속적으로 발현시킬 수 있게 한다."

다시 한번 말하지만 마음이 사물을 빠른 속도로 부패시키기 때문에, 우리는 이 재창조의 과정을 평생 동안 수행해야만 한다. 계획을 수립하여 구체적으로 적어보며, 체계적으로 미래의 과제에 적용시키고 상상력을 동원하면서 그 과제들을 수행해 나가야 한다. 계획을 수립하는 데 있어 중요한 점은 그 계획이 당신의 마음을 지배하는 또 하나의 신념이 되어서는 안 된다는 것이다. 당신이 세운 계획을 일회용 휴지처럼 여겨야 한다. 다시 쓰고, 또 다시 고치고 하는 과정을 되풀이해야 하는 것이다. 간단하다. 당신의 삶을 다음과 같이 반복하면 되는 것이다. 과거를 정리하고 미래를 계획하고 행동하고, 다시 과거를 정리하고 미래를 계획하고 행동하고, 과거를 정리하고, 미래를 계획하고….

'삶의 최정상'의 위치에 있다는 것은 과연 삶에 의해 지배당하지 않고 있다는 뜻일까? 최정상에 대한 집착은 우리로 하여금 주변의 모든 상황에 '부담'을 느끼게 한다. 이러한 부담은 노여움, 침체, 근심 등의 근원이다. 우리는 이러한 스트레스의 상태에 너무나도 익숙해 있다. 우리는 이러한 상황에서 벗어나고자 노력하면서도, 한편으로는 이러한 상황을 스스로 보존하고 있다. 이러한 당신의 딜레마를 극복하는 방법은 고치거나 바꾸려 하지 않고 오히려 이 상황을 이용하는 것이다. 당신이 원하는 삶을 창조하고, 살고 싶은 곳에서 살고, 또 하고 싶은 일을 하는 데에 이러한 한계상황을 이용하는 것이다.

현대 사회가 안고 있는 가장 큰 딜레마 중 하나는, 많은 사람들이 가장 좋은 것만을 바라기 때문에 절망감 속에 살아가고 있다는 것이다. 우리들 모두는 누군가가 어느 날 돌연히 나타나 내 삶을 짓누르는 무거운 짐을 덜어줄 것이라는 막연한 희망을 갖고 있다. 하지만 이들은 내 삶에 쉽게 찾아오지 않다. 어쩌면 영원히 오지 못할 허상이다.

안타까운 것은, 행복은 자신의 역할을 믿을 때 찾아온다는 사실을 많은 사람들이 모르고 있다는 것이다. 누군가를 의지하거나 어느 날 갑자기 내 앞에 나타날 구원자를 기다리는 것이 아니라, 스스로 창조에 대한 비전을 실현시키고자 끊임없이 계획하며, 그 계획을 조정해 나가는 과정을 의식적으로 즐기면서 살아가는 것이 창조자의 삶이다.

더 많은 행운을 이끄는 연습

어떤 운동을 잘하려면 끊임없이 연습하고 기술을 연마하면서, 최신 정보를 알고 있어야 한다. 인생도 마찬가지다. 끊임없이 연습하고 좋은 기술들을 연구하며, 최신 정보에 귀를 기울이고 경쟁적인 분위기 속에서 자신을 끊임없이 채찍질해야 한다. 자신에게 조언을 해 주는 코치를 정하는 것도 좋은 방법이다. 이 책에서 얻은 여러 방법들을 한 번 적용시켜 보거나, 아니면 워크숍에 직접 참여해 보는 것도 방법일 수 있겠다.

당신의 인생에 좀 더 많은 행운을 가져다 줄 수 있는 연습들에는 요가, 명상, 체력 단련, 약속을 지키는 것, 시작한 일을 마무리 짓는 것, 당신을 나아갈 수 있게 하는 창조적인 환경을 만드는 것, 많이 웃는 것, 의미 있는 일을 하는 것, 진실을 말하는 것, 아이들을 사랑하고 그들에게 헌신하는 것, 음악을 연주하거나 듣는 것…, 이외에도 여러 가지 더 많은 연습들이 있다. 중요한 것은 이러한 연습들을 삶 속에서 행하고자 부단히 노력해야 한다는 것이다. 이때 당신에게 더 많은 행운이 찾아오는 것이다.

'계획'은 다른 모든 연습들을 연습할 수 있도록 해주는 기본적인 연습이다. 당신은 '계획'을 끊임없이 연습하여 생활 속에서 더 많은 행운을 얻고, 원하는 것을 더 많이 가지게 되며, 삶의 수많은 변수들을 당신이 원하는 쪽으로 작용하게끔 할 수 있다. 정말 잘된 계획이라면, 방향성이 구체적으로 잡혀 있어야만 한다. 우선 스스로에 대해 잘 알고, 당신과 다른 사람 모두에게 정직해야 한다. 당신이 살면서 경험한 생존 노하우들은 당신의 창조과정에 꼭 필요한 무기이자 기술이다. 과거의 생존 노하우를 좋은 방향으로 '활용'하는 것은 그것들을 고치려고 애쓰는 것보다 훨씬 더 효과적이다. 삶의 여러 변수들은 우리가 어떻게 할 수 없는 것들이다. 상처는 쉽게 없어지지 않는다. 이 상처를 잊거나 고치려고 하는 것보다 찬란한 미래를 창조하는 도구로 사용하는 것이 현명한 일이다.

내 삶의 주제와 기술들 : 돌부리를 디딤돌로

나는 어린 시절의 환경 때문에 습득하게 된 기술이 하나 있다. 나의 어머니와 의붓아버지는 알콜 중독자였다. 그들은 나와 동생을 돌볼 상황이 아니었기 때문에 나는 항상 부모의 기분을 살피며 동생들을 돌보는 데에 힘써야 했다. 눈치가 빨라져 돌발상황을 예측해 가면서, 부모가 서로를 죽이거나 아니면 동생들을 다치게 하는 일을 막을 수 있었다. 나는 스스로를 똑똑하며 영웅적인 아이로 여겼으며, 반대의 경우를 절대 인정하지 않았다. 환경에 대한 심리적 반응의 결과로 가정적 인간이 된 나는, 사람들을 돕고 보살피며 그들에게 다른 사람들을 보살피는 방법을 가르침으로써, 나의 예민한 지각력을 과시하는 것을 좋아하게 되었던 것이다. 나는 내가 말한 대로 하지 않거나, 내가 제시한 방법을 거절하는 사람들에게 분노를 느끼기까지 했다.

나는 여섯 살에 아버지를 여의었다. 어머니는 내가 일곱 살 때에 알코올 중독자이며 아내와 아이에게 학대를 일삼는 한 남자와 재혼을 하였고, 내가 아홉 살 되던 해에 막내 동생을 낳았다. 나는 매사에 예민한 성격이 되어갔고, 특히 인간의 행동을 유발시키는 돌발적 동기들에 민감하게 되었으며 마음에 상처를 입은 사람들을 돕고 싶어졌다.

이러한 경험 때문에 나는 상처 입은 사람들을 돕는 일에 전념하게 되었다. 이에 더 나아가 그들에 대한 어떤 의무감 같은 것이 생기면서 그들과 연결되어 있음을 강하게 느끼고, 그들의 영향으로부터 나 자신을 보호하면서도 그들이 나를 칭송하게끔 만들 때가 많아지기 시작했다. 나는 '교묘하게 조종된, 상호의존적인 거짓말쟁이 생존자' 다.

나는 주위 사람들에게 지배당하거나, 그들을 비판하거나, 수정하려 하지 않고, 그러한 관계들을 나의 정교한 생존 시스템 하에 적응시킴으로써, 마치 저 신화 속의 시시포스처럼 나의 의지로 사람들에게 봉사하는 일을 선택할 수 있게 되었다.

시시포스의 형벌은 그가 커다란 바위를 산 위로 밀어 올려놓으면, 바위가 다시 땅바닥으로 굴러 떨어지는 상황이 영원히 반복되는 것이다. 하지만 그는 자신에게 '주어진' 이 형벌을 자진해서 '선택' 하는 일로 바꾸어 인식함으로써 지옥을 정복할 수 있었다. 시시포스는 말한다. '이것이 내가 해야 할 일이고, 지금 난 그것을 하고 있어. 이 일을 하게 되어 정말 다행이야.'

나, 브래드 블랜튼은 남을 위해 봉사하는 삶을 살기로 결심했다. 형벌로 주어진 삶을 사는 방법치고는 아주 멋진 형태의 삶이다. 왜냐하면, 나 스스로 그렇게 살기를 선택했기 때문이다. 과거에 나를 조정했던 지난 내 성격의 압박에서 나는 탈출 – 물론 성격 자체에서 벗어나 탈출 할 수는 없겠지만 – 할 수 있었다. 나에게 주어지는 모든 의미들 – 나의 삶, 시간, 가족 그리고 내가 그 속에서 자라온 모든 문화 – 은 내가 통제할 수 있는 것들이 아니다. 내가 통제할 수 있는 것은 그러한 의미들을 창조하는 데에 있어 나의 성격들을 어떻게 이용하는가 하는 것이다.

요약하면 이렇다. 나는 '사람들에게 봉사하는 일'을 선택했고, 이 일은 아주 보람 있고 즐거운 일이다. 내가 다른 사람들을 도우면서 떠올렸던 나의 위상은 이런 것이다. 억압받으면서도 드러나지 않는 꿋꿋한 영웅, 사람들은 잘 알지 못하지만 도움이 필요한 사람들 뒤에서 항상 그들을 돕는 든든한 후원자, 론 레인저(Lone Ranger : 1950년대 TV 연속극의 주인공으로 독보적인 존재를 일컫는다 - 편집자 주)와 예수의 이미지를 적절하게 섞은 이미지의 인물….

나는 과거의 소유물을 미래를 설계하는 데 사용할 수 있다. 7~9세 당시에 형성된 원칙들에 반사적으로 지배당하며 생활하는 대신, 내가 하도록 정해진 일들을 스스로 선택하여 나의 삶을 내 스스로 디자인할 수 있다. 나는 나 자신의 계획을 디자인할 수 있고, 그 계획에 의해 일을 진행할 수 있고, 내가 가진 기술들을 사용하며 내가 얻어내고자 했던 결과들을 이끌어내며 살아나갈 수 있다.

이렇게 '해야만 하는 일'을 '스스로 선택하는 일'로 바꾸는 것을 '전환'이라고 한다. 사람들에게 봉사하는 일을 인생의 목표로 삼으면서 내 삶은 전환되었다. 이제 더 이상 그들을 조정하고 통제하여, 내가 원하는 것을 얻으려는 것이 봉사의 목적이 아니게 되었다. 지구상에서 살고 있는 하나의 존재로서 현재의 삶에 만족하고 있는 나는, 이미 원하는 것을 얻었다. 난 이제 더 이상 내가 부족한 것을 보충하기 위해 그들을 도와주고, 그 대가로 돈을 받는 일을 하지 않아도 된다. 이러한 전환의 부수적인 결과로 '과거의 상처에 대한 치유'가 일어나게 된다. 이 치유는 내가 잃어버렸던 것을 다른 사람들로부터 보충하려는 욕구를 포기함으로써 생겨난다. 그래서 지금까지 설명한 바와 같이 나는 불건전한 이성을 가진 존재지만, 그러한 것들을 미래를 창조하는 데에 이용하는 나는 다음과 같이 선언한다.

'나는 선언한다! 나의 삶은 다른 사람들에게 봉사하는 것이다'

내가 지금 하고 있는 일들은 내가 그런 일을 하겠다고 '말했기 때문'에 하는 것이다. 내 삶이 다른 사람을 위해 봉사하는 것이어야 하는 이유는 내가 그렇게 말했기 때문이다. 의식적이고 의도적인 나의 '말'에 기인한 것이다.

나는 당신이 나처럼 선언해 보기를 권한다. 그리고 어떤 일이 당신에게 일어나는지 보길 바란다! 만약 조금이라도 해볼 의지가 생긴다면, 지금 당장 해보라!

첫 번째는 당신의 삶이 어떻게 사용될 것인지 선서하는 단계다. 어쩌면 당신은 이전에 겪어보지 못한 문제들과 마주치게 될지도 모른다. 하지만 큰 문제를 함께 풀어나가는 것은 이 세상에서 가장 재미있고 신나는 게임이다. 만약 불평하지 않고 당신에게 닥친 현실의 문제들을 즐기면서 풀어나갈 수 있다면, 당신의 안팎에서 의외의 도움이 생길 거다.

이렇게 해 보라. 당신을 학대하고, 삐뚤어지게 했던, 어렸을 적 가정에서 배운 '생존 기술'을 이용해 자신의 문제를 풀어 보라. 자신의 과거 중 하나를 선택해 주제로 삼아 보자. 과거의 이야기를 허물없이 할 수 있는 친구가 한 명 있으면 좋다. 다음 장에서 제시될 형식에 맞춰, 당신의 삶에서 얻은 기술들을 적용시켜 보라. 거기에서 나오게 될 질문에 답하며, 리스트를 만들고, 프로젝트와 비전에 관한 선언을 해보라. 기왕이면 대담하고 근사한 비전을 세우기 바란다. 생애를 걸 만한 뭔가 새로운 일, 아니면 아침에 눈을 뜨자마자 그 일을 하고 싶어 잠자리를 뛰쳐나오게 했던 그런 일들을 비전으로 세우라. 그리고 그러한 비전이 '삶의 목적선언서' 장에 나올 선언과 방향이 일치하도록 하라.

당신과 친구들을 고무시킬 수 있도록 글을 쓰라. 너무나도 충격적이며 인상적이어서, 당신이 없어도 사람들이 그 글을 기억하고 이야기할 수 있을 정도의 획기적인 내용을 작성해야한다. 스스로가 미래의 비전에 고무된다면, 다른 사람들도 마찬가지로 고무될 수 있게 된다. 당신은 당신의 삶이 어떤 것인지 스스로 선포할 수 있다. 세상에서 가장 멋진 게임은 당신이 이미 가지고 있는 기술로 당신이 원하는 삶을 창조해 나가는 것이다.

세 번째 연습

두 사람씩 짝을 지어, 각각 30분씩 자신의 삶에 대해 이야기한다. 당신의 파트너에게 당신의 생존 및 적응 기술이 무엇인지 이야기해 준다. 그들에게 당신이 어떻게 당신의 가족 환경을 극복해 냈는지 이야기해주라. 그리고 나서, 이제 당신의 여생 동안 어떤 비전을 추구할 것인지 이야기하고, 당신이 생존과정에서 습득한 기술을 비전을 실현하는 데에 어떻게 사용할 것인지 말해 보라.

두 사람이 위의 과정을 각각 실행한 다음, 대화의 내용을 다음의 두 가지 제목 하에 기록하여 보자. '생존 기술' 그리고 '미래의 비전.'

15분 정도 후 다시 자신이 작성한 리스트를 비교하면서 서로의 리스트를 수정해 주라. 이때, 특히 자신이 가장 부정적이라고 여겼던 성품들을 비전 실현 과정에 사용할 수는 없는지 이야기해 보고, 다음으로 스스로 가장 가치 있다고 생각하는 기술의 유용성을 말해 보라. 이 모두가 당신의 비전을 실현시켜 나가는 데 사용될 도구다.

CHAPTER 15

현재의 중심에서 마음을 지배하라

당신은 이제 과거를 정리하고 미래를 계획하기 시작했다. 그렇다면, 이제 당신을 계속하여 재충전해 줄 연습에 충실해야 한다. 변화에 적응하는 지속적인 연습은 운동선수나 음악가들만큼이나 필수적이다. 이 장에서는 모든 작가와 교사들이 직면하는 딜레마를 다루고자 한다. 연습을 이렇게 자세히 설명하는 이유는, 연습을 통해 무언가를 배우는 것보다 연습을 왜 꼭 해야만 하는가를 일깨워주기 위함이다.

당신이 원한다면, 우리가 직접 '철저한 정직성' 워크숍을 열어 주거나, 요가나 명상, 신체자각 연습, 무술 등을 가르쳐 줄 수 있는 사람들을 연결시켜 줄 수도 있다.

우리가 제공하는 워크숍 과정은 다음과 같다.

- 명상과 자기최면 상태에서 행하는 연습 지침
- 정신을 맑게 해 주는 동작과 스트레칭(우리는 이를 '미친 듯한 요가 춤'이라고 부른다)
- '나는 때때로 이런 척 한다' – 집단 속에서 가식적이었던 자신의 모습에 대한 솔직한 고백 과정
- '철저한 정직성' 연습 : '나는 관찰하고 상상한다', '자각인가 생각인가', '왜곡된 듣기'라는 제목의 여러 과정.

마음은 경험을 흡수하여 개념으로 변하게 한다. 어제의 빛나고 자유로웠던 통찰력이 내일은 개똥철학이 돼버린다. 이전에 통찰력을 가진 마음은 이상적인 격식과 기준으로 변하고, 그 기준에 못 미칠 경우 핑계거리를 제공하게 되는 것이다. 모든 일상사의 초점을 우리가 창조하고자 하는 미래의 비전에 맞출 때, 우리가 해야 할 일을 놀이처럼 할 수 있다. 마음은 우리들의 아픈 과거를 상기시켜주는 현재의 사물, 사건들에 단순히 방어적으로 반응한다. 그런 마음에 지배당하지 않고 현재의 사건들을 '진실'로 받아들이면서 그로부터 비전 있는 미래를 창조할 수 있는 도구로서 마음을 이용해야 한다. 우리가 일단 원하는 미래상을 디자인하고 난 다음에는 계획을 세우고 계획대로 창조하는 즐거운 놀이를 시작할 수 있다.

CHAPTER **16**

삶의 목적선언서 만들기

신화에 나오는 성배가 주는 교훈은, 자신의 가장 역동적인 요소를 찾아
창조적인 방법으로 이를 사용하라는 것이다.
여기에는 '당신의 이익과 사회 요구간의 조화' 라는 문제가 내포되어 있다.
그러나 당신만의 궤도를 찾는 것이 사회적 조화를 추구하는 것보다 항상 우선이다
— 조셉 캠벨*Joseph Campbell*, 마이클 톰스*Michael Toms* 와 대화 중에서

　앞으로의 몇몇 장은 미래의 비전을 세우고 실행하는 연습을 하게 된
다. 첫 번째 단계로 삶의 목적선언서를 작성해야 한다.

　고민할 필요는 없다. 그렇게 심각한 것은 아니니까. 게다가 당신이
원하면 언제든지 내용을 수정할 수 있다. 당신이 바로 창조자이므로
당신 삶을 수정하든, 덧칠을 하든, 지워버리든, 혹은 전체를 다 파기해
버리든 모두 당신 마음이다. 빈칸을 하나하나 채워가면서 삶의 방향을

능동적으로 결정해 보라.

연필을 준비하라. 순서를 바꾸지 말고 우리가 제시한 차례대로 적어가라. 만약 차례대로 풀지 않으면 자신의 마음에 의해 방해받을 수도 있다는 점을 기억하고….

만들기 1 : 성격에 관하여

아래에 자신의 성격 15가지를 나열하라. 긍정적인 면과 부정적인 면에 구애받지 말고 적어라. 당신에겐 지적인 면, 유머, 쾌활함, 변덕, 게으름, 괴짜기질 등이 있을 거다. 어쨌든 15가지를 채우라. 15가지가 안 되더라도, 억지로라도 생각해 보라. 즐거운 시간이 되길….

1. _____   9. _____

2. _____   10. _____

3. _____   11. _____

4. _____   12. _____

5. _____   13. _____

6. _____   14. _____

7. _____   15. _____

8. _____

아직도, 15가지를 다 채우지 못했는가? 다시 돌아가서 꼭 채워 넣으시기 바란다!!

위의 15가지 중 자신이 가장 좋아하는 성격 5가지에 동그라미를 쳐라. 오래 고민하지 말고 빠른 시간 내에 직관적으로 하라. 그런 후, 만들기 2로 넘어가라.

만들기 2 : 어떤 행동으로 자신의 성격을 표현하는가?

당신이 선택한 5가지 좋아하는 성격에 대해 하고 싶은 이야기를 자유롭게 적어보라. 그리고 전체 15가지 성격에 대해 당신의 실제 행동은 어떻게 나타나는지 나열해 보라. 예를 들어 '관대함'이라고 한다면, 당신은 '일요일 아침마다 실직자들에게 빵을 나누어주는 일'을 실천하고 있을 수도 있다. 글쓰기, 조사하기, 요리하기, 도자기 만들기, 걷기, 또는 아이들과 밖에서 놀기 등의 행동을 예로 들어 볼 수 있겠다.

1. _____
2. _____
3. _____
4. _____
5. _____
6. _____
7. _____
8. _____
9. _____
10. _____

11. _____

12. _____

13. _____

14. _____

15. _____

15가지의 활동을 다 기입하셨다면(한 가지라도 빠뜨리면 안 된다), 그 중 당신이 가장 좋아하는 5가지 활동에 동그라미를 친 후 만들기 3으로 넘어가라.

만들기 3 : 당신이 원하는 세계

당신의 비전과 이상적 세계에 대해 간단하게(25단어 내외로) 기술해보라. 이 비전을 현재 시제로 서술하고 '이렇게 되지 않았으면' 하는 것보다 '이렇게 되었으면 하는 방향'으로 그 내용을 작성하라.

가령, "나의 이상적인 세계는 이런 세계다…."

_____

_____

_____

_____

다 끝냈으면, 만들기 4로 넘어가라.

만들기 4 : 삶의 목적선언서 작성

자, 이제 본격적으로 삶의 목적선언서를 한번 만들어 보겠다. 아주 쉽고도 즐거운 작업이다. 자, 시작하자.

- 내 삶의 목적은 다음과 같은 나의 기술을 이용하여(당신이 동그라미를 친 당신의 다섯 가지 성격을 나열하라)

_____ , _____ , _____ ,

_____ , _____

- 다음의 행동을 함으로 인해(역시 당신이 선택한 다섯 가지 행동을 나열하라)…

_____ , _____ , _____ ,

_____ , _____

- 다음과 같은 세계를 구현하고자 하는 것이다(당신이 작성한 이상적인 세계를 써넣으면 된다).

_____

_____

_____

_____

축하! 축하한다. 당신은 이제 삶의 목적선언서를 훌륭하게 작성했다. 이제 이것을 편집하거나 내용을 조금 수정하고 난 후에(당신이 원한다면), 타이핑해서 출력한 다음 당신의 지갑 속에 가지고 다니길 바란다. 버스를 타거나 술집에 혼자 갔을 때, 또는 파티에서, 혹시 누군가가 당신에게 무슨 일을 하느냐고 물을 때 바로 당신 지갑 안의 그 쪽지를 꺼내어 그 사람에게 건네주라. 상대방이 쪽지를 갖고 싶어하면 줄 수 있도록 몇 장 씩 더 갖고 다녀도 좋겠다. 이 행동으로 당신이 원하는 세계를 창조하는 데에 도움을 줄 사람을 만날 수도 있다.

당신이 어떤 내용으로 작성했든지 삶의 목적선언서를 시나 노래로 만들어 보라. 실제로 부를 수 있게 다듬어, 듣는 사람들이 감동받아 울음을 터뜨리게끔 하면 더할 나위 없겠다. 아니면, 포스터로 만들어 벽에 붙여 보거나 사진 에세이를 만들어 전시를 하는 것도 좋겠다. 전화기 옆벽에, 냉장고 문에 당신이 항상 자각할 수 있도록 눈에 잘 띄는 도처에 그것들을 붙이는 것이다.

다음은 워크숍에 참가했던 한 사람의 글이다. 내용이 아주 구체적임을 알 수 있다.

내 삶의 목적은 남의 이야기를 잘 듣는 기술과 나의 대화술 · 용기 · 카리스마 · 연설을 할 때 느끼는 희열 등을 이용하여, 이야기하기 · 글쓰기 · 가르치기 · 내 몸을 잘 가꾸기 · 사랑스런 이들을 포용하기의 행위를 함으로써, 모든 사람이 서로의 이야기를 성심껏 들어주고 정직하며 창조적인 삶을 살 수 있도록 지원해 주는, 가족적인 분위기의 삶을 살 수 있는 세상을 구현하는 것이다.

이 글을 보면, 이 사람의 5가지 성격과 5가지 행위가 들어 있다. 당신 자신의 경우와 비교해 보라. 그리고 추가할 내용은 없는지 다시 생각해 보고, 당신에게 좀더 강한 힘을 줄 수 있는 요소들을 추가해 보라. 당신이 목표를 이루는 과정에서 최대한 즐길 수 있으면서도, 끊임없이 자신을 고무시켜 주며 나아가 주위의 다른 사람들까지도 고무시킬 수 있는 그런 방법들을 고안하는 것이다.

이 방법을 창안한 필 라우트 *Phil Laut*는 다음과 같이 말한 바 있다.

"이에 적어 몸에 지니고 다닐 정도로 좋아하는 '삶의 목적에 대한 선언'을 작성하려면, 그 내용을 계속해서 다듬는 작업이 필요하다. 이 선언서를 가지게 되면 당신의 목적과 부합하는 생각과 행동들을 선택할 때 명확한 판단력을 제공해 주고, 당신의 나아갈 삶의 방향을 정하거나 할 때, 그에 따른 세부적인 의사결정을 하기가 훨씬 더 쉬워진다. 이러한 목적들을 잘 설정하려면, 당신이 추구하는 가치에 대한 심각한 고민이 수반되어야 한다. 이 말은 곧 추구해야 할 목표의 가치를 스스로 명확히 알지 못할 경우 당신이 그동안 받은 교육과 연마한 기술들을 다른 사람의 목적을 위해 사용하게 되는, 노예에 불과한 삶의 목적을 세울 수도 있다는 것을 의미한다."

삶의 목적을 세운 것을 다시 한번 축하한다! 당당한 글씨로 인쇄된 당신의 삶의 목표를 보라! 독립 기념일 날 메인스트리트에서 당신의 선언문들을 뒤로 흩뿌리면서 독립 기념 축하행렬을 따라가도 좋을 것이다. 몇 년 후에 로빈슨 크루소가 무인도에서 당신의 선언문을 읽어

볼 수 있게끔, 병 안에 당신의 프로젝트를 적어 넣어 바다로 힘껏 던져 보라. 아니면 티셔츠에 문구를 적어 입고 다녀 보든지! 삶의 매 순간마다 해야 할 일이 명확해질 것이다. 당신이 추구하는 미래와 현재를 항상 비교할 수 있다. 만약 당신이 추구하는 프로젝트들의 미래상과 현재의 당신 삶이 서로 일치하지 않는다고 느끼면, 둘 중 하나를 바꾸어야 할 것이다. 하지만 당신이 하는 일들이 삶의 목적과 일치한다면 더할 나위 없이 즐겁고 창조적인 마음으로 그 일들을 할 수 있을 것이다.

하지만 이것은 당신이 만들었으므로, 언제든지 바꿀 수 있다. 중용을 지키고 너무 집착하지 않도록 하라. 명상을 통하여 의무감으로부터 자유로워지는 것이 필요하다. 존재의 자유로움을 만끽하며, 삶 자체를 즐겨라!

CHAPTER **17**

집중해야 할 삶의 영역 찾기

　당신의 삶을 실질적으로 잘 운영하기 위해서는 먼저 자신이 어떠한 삶의 영역을 살고 있는지 알아야 한다. 삶을 여러 영역으로 나누어 볼 수 있을 것이다. 예를 들면, 가족, 경력, 돈, 레크리에이션 등등…. 프로젝트를 세부적으로 작성할 때 각각의 영역에 하나 이상의 프로젝트를 적용시킬 수 있다.

　각각의 영역에 이름을 붙일 때, '실제로 행하고 있는 일들과 당신이 새롭게 하고 싶은 일들' 을 모두 포함할 수 있다. 보통 5~9개 정도의 영역이 필요하다.

　계획을 하고 이를 공유하는 일은 정말 즐거운 작업이다. 하기 싫은 것을 억지로 하지 말라. 명심하라. 지금 당신이 시작하고자 하는 일은 '마음의 지옥' 을 '마음의 유용성에 의한 천국' 으로 바꾸는 일이다.

다음 과정을 실행해 보자.

1. 삶의 목적을 분명하게 결정하고, 내용을 이해하기 쉬운 문장으로 다시 다듬어라. 만약 당신이 이전 장 '삶의 목적선언서 작성'을 지침대로 따라했다면, 자기도 모르게 삶의 목적을 선언하는 경험을 해보았을 것이다. 아직 그 장을 실행하지 않았다면, 그 부분으로 되돌아가서 꼭 실행해 보라.
2. 당신 삶의 영역들을 결정하고, 적어라.
3. 각 영역의 프로젝트들을 결정하고, 그 프로젝트에 제목을 붙이라.
4. 다음 장에서 제시될 모델을 이용하여, 프로젝트에 대한 상세한 실천계획을 작성하라.
5. 명상을 통하여 자기 자신과의 정직한 대화를 꾸준히 연습하라. 이는 당신이 프로젝트에만 집착하여, 그 자체의 성공에 너무 희비가 교차되지 않게 해줄 것이다. 당신의 프로젝트를 친구들과 공유하여 그들이 당신을 돕게 만들라. 자신의 현재를 객관적으로 자각하는 연습은 프로젝트의 실현 여부에 결정적인 역할을 하게 된다. 이런 과정을 되풀이하다 보면, 어느새 일을 놀이처럼 즐기는 자신을 발견하게 될 것이다.

영역 이름은 당신에게 친숙한 것이 좋다. 당신이 실제로 하고 있거나 앞으로 할 것들이어야 한다. '일, 가족, 레크리에이션, 건강, 잘 지내는 것, 오락, 돈, 여행'처럼 말이다. 이제 다음 장으로 넘어갈 준비가 다 됐다.

프로젝트 기술서

'프로젝트 기술서'란, 댄스 플로어에 그려진 발 모양 그림, 신문에 나오는 바둑의 묘수처럼 인생의 행동지침서 역할을 해주는 장치다. 이 프로젝트 기술서를 이용하여 활력 넘치는 삶을 단계적으로 창조해 나갈 수 있을 것이다. 마치 기타를 배우는 것처럼 하나씩 차근차근 배워 가도록 도와줄 것이다.

마음은 교묘한 악마와 같아서 프로젝트를 제약하고, 의무감을 갖게 하고, 창조의 논리에 의문을 던지는 등, 프로젝트의 실천과정을 망쳐 놓다. 이렇게 마음의 작용이 주는 여러 스트레스를 피하기 위해 프로젝트의 창조자들은 '자각'과 '생각'간의 차이를 구분하는 연습을 꾸준히 해야 한다. 이 연습을 통해 오감이 가져다주는 느낌에 근거한 진정한 '존재'가 될 수 있다. 또한 마음을 한발 앞질러 프로젝트를 계속 실행해 나갈 수 있는 돌파구를 발견하게 된다.

삶의 변화에 따라 프로젝트도 조금씩 수정되어야 한다. 프로젝트를 주체적으로 수행해 나가느냐, 아니면 집착의 함정에 빠지느냐의 차이는 아주 미세하다. 프로젝트의 구성은 이미 재창조와 수정을 전제로 하기 때문에 행동의 지침이 되는 문자화된 프로젝트 기술서는 얼마 가지 않아 진부해지고 그 의미는 변질되게 마련이다. 프로젝트 기술서를 근거로 프로젝트의 내용을 구성하면 보다 명쾌하고 초점이 분명해질 수 있다. 자신의 프로젝트를 계속 손질하면서 최신 버전으로 업그레이드시켜 나가는 작업을 하다 보면, 다시금 정열이 솟는 것을 느낄 것이다. 물론, 수정을 통해 애초에 계획하지 않았던 일들을 하게 될 수도 있지만, 비전의 큰 흐름은 변하지 않는다. 새로운 것을 배워나가는 즐거움이야말로, 니체가 이야기한 바 있는 '놀이에 열중하는 어린아이의 심각함'에 가장 잘 비유될 수 있을 것이다.

변화를 두려워하지 않고 적극적으로 포용하는 자세를 가지면, 당신은 좀더 많은 기회를 가질 수 있다. 스스로 멋진 삶을 창조하는 당신…. 그러한 당신의 프로젝트를 다음과 같이 구성해 볼 것을 권한다.

- 영역(Domain) : 프로젝트의 영역
- 프로젝트 네임(Project Name) : 프로젝트의 제목
- 약사(Brief History) : 당신의 프로젝트와 관련 있는 과거의 스토리를 간단하게 기록한다. 만약 그 프로젝트가 완전히 새로운 내용이면 이 부분은 기록하지 않아도 된다. 프로젝트를 진행시켜 나가다가 뭔가 당신에게 새로운 비전을 제시해 주는 일이 발생하였다면, 이 부분에 그 내용을 첨가하라.
- 배경 선언(Background Commitment) : 이 프로젝트의 중요성을 높이기 위해 당신이 인생에서 중요하게 여기는 가치를 기록한다. 가치 있게 여기는 것들, 그리고 그러한 가치에 입각하여 행했던 여러 일들을 적어보라. 이 부분은 당신의 프로젝트가 투영되는 미래상이라 할 수 있겠다.
- 비전(Vision) : 프로젝트가 완료되고 난 뒤의 당신의 모습을 구체적으로 적어라. 예를 들어,
  - 그림 1(Picture 1) : 프로젝트가 완료된 후 얻게 될 경험

- 그림 2(Picture 2) : 프로젝트가 완료된 후 얻게 될 경험
- 그림 3(Picture 3) : 프로젝트가 완료된 후 얻게 될 경험

위의 세 가지 그림을 하나로 합쳐보라. 당신이 만지고, 느낄 수 있을 만큼 강렬한 비전을 만들어라. 이 내용을 다른 창조의 협력자들과 공유하고, 수정하며, 자신의 미래상으로 삼아라. 이 비전은 또한 당신이 프로젝트를 이루어 나가는 중에 힘든 시기 - 당신이 생각했던 것만큼 그 일이 재미있지 않음을 느낄 때 - 를 극복할 수 있게 해 준다. 당신이 지금 하고 있는 일이 어떤 의미인지 잠깐 망각할 때, 확실한 방향성을 다시 제시해 줄 것이다.

- 헌신적인 조력자(Committed Listener) : 당신의 이야기를 들어주고, 도와주며, 지도해 줄 수 있는 친구들의 이름을 적어라.
- 지원자 네트워크(Network of Support) : 그 사람의 경험과 이익이 당신의 프로젝트 추진에 도움이 되는 사람들의 이름을 적어라. 당신의 성공과 행복을 함께 나누고 싶은 친구들이나, 또는 당신이 프로젝트를 완수할 수 있도록 도와주고 있는 사람들도 포함된다.
- 상태(State) : 다음과 같은 프로젝트의 진행 상태가 있다.
  형성(Formulation)
  　　→ 집중(Conentration)
  　　　　→ 결정적 전환(Momentum)
  　　　　　　→ 안정(Stability)
  　　　　　　　　→ 탈출(Breakthrough)

이 단계들은 당신의 프로젝트를 운영해 나가는 스타일을 결정한다. 프로젝트를 작성하는 지금은 '형성'의 단계다.

- 측정기준(Measures) : 이 부분은 프로젝트 과정의 방향성과 진행 상태를 나타내주는 일종의 이정표다. 이 부분은 로버트 프리츠*Robert Fritz*의 저서 《창조*Creation*》에 묘사되어 있는 '창조적 갈등'에 그 근거를 두고 있다. 이 갈등은 당신이 현재 '있는 곳'과 '있고자 하는 곳'과의 차이에서 야기되는데, 이러한 차이가 크면 클수록 그곳에 도달하고자 하는 노력도 커지게 된다. 당신이 프로젝트를 업그레이드시키고자 계속 노력하는 것도 여기에서 비롯된다.
- 대체적 계획(Description of Overall Plan) : 미래의 실현을 위한 구체적 행동들을 묘사하는 부분이다. 또한 다른 사람들에게 당신의 프로젝트에 대해 이야기해 주는 구체적인 내용이기도 한다. 다른 사람들에게 강한 인상을 주기 위해 작성되는 '폭탄선언(laser statement)' 중 가장 중요한 부분이다.
- 할 일(Action) : 일정을 간단하게 작성한다. 예를 들면, 로고 얻기(99년 9월 20일), 로고를 프린터로 보내기(99년 10월 5일), 비즈니스 카드 얻기(99년 10월 15일)…, 이런 식으로 말이다.
- 작성일(Date Printed) : 자주 갱신 하다보면 혼란이 올 수도 있다. 이때 도움이 될 것이다.

자 이제 굵게 인쇄된 부분만 종이 위에 죽 적으면, 바로 당신의 프로젝트 창조의 뼈대다. 다음으로 각각의 프로젝트에 제목을 붙여야 한다. 그러고 나서 프로젝트에 대한 비전을 선언하고, 각각의 빈칸을 채워 나가면 되는 것이다.

각각의 영역마다 프로젝트 개수는 다를 것이다. 두 개의 영역에 똑같은 프로젝트가 부여되어 있을 수도 있다. 프로젝트의 이름과 비전에 대한 선언을 먼저 작성한 후 영역 이름을 결정하는 것도 좋은 방법일 수 있다. 보통 사람들은 6개에서 20개 정도의 프로젝트를 작성한다. 너무 많거나 너무 적은 프로젝트를 작성하게 될까봐 걱정할 필요는 없다. 당신이 현재 삶 속에서 행하고 있는 모든 활동과 운영하고 있는 일들, 그리고 미래에 하고자 하는 일들을 전부 포함시키라. 일단 프로젝트의 제목과 비전을 선언하고 나면 당신 삶에서 어떤 부분을 변화시키고 싶은가를 알게 되고, 비전을 위해 지금 이 시간을 어떻게 보내야 할 것인지도 알 수 있게 된다. 이제 당신의 프로젝트 제목을 정하고 비전을 선언하라. 그리고 이 책을 계속 읽으라.

영역과 프로젝트의 예시

프로젝트 기술서를 작성하는 방법과 그로 인한 결과까지 알았으므로, 프로젝트 설정 시스템이 당신의 에너지를 삶에 집중시키게 하는데에 어떻게 사용되는지 이해하게 되었을 것이다. 다음에 나오는 예문은 내가 최근에 작성한 프로젝트의 내용과 그에 대한 적용 사례다.

1999년 나의 삶의 영역은 아래와 같다. 내가 현재 하고 있는 일과 앞으로 하고자 하는 일들을 모두 포함하며, 각각의 영역에 한 가지 이상(보통 여러 개)의 프로젝트가 부여되어 있다. 나는 이 프로젝트들을 한꺼번에 수행하고 있으며, 이것들을 '우산 프로젝트' 란 이름 하에 전체적으로 운영하고 있다. 나는 이 '우산 프로젝트' 를 다른 모든 프로젝트를 작성하고 난 후 마지막으로 작성하였다. 당신도 책을 따라 하면서 당신의 프로젝트를 모두 작성하고 나면, 이 프로젝트를 통해 더 많은 지도를 받을 수 있을 것이다. 이제부터 나의 우산 프로젝트 중 하나를 이야기하려고 하는데, 비전의 가치를 아는 좋은 예가 되길 바란다. 나의 궁극적 목표 중의 하나는 '균형' 이다.

나는 다음의 활동들이 시간 안배가 잘 되도록 하는 프로젝트를 설정하였다.

- 육체적 운동과 정신 집중 훈련(골프, 농장에서 하는 육체적 노동, 달리기, 요가, 명상, 스키, 아령, 러닝머신 등을 이용한 웨이트트레이닝, 카약과 수영 포함)
- 사회 활동('달리기' 워크숍, 고객과의 면담, 여행, 가족과의 시간, 친구들과의 시간, 파티 포함)
- 지적 레크리에이션(책 쓰기, 기사 읽기, 가르치기, 프로젝트를 계획하고 조직하기, '위대한 대화' 에 참여하기 포함)

즉, 영역 안에 있는 사람들과 어울리면서도 육체적 활동, 사회 활동, 지적창조 활동, 사람들에 대한 봉사 등의 활동에 균형을 잡고자 했다. 자, 지금까지 소개한 형식을 적용하여 나의 프로젝트를 작성해 보겠다.

브래드 블랜튼Brad Blanton

나와 내가 아는 모든 사람에게 적합한 세상

영역

- '철저한 정직성' 기획 – (잘못된 경력)
- 가족과 친구들, 사랑이 있는 삶
- 새매 농장
- 건강과 행복, 레크리에이션
- 돈

영역에 따른 프로젝트

- 제목 : 워크숍 운영(자신의 프로젝트에 적용시켜 볼 수 있는 전체 프로젝트의 요약)
- 비전 1 : 나는 2일짜리 워크숍('철저한 정직성'에 대한 소개)을 한 달에 한 번, 8일짜리 워크숍(정직 과정)을 6주마다 한 번씩 가진다. '철저한 정직성' 기획의 주최측이 아닌 사람은 누구든지 이 과정에 참여할 수 있으며, 각각의 워크숍에 임시 또는 공동 의장을 둔다. 18개월마다 한 번씩 워크숍 과정을 재고하고 수정한다. 다른 교관들은 나없이 따로 '철저한 정직성' 소개 과정과 정직 과정을 운영한다. 1년에 두 번, 나는 교관들의 훈련과정을 운영한다. 2일짜리 워크숍을 개최하기 4~6주 전 즈음에, 6개 도시에서 '철저한 정직성' 과정에 대한 3시간짜리 발표회를 가진다. 이 모임의 참석자의 규모는 100명에

서 150명 정도로 한다. 2일짜리 워크숍에 등록하는 사람들의 목표치
는 50명을 표준으로 삼고, 에드와 테이버도 이 발표회를 운영할 수
있게 가르친다. 이 발표회를 위해 디지털 비디오를 구하여 사용할
수 있게 한다. 사람들이 자발적으로 참여하여 자신의 삶을 솔직히
털어놓고, 자기 주변의 문화를 스스로 재설계 할 수 있도록 돕는다.

- 비전 2 : 나 없이도 내가 훈련시킨 훌륭한 교관들의 리드를 받으며 여
러 사람들이 둥그렇게 둘러앉아 모델을 배워나가는 것을 지켜본다.
또한 나는 유엔 모임에 참석한 사람들이 내가 가르치는 이 모델에
준거하여, 20분 동안 명상 시간을 갖고 각각의 프로젝트에 대한 보
고서를 발표하는 모습을 지켜본다.

- 배경 선언 : 나는 사람들이 더 행복하고, 더 생산적인 삶을 살 수 있도
록 도와주고, 또 그들이 다른 이들을 도울 수 있도록 힘을 실어 줄
것을 선언한다. 다른 사람들과 나 자신이 성장해 가면서 그 성장과
정을 즐길 것을 선언한다. 구성원이 서로에게 친밀감을 느끼는 공동
체를 만들어 나갈 것을 선언한다. 그러한 공동체에 존재하는 관계는
가식이 아닌, 서로 진실을 이야기함에 근거한다. 나는 다음과 같은
일을 하기로 선언한다.

  - 자신의 마음에 지배당한 사람들을 해방시키는 일
  - 사람들을 마음에 이용당하지 않고, 마음을 이용할 수 있도록 하
  는 일
  - 사람들을 고무시키고, 행복하게 하는 일
  - 즐겁게 봉사하는 삶에 대한 예증과 격려

- 평생의 친구들로 구성된 삶을 치유하는 사회의 건설
- 치유의 역할을 수행하는 사회를 건설하고자 하는 동기를 세상에 제공하고, 그러한 사회를 실제로 건설하는 일

나는 장차 젊은이들에게 윤리보다는 사랑과 보살핌을 장려하는 문화를 장려하기 원한다. 나는 지표 교육(Landmark Education)에 많은 사람들을 계속 관여시키고 그 과정을 지원하며, 이 과정이 자생적으로 발전하기를 바라고 있다. 나는 또한 수많은 저자들 메릴린 퍼거슨*Marilyn Ferguson*, 게이 & 캐스린 핸드릭스 *Gay & Kathlyn Hendricks*, 스탠 데일 *Stan Dale*, 디팩 초프라 *Deepak Chopra*, 닐 도널드 월시 *Neale Donald Walsch*, 데이빗 코튼 *David Korten*, 톰 피터스 *Tom Peters*, 로버트 프리츠 *Robert Fritz* 등 워크숍 지도자들, 경영 컨설턴트들, 그리고 각계 여러 분야의 현인들이 이 과정에 관여하고 이를 지지하게 되길 원한다.

나는 '진실 말하기'를 실천하는 사람들의 공동체를 성공적으로 운영하여, 참가자들이 그들의 가족과 주변 사람들에게 솔직하고 당당한 삶을 사는 혜택을 누릴 수 있도록 헌신하겠다. 나는 워크숍에 참여하는 모든 구성원들이 창조적인 대화를 나누고, 자신의 계획에 따라 삶을 살 수 있는 기술을 습득하도록 하는 데 헌신할 것이다. 나는 또한 이러한 지원자들의 공동체가 훌륭하게 지속될 수 있도록 헌신하겠다. 정직 과정과 그 이후의 모임, 그리고 교관들을 위한 워크숍, 인턴 과정 등에 참여한 모든 사람들이 혼자서도 이 과정들을 운영할 수 있도록 교육하는 데에 헌신하겠다.

- 약사 : 나는 1989년부터 '진실 말하기' 라는 워크숍을 고안하고 운영하기 시작하였다. '정직 과정' 을 창안한 목적은 다음과 같다.

  - 다른 사람들이 이러한 과정을 모방할 수 있게 하기 위해
  - 이 과정을 운용한 사람들이 생활 속에서 큰 성과를 거둘 수 있게 하기 위해
  - 워크숍의 참가자들 중 추가적인 훈련을 통하여 '철저한 정직성' 과정과 그 정직과정의 소개 모임을 운영할 사람을 배출하기 위해

  지금까지 이전의 9일짜리 워크숍을 12회 정도, 8일짜리 워크숍을 15회 정도 열었다. 이러한 워크숍들이 '정직 과정' 으로 정착하게 된 것이다. 이에 대한 운영지침서를 작성하고, 정기적으로 수정하고 첨삭한다.

- 헌신적인 조력자 : 에드 그레빌 *Ed Greville*, 티나 오서 *Tina Oheser*
- 상태 : 형성… 집중… 능률… 안정성… 돌파구…
- 측정기준 : 1999년에 열리는 6개의 '정직 과정' 에 등록 만원. 5월에 있을 교관 훈련과정에 최소 20명 가입. 이후 모임을 갖는 사람들이 스스로, 또는 친구들과 함께 목표를 설정하고, 그러한 목표들을 달성시킬 수 있게끔 하기. 새롭게 등록하는 참가자의 5분의 1은 이전 참가자들로 구성 – 이전 참가자들의 열정과 성공담을 이용하기 위해서임.
- 지원자 네트워크 : 정직과정을 이미 마친 사람들

- 대체적 계획 : 한 해 동안 '정직 과정' 여섯 과정과, 이 '정직 과정'을 마친 사람들 2~30명으로 이루어진 교관훈련 프로그램 한 과정을 운영한다. 2일짜리 '철저한 정직성' 소개 회합을 12회 가지며, 그 중 적어도 4회 정도는 훈련된 교관들이 운영할 것이다. '용서 과정'과 '창조 과정'은 생활에 직접적인 영향을 끼치며, 그 효과가 강력하고도 총체적인 과정이다. 이 워크숍은 '철저한 정직성' 도서를 읽고 나서, 2일짜리 '철저한 정직성' 과정 소개 프로그램을 들은 다음, 나와 교관들이 이끄는 심화 과정을 행하는 순으로 진행된다.
- 할 일과 일정 : (일과표와 주간 계획표에 나와 있음)

프로젝트 기술서 모델의 이용

당신의 프로젝트 틀을 짜기 위해, 이 장에서 제시된 모델과 형식들을 이용해 보라. 다음 장부터 나오는 질문에 내가 작성한 샘플을 참고하여 답해도 좋다. 나는 보통 1월부터 7월까지, 한 달에 12개에서 20개 정도의 프로젝트 개요를 작성한다. 당신의 프로젝트도 가능하면 전부, 아니면 한 가지라도 이 형식에 따라 작성해 보길 바란다. 이 책의 다음 부에 나오는 과정을 실행하기 위해서는, 적어도 3가지 프로젝트는 작성해야 한다. 당신의 삶을 예술 작품으로 만들어 보라. 행운을 빈다.

프로젝트 기술서 형식의 요약

영역(Domain)

*
*
*
*

프로젝트 제목(Project Title)

* 비전(Vision)

_____

_____

* 배경 선언(Background Commitment)

_____

_____

* 약 사(Brief History)

_____

_____

* 헌신적인 조력자(Committeed Listener)

_____

_____

- 상태(State)

- 측정기준(Measures)

- 지원자 네트워크(Network of Support)

- 대체적 계획(Description of Overall Plan)

- 할 일(Action)

- 작성일(Date Printed)

CHAPTER 18

삶과 일을 재창조하기

다음의 내용은 정직 과정을 마친, 폴 라퐁텐느 *Paul LaFontaine* 라는 사람의 체험담이다. 폴이 프로젝트 기술서를 이용하여 어떻게 자신의 삶을 변화시킬 수 있었는가에 대한 이야기이다. 폴의 이야기를 읽어보면 미래는 과거의 복제판이 아님을 알 수 있으며, 당신의 삶도 충분히 변화할 수 있다는 자신감에 흥분하게 될 것이다. 폴은 일에 대한 재구성을 통해 불만투성이 종업원(최근까지의 생산력이 현저하게 좋지 않았던)에서 회사의 미래에 공헌하는 멤버로 변신하였다. 그리고 그의 연봉도 2,000달러나 인상되었다. 자, 지금부터 폴이 직접 이야기하는 자신의 체험담에 귀를 기울여보자.

폴 라퐁텐느의 일을 놀이로 만들기

부서장이 연말 성과 평가를 위해 나를 자신의 사무실로 불렀다. 1년 전 내가 입사했을 때, 그들은 내가 할 일이 이 공장의 공정 효율성을 점검하는 일이라고 하였다. 그러나 정작 내가 한 일은 앉아서 메모를 받아 적는 일이었다. 가구를 새로 구입하거나, 혹은 옮길 때마다 그들은 나에게 문서 작성을 시켰고, 항상 그 문서가 자신들의 마음에 들지 않는다고 면박을 주었다. 무척 지겨운 일이었지만, 월급이 필요했기에 나는 어쩔 수 없이 계속 일을 하고 있었다.

"자네 업무를 그렇게 평가한 건 내가 아니라 윗사람들이라고."

부서장이 말했다.

"항상 그렇잖아요." 난 대답하였다. "항의서라도 올려볼까요?"

"음, 그렇게 해보게나. 하지만 신중하게 해야 해."

부서장은 나에 대한 보고서를 넘겨주며 말했다.

그들은 항의서를 받아 마땅하다. 그들은 내가 문서 작성업무를 불만족스럽게 수행했다고 평가했다. 특히, 구매한 물품들에 대한 문서를 작성하는 것에 대해 그랬다. 하지만 한 해 동안 내가 한 많은 구매 중에 문서작성이 불충분했던 적은 딱 한 번밖에 없었다. 나는 책상에 앉아, 항의서를 치밀하게 작성하였다.

휴가를 빌어 8일짜리 '철저한 정직성' 워크숍에 참석하였다. 브래드 블랜튼으로부터 노는 듯한 삶과 명상법 등에 대해 이야기를 들었다. 그는 어떻게 하면 운명의 창조자가 될 수 있는지에 대해 말하였다.

내가 의자에 앉아 이야기하면, 그는 나의 이야기를 들어주면서 내가 경험한 것이 무엇인지 명확하게 자각할 수 있도록 지도해 주었다. 며칠 후에, 나는 스스로 불만족스러운 부분에 대해 엉뚱하게 '그들'을 비난하고 있다는 것을 깨닫게 되었다. 나는 공포와 책임감, 그리고 진실을 말하는 법을 배웠다. 그리고 나에게 일어나는 감정을 깨닫는 법을 배웠다. 가장 중요한 것은, 나 자신에 관해 알게 되었다는 것이다. 워크숍이 끝나갈 무렵에 브래드는 나에게 힘 있는 창조자가 되는 몇 가지 기술을 가르쳐 주었다. 그는 프로젝트 작성법도 가르쳐 주었다.

이 이야기는 나를 흥분시켰다. 나는 프로젝트를 작성하고 목적을 책정함으로써 나의 일을 재창조하였다.

그리고…, 일을 놀이로 바꾸어 버렸다. 나는 가구 구입일을 더 자세히 분석하고 칸막이의 바다로 여겨지던 회사를 여러 팀들이 함께 공존하는 열린 공간으로 만들어, 업무환경의 창조자가 되고자 하였다.

회사로 돌아와 건물 여기저기를 돌아다니며, 사람들에게 업무환경 개선을 위해 필요한 것이 무엇인지 물어보기 시작하였다. 나는 이 비전에 흥분해 있었다.

워크숍에 참여하기 이전에, 나는 5백만 달러 예산의 사무실 개선비로 '부서간의 원활한 문서작업을 조정하라' 는 과제를 맡게 되었다. 건축업자, 컨설턴트, 계약자들을 한데 불러 모은 후 이야기를 꺼냈다.

"이 프로젝트는 이 건물을 여러 팀들이 공존하는 열린 공간으로 바꾸는 첫 번째 단계입니다. 우리는 7월 8일까지 이 작업을 끝내고, 사람들을 들여보낼 것입니다."

나는 이 계획을 회사의 경영진과 그 공간을 사용할 사원들에게 이야기했다. 그리고 나의 친구들, 심지어는 처음 보는 사람에게도 내 이야기를 들려주었다. 빠른 결정이 필요할 때 그들은 나에게 조언을 해 주었고, 나는 다시 그것에 대해 이야기하고, 또 이야기했다. 사람들이 내 일에 의구심을 보일 때마다 반복하여 이 계획의 중요성을 이야기해주었다.

7월 8일, 사람들이 사무실 자리로 들어왔다.

사람들은 내가 한 일을 모두 칭찬하였다. 나는 프로젝트를 다시 되뇌며, 더 많은 일을 할 수 있다고 다짐했다. 나는 이제 이 건물 전체를 팀을 위한 열린 공간으로 바꾸고자 하는 비전을 가지게 되었다. 나는 당장 일에 착수하였다. 이전에 진행했던 다른 프로젝트들로부터 얻은 교훈과 철저한 정직성 워크숍에서의 경험을 되살려, 각 부서의 경영진을 대상으로 팀 단위 작업 환경을 위한 워크숍을 열고자 하였다. 나는 부사장을 찾아갔다.

"다른 부서와 협조하여, 전 부서가 팀 단위의 열린 근무 환경에서 일할 수 있게 하고자 한다. 우리 회사의 성장에 큰 도움이 될 것이라 생각한다"라고 나는 말했다.

"그렇게 하게." 그는 승낙하였다.

나는 워크숍을 진행하였다. 나는 각 부서장에게 열린 근무환경이 가져다주는 이점을 설명하였다. 무척이나 즐거운 작업이었다. 나의 비전이 서서히 그 모습을 드러내며 실현되어가고 있었다.

임원진은 사무실 건물을 신축하기로 했으며, 나는 그 새로운 건물 내부의 공간 배치 책임을 맡았다. 나는 나의 프로젝트를 다시 한번 살펴본 후 이번에는 임원진을 위한 근무 환경을 만드는 일에 착수하였다. 몇 달 전까지도 나에게는 '그들'로 통했던 사람들이 이제 내 앞에서 고개를 끄덕이고 있었다. "당신은 이 회사의 귀감이요." 모두들 나의 의견에 찬성했다.

나는 비전이 있는 프로젝트를 실현시키고 있었다. 작업 환경을 창조한 것이다. 나는 즐거웠다. 과거의 나의 공간이었던 칸막이의 바다를 빠져나와, 내가 스스로 창조한 새로운 사무실로 들어온 것이다. 나는 이제 크고 편한 의자에 앉아 있다. 나는 미소 지으며, 나 자신에게 이야기한다. 나는 놀고 있다.

지옥을 쾌락으로 만드는 방법

폴은 회사에서 일을 바라보는 관점, 즉 패러다임을 바꿈으로써 직장 생활을 완전히 바꾸어 버렸다.《최소 저항의 길 The Path of Least Resistance》,《창조 Creating》,《협력의 물결 Corporate Tides》의 저자 로버트 프리츠 Robert Fritz가 말한 '수동적 적응에서 창조적 적응으로의 전환'을 이룬 것이다. 워크숍을 직접 운영한 덕에, 그는 자신의 직업 환경에 대한 수동적 반응에서 벗어날 수가 있었다.

세상을 바꾼 개인의 프로젝트

호텔 및 휴양지의 경영자로 수년간 일해 온 샘이라는 사람은, 1993년 지표 교육(Landmark Education) 고급과정을 거친 후 능동적인 창조자가 되기로 결심하였다. 그는 호텔경영을 통해 익힌 기술을 이용해 민주국가와 공산국가 사이의 간격을 좁혀야겠다는 프로젝트를 세웠다.

그가 세운 구체적인 비전은 공산국가와 서구진영의 정치 지도자들, 경제인사들 간의 대화의 가능성을 극대화하는 것이었다. 그는 모스크바에 회담장을 설립하기 위해 미국 호텔 협회의 지인들에게 자본참여를 유도하는 편지를 보냈고, 그렇게 하여 모은 돈으로 모스크바에 호텔을 샀다. 그리고 건물 내부를 완전히 개조하여 화상 시스템, 위성 방송 장비, 전산지원 미디어 프레젠테이션 장비 등 최신 전자 기구와 회담용 장비, 거기에다 최고급 가구로 내부를 채웠다.

1995년 소련에 군사혁명이 일어났을 때, 샘은 마침 그 호텔에 있었다. 고르바초프 대통령은 모스크바 남부에 있는 자신의 휴양숙소에 가택 연금되어 있었고, 보리스 옐친은 의회 건물에서 혁명군의 탱크에 포위되어 있었다. 모든 TV와 라디오 방송국, 통신수단은 혁명 세력이 통제하고 있었고, 혁명군은 정부가 군사 통치 하에 들어갔음을 발표하였다. 혁명은 거의 성공하기 직전이었다.

호텔 매니저 샘은 빗속을 걸어 나와, 의회를 포위하고 있는 탱크 사이를 지나, 보리스 옐친을 만났다. 그리고 핸드폰을 건네며 "당신은 아마 이게 필요할 거요"라고 말했다. 그 핸드폰은 자신의 호텔 옥상에 설치된 위성 방송용 레이더로 연결되어 있었다. 옐친은 그에게 감사를 표하고 핸드폰을 그날 밤 내내 사용하였으며 다음날, 군사혁명은 진압되었다.

그는 세상을 변화시켰다. 자신이 생각하고 스스로 선택한 방향으로 일을 진행시켜 나가고자 하였고, 기회를 항상 노리고 있었기에 그는 적재적소에 있을 수 있었던 거다.

창조 : 프로젝트의 디자인과 의사소통

　지난 15년 동안, 나는 삶을 스스로 작성하고 인생에 프로젝트를 부여하여 왔다. 이 15년 동안 1년에 한 번씩 나의 삶을 작성하고, '브래드 블랜튼'으로 알려진 반응 기법을 이용해 1년에 여섯 번씩 그 내용을 수정하였다. 지금 내가 삶 속에서 행하고 있는 모든 일들은 이전에는 상상 속에만 있었던 것들이다. 이제는 놀이든, 일이든 내가 눈을 뜨고 있는 동안 하는 모든 일은 의식적으로 내가 창조하고자 하는 삶과 연관되지 않은 경우가 없을 정도다. 이제 14살이 된 나의 딸도, 그 애를 임신하기 전에 이미 프로젝트로 작성되었던 계획이었다. 이제 16살이 되는 아들, 결혼, 직접 지은 우리 집, 당신이 읽고 있는 이 책, 워크숍, '철저한 정직성' 기업으로 불리는 이 사업 자체 모두가 내가 작성하고 실현시킨 나의 프로젝트들이다.

　예기치 않은 일이 일어나도, 그 일은 나의 프로젝트와 연관성이 있다. 예상하지 못한 일들은 내가 의식적으로 창조한 맥락 속에서 새로운 의미를 가지게 된다. '당신이 그렇게 될 거라고 스스로 생각하는 이상, 당신은 원하는 모든 일을 할 수 있다.'

　자, 지금부터는 현재 진행 중인 '우산 프로젝트'의 개요 및 구체적 내용을 이야기하겠다. 어떤 식으로 프로젝트를 진행시켜 나가는지 한번 살펴보라. 만약 마음에 들면, 이 프로젝트를 그대로 당신의 프로젝트로 삼아도 좋다.

CHAPTER **19**

우산 프로젝트 만들기

일단 프로젝트가 작성되면, 삶의 모든 영역을 포함하여 자신이 운영해 나갈 수 있도록 시각을 제공해 주는 '우산 프로젝트'를 구성해야 한다. 이 우산 프로젝트는 당신의 모든 프로젝트들을 하나의 맥락으로 묶어주며 육체적, 사회적, 지적인 활동들 간의 균형을 잡아준다. 예를 들면, '나는 하루의 20% 정도를 운동을 하거나 노는 데에 나머지 시간은 사회적 활동과 지적인 활동에 절반씩 할애하고 싶다'라는 식으로 말이다. 당신이 충분한 파티 시간과, 골프 치기, 읽기와 쓰기, 몸매 가꾸기 등을 동시에 할 수 있으려면 의식적으로 시간을 잘 분배해야 한다.

당신의 모든 프로젝트와 영역들을 적어 보라. 그리고 우산 프로젝트를 작성하여 모든 프로젝트들을 관리하라. 그러면 모든 프로젝트에 균형을 이루면서도 골고루 집중할 수 있게 된다. 프로젝트들을 조정할 때마다 우산 프로젝트도 따라서 수정되어야 하겠지만, 당신이 삶의 목적선언서에서 다짐한, '모든 프로젝트들을 균형 있게 추구하겠다' 는 의지 자체는 변하지 않는 것이다. 즉, 당신의 삶의 목적선언 자체가 이 우산 프로젝트의 배경 서약과 비전이 되는 것이다.

일단 당신의 모든 프로젝트 기술서를 작성한 후, 수정 · 보완이 끝나면, 이제 우산 프로젝트를 디자인할 준비가 된 것이다. 당신이 삶의 프로젝트들에 들이는 시간들을 잘 생각해 보면, 어떤 프로젝트에는 더 많은 시간을, 또 어떤 프로젝트에는 상대적으로 적은 시간을 들이고 있는지 알게 될 것이다. 이제 삶의 목적선언에 입각한 우산 프로젝트를 이용하여, 모든 프로젝트들을 균형 있게 추구할 수 있다. 우산 프로젝트의 형식은 다음과 같다.

우산 프로젝트의 형식

- 우산 프로젝트 제목 : (제목과 당신의 이름을 기입)
  내가 추구하고 나의 삶을 헌신하는 것은…(이전에 작성한 삶의 목적선언서의 형식, 즉 '나의 삶의 목적은 …의 기술을 사용하여, …한 세상을 창조하는 것이다' 의 내용을 여기에 기입하라. 내용을 조금씩 바뀌도 상관없다)
- 나의 성품 이야기_ 이것은 이미 앞의 12장에서 해 본 과제를 통해 당신이 발견한 당신의 성격 요소다. 삶을 통제하는 데에 있어 이전에는 장애의 요소였지만 지금은 유용한 기술이 된 성격들을 정의해 보라.

만약 당신이 '정직 과정'을 마친 후의 첫 번째 모임인 '용서 과정'을 가지기 전이라면, 워크숍 과정을 통해 사람들 앞에서 자신의 삶에 대해 고백하고 그들의 질문에 답하는 장면이 녹화되어 있는 비디오테이프를 가지고 있을 것이다. 재회 모임에서 당신은 그 비디오테이프를 당신에게 의미 있는 사람들에게 다시 한번 보여 주며, 당신의 삶에 대해 다시 토론하게 된다. 사람들이 자기 자신에 대한 이야기가 방영되는 것을 보면서 앉아 있는 모습은 마치 아직 완성되지 않은 그림의 캔버스 앞에 앉아 있는 화가나 혹은 어디에 의자를 놓고 꽃, 관목을 심을 것인가를 구상하는 사람의 모습과 흡사하다. 지금은 '금광'을 발견하고자 계획하고 있는 것이다. 비디오테이프를 보며 미래에 대한 구상을 적어보는 일들은 매우 힘들지만, 그럴 만한 가치가 있다.

당신은 엄청나게 큰 목소리를 이용하여 돼지 사육사 챔피언이 될 수도 있다. 사라지지 않는 몸 냄새를 이용하여 고소득의 경찰견 사육사가 될 수도 있다. 당신이 스스로 인정하고 있는 여러 약점들이 오히려 당신의 잠재적 장점이 될 수 있다는 것이다.

다음의 연습들을 한번 실행해 보라.

연습 1

당신이 어렸을 때에 벌을 피하고 인정받기 위해, 혹은 초콜릿이나 과자를 얻기 위해 이용했던 생존 전략을 작성해 보라(착한 일을 한 가지씩 한다든지, 운다든지… 등등).

연습 2

당신의 그 전략들이 지금의 하루하루 속에서 어떤 방식으로 발현되고 있는지 작성해 보라. 어린 시절 가정에서 터득한 기술들이 현재 직장 생활에서 어떻게 발휘되고 있는지… (만약 어린 시절에 과자를 얻기 위해 떼를 쓰며 징징대었던 경력이, 일을 재촉하기 위해 고래고래 고함을 치며 짜증을 내는 지금의 모습으로 발휘되고 있지는 않는지).

연습 3

당신의 전략들을 한번 죽 훑어보라. 이러한 당신의 전략들을 어떻게 하면 긍정적인 방향으로 사용할 수 있을 것인가를 생각하라(큰소리치며 흥분하던 성격은 어쩌면 세계 연극협회의 지도자가 되는 데에 필요한 자질일 수도 있다).

연습 4

당신의 성격에 대해 써보라. 〈연습 1〉과 〈연습 2, 3〉의 과정을 당신의 성격에 적용시켜 한번 작성해라.

- **영역과 프로젝트** _ 영역과 프로젝트 목록을 작성하고, 한 번에 한 가지씩 세부 실천사항을 적어라. 당신이 만든 이 문장들은, 당신의 프로젝트가 삶의 비전과 일치할 수 있도록 조정하여 준다. 우산 프로젝트 안의 개별 프로젝트들은 삶의 창조자로서 당신 자신을 표현한 것이다. 이전에 당신이 작성한 삶의 목적선언서는 이제 우산 프로젝트 전체의 배경 서약과 비전선언문이 되며, 여기에서 작성한 내용들

은 각각의 프로젝트에 대한 비전선언문이 된다.

인생의 비전을 각 프로젝트의 비전과 비교해보라. 만약 서로 잘 맞지 않는다면, 인생에 대한 비전 또는 프로젝트 중 하나를 바꾸어야 한다. 이 작업을 마친 후, 자신의 현재 일이나 미래의 방향에 대해 다른 사람들과 좀 더 명확한 대화를 나눌 수 있게 된다. 그러고 나면 당신에게 도움을 줄 수 있는 관계들이 당신 주변에 생각보다 많음에 놀라게 될 것이다.

자, 이제 나의 우산 프로젝트를 한번 펼쳐 보이도록 하겠다.

• 우산 프로젝트의 제목 _ 1999년, 내가 아는 모든 사람들과 나를 위한 세계 만들기

• 비전 _ 내 삶의 목적은 나의 통찰력, 지식, 아이들에 대한 사랑, 사람들에 대한 사랑, 삶에 대한 사랑을 책을 쓰거나 워크숍을 구상하고 운영하며, 매체에 출연하여 홍보하고, 친구들과 솔직하게 의견을 나누고, 아이들과 손자들을 키우는 행위들을 통하여 이 지구상에 존재하는 모든 사람들을 위해 즐거이 봉사할 수 있는 세상을 창조하는 데 사용하는 것이다.

• 비전선언 2 _ 나는 지속적으로 워크숍을 하고, 공개 석상에 나서고, 책을 쓰며, 텔레비전 쇼를 연다. 20~400명 정도로 구성된 스태프진이 우리의 왕국을 운영한다. 세계의 경제, 정치, 학계의 지도자들이 나

의 저서를 읽는다. 나의 많은 동료들이 대학에 나와서 강연을 해달라는 요청을 받으며 학위를 받는다. 나의 인생이 다 할 즈음이 되어서는 주요 기관과 협회, 기업들이 세계연합 조직을 결성하여 모든 기회와 부가 고르게 분배되는, 최소 평등의 원칙에 입각한 전 인류의 행복을 추구하는 일을 하게 된다. 내가 죽기 전후 즈음이 되면 나의 이름은 비석에 새겨지고, 신문에, 거리의 표지판에, 역사책에, 텔레비전에 등장하게 되며, 사람들이 집안에서 '꽤나 좋은 걸' 이라는 표현을 할 때 나의 이름을 그런 의미의 은어로 사용한다. 나는 세계의 진정한 부와 인간의 자유, 창조성에 근거한 세계 정부의 초대 대통령으로 알려지게 된다.

• 배경 서약 _ 나는 '철저한 정직성' 과정으로 사람들을 가르쳐 모든 인류가 동등한 기회를 가지고, 신념의 굴레에서 벗어나 서로에게 즐겁게 봉사하며 노는 삶을 사는 세상을 만든다.

우산 프로젝트의 요약

우산 프로젝트에 대한 비전과 배경 서약 다음에는 이미 예를 든 적이 있는 영역과 세부 프로젝트들이 나온다. 기억하라. 당신이 삶의 프로젝트를 조정하면서 각각의 할당시간이 다를 수도 있다. 하지만, 중요한 것은 모든 프로젝트들이 삶의 목적선언이 제시하고 있는 방향과 잘 조화될 수 있어야 한다는 것이다. 자, 차근차근 과정을 밟아 가도록 하겠다.

프로젝트의 실천

당신의 첫 번째 비전선언문으로 삶의 목적선언을 작성하라. 그런 다음 배경 서약문과 우산 프로젝트를 작성하라. 다음 장에서는 프로젝트의 개요를 구체적으로 작성해 보고, 그것이 당신의 삶의 목적선언에 부합할 수 있도록 운영해 보는 연습을 하겠다.

CHAPTER 20

프로젝트의 발전 단계

프로젝트의 발전 단계는 매우 중요한데, 이 단계가 당신의 프로젝트들을 운영하는 스타일을 결정하고, 그 스타일이 프로젝트 실현에 있어서 각 단계의 효율성을 결정하기 때문이다. 프로젝트의 개요에 나오는 상태항목은 프로젝트의 현재 진행 위치를 표시하는 것이다. 상태의 표시는 형성(Formulation), 집중(Concentration), 결정적 전환(Momentum), 안정(Stability), 그리고 돌파(Breakthrough)의 다섯 단계로 나눌 수 있다.

각 단계에 대한 정의는 캐플런*Kaplan*의 《결과 관리*Result Management*》와 베르너 에르하르트*Werner Erhard*와 그의 동료들이 가르쳤던 '권한의 힘' 과정, 그들의 모델을 이용한 나의 의견이 종합적으로 반영된 것들이다.

- 형성(Formulation) 단계 _ 당신이 프로젝트를 처음으로 작성하는 단계다. 이 단계에서는 여러 정보를 수집하여 스스로 프로젝트를 작성하게 된다.

- 집중(Concentration) 단계 _ 프로젝트를 실제 생활 속에 적용하기 시작하는 단계다. 이 단계에서 당신의 이야기를 들어주는 사람들에게 프로젝트의 개요를 작성해서 보여준다. 전화를 걸고, 편지를 쓰고, 이메일을 보내고, 사람들과 연락하고, 필요한 기구들을 사면서 프로젝트를 적용시키기 시작한다. 이 단계의 원칙은 '10개 중 하나 건지기' 이다. 즉, 10통화 중 1통화만 응답을 받더라도 성공이며, 편지 10통 중 1통이라도 답장이 오면 그걸로 되는 것이다.

- 결정적 전환(Momentum) 단계 _ 자신이 한 일의 반응을 스스로 느끼기 시작하는 시점이다. 이 기간에는 당신이 시작한 대화의 내용이 당신 없이도 회자되고, 또 기대하지 않았던 성과들이 나타난다. 이 시기에 당신의 프로젝트를 돕는 협력자들을 만날 수도 있다.

- 안정(Stability) 단계 _ 여유를 가지고 일의 흐름을 타게 되는 시기이다. 전화와 편지들을 많이 받게 되며, 그러한 일들에 효율적으로 대처하게 된다. 이제 사람들은 자기가 해야 할 일이 무엇인지 뚜렷이 알게 된다.

- 돌파(Breakthrough) 단계 _ 안정 단계에 돌입한 당신이 꾸준히 그 일을 진행시켜 나가던 도중, 예견치 못한 신나는 일이 일어난다면, 그것은 돌파단계에 진입했다는 것을 의미한다. 이 시기가 되면, 당신은 일하는 것이 너무나 즐거워 참을 수 없을 정도가 된다.

각 단계는 프로젝트 운영 방식을 다시 한 번 점검할 수 있게 해준다. 예를 들어 현재 '집중 단계'에 있다면, 글을 쓰고 프로젝트를 요약하여 사람들에게 전파함으로써, 다른 사람들을 당신의 프로젝트에 관여시켜 '결정적 전환 단계'로 도약하는 데에 활동의 중점을 두면 된다.

각 프로젝트의 발달 단계에 적합한 운영 방식

- 형성 단계 _ 이 단계에서 당신은 홀로 작업을 해 나가야 하며, 당신의 프로젝트를 읽고 이해하도록 명료한 글로 표현해야 한다.
- 집중 단계 _ 이 단계의 초점은 '다른 사람과의 접촉 시도'에 두어져야 한다. 다른 사람들에게 당신을 도울 수 있는 기회를 주고, 그들과 서로 봉사를 나누며, 서로 자주 만나라.
- 결정적 전환 단계 _ 이 단계는 일 자체보다는 일에 대한 반응이 중요시되는 단계다. 한 발자국 물러나, 반응들에 좀더 주목하라. 당신이 책임감을 느끼는 사람들과의 회합을 조금씩 줄이고, 그 외의 모임들도 가급적 그 빈도를 낮춰라. 당신에게 이러한 결정적인 전환(Momentum)의 순간이 더 많이 생겨날 수 있도록 계획을 추가적으로 세우는 것도 좋다.
- 안정 단계 _ 이 단계에 들어서면, 당신이 애쓰지 않아도 모임이 자생적으로 생겨난다. 당신이 그 모임에 참여할 때면, 사람들은 당신에게 새로운 이야기를 보고하면서 당신이 새로운 계획과 비전을 작성할 수 있는 소재들을 들려줄 것이다.
- 돌파 단계 _ 이 단계의 운영 방식은 안정 단계를 유지하는 것이다. 전

화가 오고 정보에 대한 요청이 쇄도한다. 당신이 기대하지도 못했던 대통령으로부터 전화가 걸려 온다면, 그것이 바로 돌파 단계의 신호다. 대통령이 당신의 일을 궁금해 하는 것이다.

삶, 들어오기

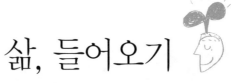

Conversation with Oneself

::

우리는 세상을 바꿀 것이다. 바로 지금, 이 곳에서 겪는 경험에 근거하고,
연습을 통해 지각 능력을 키우며, 진실만을 이야기하고
친구들의 이야기를 진심으로 들어주며, 우리가 스스로 만들고 그에 맞추어 행동하며,
버리기도 혹은 만들기도 하고, 다시 버리며, 그에 맞추어 행동하는 패러다임을 이용하여
우리의 삶을 디자인할 것이다.

::

자기 자신의 삶과의 대화

프로젝트의 기술서를 작성하는 것은 본격적으로 창조 행위를 위한 준비작업이라고 말할 수 있다. 궁극적으로 프로젝트의 성패는 당신이 실제로 다른 사람들과 어떤 방식으로 접촉하고, 어떻게 이야기하며, 어떤 자세로 그들의 이야기를 들어주는가에 달려 있다.

사실 당신은 다른 사람과 관계를 맺을 때 그가 당신의 말을 잘 들어주고 당신의 비전을 실현시키는 데에 도움을 주었으면 하고 바란다. 하지만 당신이 원하는 이런 관계는 사실 아주 일방적인 관계다. 조금만 더 생각해 보자. 당신이 일방적인 관계를 원하듯 다른 사람도 당신에게 똑같이 일방적인 관계를 원하고 있다는 사실을… 잘 믿어지지는 않겠지만, 당신이 그들에게 원하듯 그들도 당신에게 똑같이 원하고 있다는 사실이 깨달아지는가?

우선 명확한 프로젝트 구성은 당신의 듣는 자세를 바꿔준다. 사실 이 모든 쓰기 연습은 '현실 속에 존재하는 인간들과 관계를 맺는 수단으로서 당신의 말하고 듣는 방식에 변화를 주기 위함' 이라는 한 가지 목적을 위해서 행해지는 것이다. 또한 당신의 삶의 목적과 일치하는 창조프로젝트의 과정들은 일정한 방향성을 가지게 되는데, 그것은 당신이 어떻게 말하고 듣는가에 영향을 끼친다. 따라서 프로젝트 역시 '말하기와 듣기' 두 가지 수단을 통해 실행된다. 여기서 둘 중 더 중요한 것은 '듣기' 다.

일단 프로젝트 기술서를 완성시키고 나면, 당신이 듣고자 하는 것들이 이전에 당신이 들었던 것들과는 완전히 달라진다. 만약 당신이 일상 속에서 글을 읽거나 텔레비전을 볼 때, 혹은 지하철에서 남의 말을 우연히 듣게 될 때, 이전과는 달리 안 들렸던 말이 들리거나, 전부터 들었던 말이 다르게 들릴 것이다. 다양한 사람들이 나타나 프로젝트의 목적과 일치하는 쪽으로 당신을 돕고, 가르치고, 당신에게 협조하고, 당신을 위해 일하고, 또 어떤 때에는 당신이 그들에게 일을 시키게 되기도 할 것이다. 하지만 그러한 사람들은 당신이 자신의 프로젝트와 삶의 목적, 자신의 삶의 생존 방식의 이용 지침 등을 구체화시키기 전까지는 마치 당신 앞에 있지도 않았던 사람들처럼 느껴질 것이다.

일단 당신이 이러한 것들을 자각하고 들은 후 말을 하게 된다면, 당신이 하는 말들은 당신이 창조한 프로젝트의 한 맥락을 이루게 되며, 그 자체로서 생명력을 가진 대화가 될 것이다. 이때 당신의 프로젝트는, 더욱 큰 성공을 거두는 밑거름 내지는 든든한 원군을 얻게 되는 것이다.

만약 당신에게 이와 같은 변화가 일어난다면, 설령 당신이 없을 때에도, 당신의 일과 비전에 대해 사람들이 계속해서 이야기하게 될 것이다. 이러한 대화들은 당신에게 결국 전달되어 당신은 더 많은 정보를 얻게 되고, 당신의 목표 또한 더욱 더 다듬어진다. 따라서 당신은 이전보다 훨씬 정교한 기술과 논리를 갖춘 사람이 된다. 뿐만 아니라 당신의 비전은 점점 더 견고해지고, 구체화될 것이다.

결국 이러한 대화들은 당신의 삶에 관한 선언을 말과 행동으로 내보이는 것이다. 다른 사람들은 이러한 당신의 정교하고 명확한 이야기에 즉시 반응하고, 기억하며, 다른 사람들에게 이야기한다. 그리고 이러한 반응들은 다시 당신에게 피드백 된다.

이와 같이 되려면 당신의 의도와 창조에 초점을 둔 말하기 연습을 계속해가야 한다. 어떻게 하면 사람들이 당신의 말을 듣고, 당신의 프로젝트에 대한 이야기를 하게 만들 수 있는가를 연습해야 한다.

다음에 소개하는 몇 권의 책들이 당신에게 도움을 줄 것이다. 줄리아 카메론*Julia Carmeron*의 《예술가의 길 *The Artist's Way*》, 로버트 프리츠*Robert Fritz*의 《창조*Creating*》와 《최소 저항의 길 *The Path of Least Resistance*》. 이 밖에도 이 책의 마지막 부분에는 당신에게 도움을 줄 책과 비디오, 관련 웹 사이트, 워크숍 등이 소개되어 있다.

CHAPTER **21**

맥락의 창조

1977년 베르너 에르하르트는 2000년까지 지구상에서 기아문제를 완전 종결시키고자 하는 이른 바 '기아 프로젝트'를 시작하면서, 배포용 소책자를 만들기로 했다. 그리고 그 소책자는 1978년에 책으로 출판되어, '기아 프로젝트'의 내용을 세상에 널리 알리는 역할을 했다. 아마도 이것은 20세기에 씌어진 배포용 소책자 중 최고일 것이다. 20세기의 언어학, 철학, 이성 등에 대한 연구 내용들이 발전적으로 결합되는 부분이, 이 글의 중간 즈음에, 약간은 의외의 부분에서 나타난다. 그 내용은 다음과 같다.

'생각이 현실로 이루어지게 하는 것은 무엇인가?' 당신이 이 질문에 대답을 할 수 있다면, 이미 당신은 더 이상 우주에서 좌충우돌하며 떠

다니는 단순한 먼지에 불과한 존재가 아니다. 세상에 실제로 영향을 끼칠 수 있는 방법과, 삶을 좀 더 의미 있게 만들 수 있는 방법이 무엇인지를 알 수 있게 되는 것이다. '생각이 현실로 이루어지게 하는 것은 무엇인가?'에 대한 대답이 바로 이 '기아 프로젝트'의 핵심이다.

'기아 프로젝트'는 기아를 종결시키기 위해 우리가 즉시 할 수 있는 일이 더 없을까에 그치는 것이 아니라, 근본적으로 보다 나은 방법을 적극적으로 찾아보자는 것이다. 따라서 '기아 프로젝트'는 기아 문제에 대한 여러 해법들의 단순한 나열에 그치지 않고, 그러한 생각이 실제로 이루어지는 시간을 맞이하도록 하자는 데에 그 궁극적인 목적이 있다. 결국 당신이 이 프로젝트에 등록하는 것은 우리의 일에 깊숙이 개입하는 것을 의미하며, 이러한 개입은 곧 행동의 참여로 이어져야 함을 의미한다.

'생각이 현실로 이루어지게 하는 것은 무엇인가?' 이 질문은 사실 좀 특별하다. 더군다나 이에 대한 대답은 정상적이고, 전통적이며, 우리의 이성이 좋아하는, 우리가 익숙하게 다룰 수 있는 묘사나 해설에 의한, 그런 논리적인 말로 답할 수 있는 성질의 것이 아니다. 그렇다고 정의, 개념 혹은 이론도 아니다. 반면 이런 종류의 질문에 대한 대답은 이 세상에 존재하는 그 어떤 것들보다 훨씬 더 강력한 원리에 해당한다.

이 질문에 답하기 위해서는, 당신이 평소 해답을 얻기 위해 취하던 당신만의 정상적인(normal) 방식을 버려야 한다. 노력할수록 점점 더 많이 알게 되기보다는 오히려 점점 더 모르게, 다시 말해 오히려 기꺼이 점점 더 혼란스러워지고자 하는 필요성을 느껴야 한다는 것이다. 그리고 결국에는 당신이 아무 것도 모른다는 사실을 알게 될 때까지 계속적으로 노력해야 한다. 결국 당신이 아무 것도 모른다는 사실을 알게 된 상태에 이르러서야, 오히려 당신은 더 깊이 이해하게 되고, 그러한 해답으로부터 일종의 원리(추상적인 개념) 같은 것을 얻을 수 있게 된다.

이 작업은 우리의 일반적인 지식을 뛰어 넘는 것이며, 특별하게 높은 수준의 개방성과 책임 그리고 집중을 요한다. 이러한 자세는 당신이 읽은 내용들에 대해 전혀 이해할 수 없을 때 느끼게 되는 좌절감과 참을 수 없음을 극복하는 데에 매우 필수적이다. 이것은 기존에 갖고 있던 신념의 잣대에 맞추어 일련의 선언들이 얼마나 오래도록 기억될 것인가를 시험하는 그런 단순한 것이 아니다. 반대로 이러한 자세가 가져다주는 시험의 내용은, 상충과 좌절의 상태에서 숙달과 충동 그리고 완료하고자 하는 마음의 상태로의 전환이 실제로 일어나는가, 아니면 적어도 그렇게 되고자하는 몸짓을 조금이라도 하게 되었는가에 그 기준을 두고 있다.

생각이 현실로 이루어질 때

'생각이 현실로 이루어지게 하는 것은 무엇인가?' 그것은 생각의 존재 상태가 내용(content)에서 맥락(context)으로 바꾸어질 때 가능하다. 즉 생각이 내용으로 존재할 때는 그것이 자신의 '입장(position)'으로 표현되거나 또는 입장의 형태를 띤다. 하지만 입장은 다른 입장이 있으므로 해서 생겨나는 것이다. 즉 입장이란 것은 다른 입장과 관련되어서만이 존재할 수 있는 개념이라는 것이다.

입장의 관계는 크게 둘 중 하나, 즉 서로에게 동의하는 입장이거나 혹은 반대하는 입장이다. 이때 입장간의 관계는 다양한 형태로 표현되는데, 예를 들면 첫째, 다른 사람의 입장과 '비슷' 하거나, '협조적' 이거나, 혹은 다른 입장을 '지지' 하는 태도를 보이는 것, 둘째, 다른 입장들에 대해 '독립적' 이거나, 혹은 다른 입장과 '무관' 한 태도를 보이는 것, 셋째 다른 입장에 '대항' 하거나, 그것과 '충돌' 하거나, 그것에 '반대' 하는 입장을 보이는 것 등이다.

입장은 대조를 전제로 존재하는 개념으로 다른 입장과 서로 다르거나, 그 이상이거나, 혹은 서로 무관하거나, 그 입장보다 더 나을 수도 있다. 다시 말해 입장은 혼자서는 존재할 수 없다는 것이다. 즉, 입장은 자족(self-sufficient)하지 못한다. 또 우리는 이러한 내용을 사물(thing)의 관점으로 풀어볼 수 있다. 왜냐하면, 입장으로서의 생각은 일종의 사물이기 때문이다. 한계를 가지고 있지 않은 물체는 '전부' 이거나 '아무 것도 아닌' 경우 뿐이다. 그러므로 무언가(something)가 아닌 사물은 아무 것도 아닌 것(nothing)이다. 즉, 어떤 것이 사물이기 위해서는 그 사물의 존재에 대한 한계가 있어야 한다는 것이다. 이 존재에 대한 한계는 한 사물의 경계로서 표현된다. 이렇게 사물의 존재 형식이 각각의 경계에 의해 결정되고, 그리고 경계의 정의가 '그 사물과 그 사물이 아닌 것(즉, 다른 사물)과의 사이에 있는 공간' 이라고 할 때, 사물의 존재는 다른 사물에 의존적이라고 말할 수 있다. 그러므로 사물로서의 내용(contnets)의 존재는 그 자신의 외부에 존재하는 다른 어떤 것에 의해 결정된다. 즉, 내용(contents)도 혼자서는 존재할 수 없다는 것이다.

반면, 맥락(context)은 존재의 근거를 자신의 외부에 두지 않는다. 맥락은 본질적으로 총체적이고 완결성을 띠고 있으며, 전체를 구성하는 기능으로서의 포용성을 가지고 있으면서 부분, 즉 '내용(content)'을 운영한다. 여기서 내용은 전체의 조각이자 부분이다. 내용의 본질 자체가 부분을 형성하는 것이다. 하지만 맥락은 전체이며, 따라서 맥락의 본질은 완결이다.

한 사람의 '생각'이 입장으로서, 즉 내용으로서 존재할 때는 아직 그 생각이 현실로 이루어질 때를 맞지 못한 것이다. 그 생각이 이루어질 때가 되지 않고서는 당신이 아무리 그 생각을 구체화하고, 실현하고자 노력해도 잘 되지 않는다. 때가 되지 않은 생각은 잘 실현되지 않고, 될 일마저 잘 안되는 그런 답답한 상황에 당신을 처하게 한다.

하지만 생각이 '내용'에서 '맥락'으로 변하게 된다면 생각이 현실로 이루어질 때가 온 것이다. 또한 생각의 존재가 '입장'에서 '공간'으로 변하게 되어도, 역시 그 생각이 현실로 이루어질 시간이 된 것이다. 입장으로서의 생각은 존재하기 위해 다른 생각의 입장을 필요로 하지만, 공간으로서의 생각은 자족적이어서 다른 아무 것도 필요로 하지 않을 뿐더러 항상 다른 생각을 수용할 수 있는 여백을 갖고 있다. 따라서 다른 생각들의 한 부분적 기능으로서 존재하던 생각이 다른 모든 생각을 수용할 수 있는 공간으로서 존재하게 되면, 그 생각은 현실로 이루어질 때가 된 것이다. 다시 한 번 강조하지만, '생각이 내용에서 맥락으로 변하게 되면, 그 생각은 현실로 이루어질 자신의 시간을 맞은 것이다.'

맥락의 창조 : 달 위를 걷는 인간

맥락은 자아에 의해 무(無)에서 창조된다. 당신이 당신 자신을 더 이상 사물로서, 즉 입장으로서 규정하지 않고, 맥락으로서 그리고 공간으로서 존재하는 자아로 경험하게 될 때, 당신은 당신의 공간에서 발생하는 모든 내용에 대해 자연스럽게, 필연적인 책임감을 갖게 된다. 아울러 전체 또는 완결체로서의 당신과, 다른 자아들과 함께 공존하는 당신의 자아를 만나게 될 것이다.

당신이 만약 공간으로서의 자아를 경험하게 된다면, 당신은 당신이 살고 있는 세상과 연결되어 있는 맥락을 창조하게 된 것이다. '지구상에서 20년 안에 기아와 굶주림의 문제를 완전히 종결짓는 것', 이것도 이러한 맥락 중의 하나라고 말할 수 있다.

어쩌면 아직 당신은, 맥락이 어떤 의미인지 명확하게 와 닿지 않을지도 모른다. 혹은 그러한 맥락이 당신의 인생에 어떤 식으로 작용하게 되는지 잘 이해되지 않을 수도 있다. 여기 당신의 이해를 도울 좋은 예가 하나 있다. 1961년 5월 25일 케네디 대통령은 다음과 같은 국회 연설을 통해 하나의 새로운 '맥락'을 창조했다. "이 나라는 10년 내에 사람을 달에 보내고, 다시 안전하게 지구로 귀환시키는 일을 꼭 실현시키고 말 것이다."

즉 케네디 대통령은 '10년 내 달로 사람을 보내기'라는 거대한 맥락을 창조함으로써, 실현가능성에 대해 의심을 받고 논쟁거리가 되었던 우주여행을 단순히 '좋은 생각'에서 '새로운 현실로 이루어질 때를 맞은 생각'으로 바꾸었다.

케네디 대통령이 한 일의 결과에 대해 다음과 같은 비유로 다시 설명해 보자. "케네디 대통령은 '10년 이내에 사람을 달로 보내기'라는 이름의 건물을 세우고, 이 건물 내부에 여러 가지 '생각'과 '입장'과 '주의(主義)'라는 사무실들을 차렸다. 그리고 달 여행과 관련 있는 사람들로 사무실이 채워졌는데, 정문 바로 안 쪽에는 1961년에 세운 첫 번째 사무실인 '불가능하다'가 있었다. 이 사무실에 거주한 사람들은 '회의론자'들과 '냉소주의자들'이다." 결론적으로 사람을 달에 보내는데 성공한 이 맥락이 초기에는 불가능과 회의, 냉소를 안고 시작했다는 것이다.

'내용'이나 '입장'은 두 가지의 입장이 서로 상반될 때, 결국 하나의 입장만이 남게 되지만, '맥락'은 명백히 다른 두 입장이 공존할 수 있는 공간을 마련하고, 그들의 공존을 허락하며, 또 심지어는 장려하기까지 한다. 사실 새로이 창조된 맥락에서 가장 중요한 입장은 그 맥락에 반대하는 입장이다. 이런 반대되는 입장을 전체 맥락의 방향에 공헌할 수 있도록 만드는 것이 매우 중요하다.

1960년에 일어난 시민 인권 운동도 흑인들에게 시민의 권리를 주어서는 안 된다는 반대 입장이 있었기 때문에, 결과적으로 이제 더 이상 이 문제가 간과되어서는 안 되겠다는 세계적인 공감대를 불러일으키는 역할을 한 셈이었다. 학교 정문에서 흑인 아이들의 등교를 저지하던 남부 의회의 관료들이 오히려, 저항과 투쟁의 상징적 대상이 되어 인종차별에 대한 반대 운동을 부추겼던 것이다.

'흑인에게도 동등한 권리와 존엄성을'이라는 맥락이 창조된 후, 이 문제의 발단이 된 저항과 핍박의 행동들은 결과적으로 소수인종에 대한 차별법의 폐지라는 적극적인 행동들을 이끌어 내는 데에 크게 기여하였다. 그렇다면 이 모든 반대되는 입장들과 거기에서 발생될 행동들은 문제에 대한 관심을 불러일으켜 시민권을 의회에서 통과시키게 하고, '모든 종족에 대한 평등한 시민권의 부여'라는 구호와 외침이 결국 '때를 맞이한 생각'이었음을 증명해 주었다고 볼 수 있다. 뿐만 아니라 방향성에 동조하는 사람들의 점진적인 태도 변화에도 많은 기여를 할 수 있었다.

새로 창조되는 맥락에 있어 가장 중요한 입장은 '그것은 이루어질 수 없다'라고 하는 입장이다. 이것이야말로, 처리되고 조정되어야 할 제일 첫 번째, 그리고 제일 중요한 '내용'이다. 맥락을 창조해 본 이들은 잘 알겠지만 맥락은 처리과정, 즉 많은 서로 다른 내용들을 소화하여 담보해 내는 과정들을 필요로 한다. 맥락은 이런 반대되는 내용을 처리하는 과정에서 맥락의 내부에 존재하는 여러 내용들을 전체 맥락의 방향성에 동조되는 방향으로 정리할 수 있는 힘을 얻게 되는 것이다.

'10년 내 달로 사람을 보내기'라는 건물에서 거주하던 '회의론자들'과 '냉소론자들' 역시 이러한 목표를 달성하는 맥락 속에서 '그것은 이루어질 수 없다'라는 중요한 역할을 하면서, 그 목표를 중지시키고자 위협하는 입장이 되지 않고, 오히려 목표 달성에 기여하는 방향으로서 조정된 것이다.

이 세상에 어떠한 힘도 '현실로 이루어질 때를 맞은 생각'의 힘만큼 강력하지 않다. 맥락은 추진력을 가질 뿐 아니라, 맥락에 일치하는 과정들은 그 맥락 속에서 실질적인 힘을 가진다. 그렇게 작용하는 힘은 주위의 조건들을 '일 할 만한 것' 으로 변화시킨다. 맥락 속에서 이루어지는 모든 행위들은 그 맥락을 총족시키고, 그것을 표현하며, 확신시켜준다. 염세주의, 냉소주의, 그리고 "그것은 불가능해"라는 반대 입장들은, 맥락 속에서 조정의 과정을 거치면서, 그 맥락을 성취할 수 있게 해 주는 핵심 재료로 변화된다. 생각이 변화하여 그 생각에 반대되는 생각이 원래의 생각을 지지하게 되고, 그러한 원래의 생각을 표현하는 작용을 하게 된다면, 그 생각은 현실로 이루어질 때를 맞은 것이다.

('기아 프로젝트' 소책자, 1978)

맥락의 흐름

나는 지난 25년 동안 이 '기아 프로젝트' 에 동참하여 왔다만, 기아와 굶주림의 고통은 아직도 세계 곳곳에서 계속 되고 있다. 아사(餓死)하는 아이들의 숫자가 줄어들었다고는 해도 여전히 많은 아이들이 고픈 배를 움켜쥐며 고통 속에서 죽어가고 있다. 하지만 지금도 엄청나게 많은 활동들이 우리가 주장한 맥락 속에서 이루어지고 있다. 예술가, 음악가, 체육인과 정치인들의 결합, 영국 팝 뮤지션의 결속체인 밴드 에이드*Band Aid*와 이들이 가졌던 세계적 규모의 기아 난민을 위한 자선공연, 세계 구호기관 연합과 그들의 다방면에 걸친 노력, 유엔 아동 기금(UNICEF)의 성장, 이와 관련한 로비 단체, 각종 서적, 기사, 텔레비전 기획물 등은 우리들의 목표가 어느 정도 달성되었음을 보여준다. 하지만 애석하게도 우리가 목표한 시간 내에는 이 프로젝트를 완료시킬 수 없을 것 같다.

케네디의 맥락은 결실을 맺어, 미국은 8년 후 실제로 달 위에 사람을 보내게 된다. 그리고 실제로 내가 1959년부터 1964년까지 활동한 바 있는 시민 인권운동은 인종차별을 불법화하는 법안을 의회에서 통과시키기도 했다. 하지만, '인종 간 완전 평등의 실현'이라는 전체적인 맥락은 아직 완성되지 못하였다.

1963년부터 1972년에 걸쳐 참여한 바 있는 베트남 전 반대운동은 베트남 전쟁의 조기 종식을 가능하게 했으며, 그로부터 30년 후인 지금에 이르러서는 우리가 주장한 바와 같이 베트남 전쟁 자체가 엄청난 과오였다고 인정하는 여론이 일반론이 되었다. 그러나 소위 군사 해법이라는 명목 하에 이루어진 걸프 전쟁, 세르비아에 대한 나토군의 공격 등, 첩보와 군사 활동이라는 맥락은 아직 종결되지 않았음을 보여주고 있는 증거다(아직도 정부와 군사 조직 내에는 36개의 서로 다른 첩보 조직이 존재하고 있고, 미국 국가 예산의 약 4분의 1 정도가 국방산업에 퍼부어지고 있다).

《미국의 치료 The Healing of America》의 저자 마리안 윌리엄슨 Marianne Williamson은 자신의 책에서 "우리는 절대 '외교 정책'과 같은 단어나, 지구를 커다란 체스판 정도로 여기며 전쟁을 이겨야만 하는 게임 정도로 생각하는 정부의 역할 같은 것에 감동받아 움직여서는 안 된다. 반대로 우리가 그들을 움직여야 한다. 그들의 의식이 우리들을 조정하도록 내버려둬서는 안 된다"고 말했다. 사실 어떠한 맥락을 정해진 시간 내에 완성시키기는 무척이나 어렵다. 하지만 수십 만 명의 생각 속에 이러한 맥락을 인식시킬 수 있게만 된다면, 시간이 걸릴 뿐, 이 프로젝트를 이루는 문제는 해결되기 마련이다.

맥락으로서의 삶의 목적과 프로젝트

내 삶 속에서 일어나는 모든 일들이 하나의 맥락 속에서 이루어지며, 다른 사람들과 대화를 통해 그 맥락을 끊임없이 수정해 나가고, 다시 선언하는 삶을 산다는 것은 아주 멋진 일이다. 사람들이 이전에 알지 못했던 자유와 힘을 누리도록 하는 것, 적어도 그렇게 할 수 있는 가능성이 풍부한 삶을 살도록 하는 것, 그것이 우리가 나누고자 하는 비전이다.

독립 선언을 비전으로 삼았던 국가들이 힘을 합쳐 실현한 맥락이 바로 미국이라는 국가이고, 이것이야말로 바로 '때를 맞은 생각'이었던 것이다. 이러한 비전은 전체주의의 망상에 젖어 우리를 자신의 유치한 전쟁놀이의 제물로 삼으려는 정치가들과 군부 세력들에 의해 왜곡될 수도 있었으며, 실제로 그렇게 되었던 적도 많았다. 이제는 이런 소수의 망상가들로부터 그들의 비전에 의해서 책임감과 수단으로 전락해 버린 우리의 존재성을 우리 스스로의 비전으로 되찾아야 할 때다.

당신의 삶을 구상하고, 또 프로젝트를 설정할 때는 부디 크게 생각하라. 당신의 존재 그 자체인 당신의 자아를 소중히 여기고, 당신을 둘러싸고 있는 세계 전체를 움직일 수 있는 맥락을 생각하라. 그리고 당신의 경험과, 이성적 평가에 근거하여 당신을, 그리고 다른 사람들을 기쁘게 할 수 있는 그런 미래에 대한 비전을 구상하라. 당신에게 일어나는 모든 일들이 당신이 원하는 세상을 만드는 데에 공헌할 수 있게 하라. 나를 돕고, 내가 도울 수 있으며, 내가 돕는 이를 도울 수 있는 많은 사람들을 동참시키라. 당신의 삶이 변하는 소리를 똑똑히 들을 수 있을 것이다.

접촉과 맥락

우리가 다른 사람과 진솔한 방식 – 그들이 어떠한 일에 관심을 두고 어떻게 그 일에 헌신하고 있는지 진심으로 알고자 하는 방식 – 으로 접촉하게 되면, 그 사람은 당신의 비전 실현에 있어 큰 도움을 주는 사람이 될 수 있다. 그러려면 당신도 마찬가지로 그 사람이 비전을 이룰 수 있도록 돕는 협력자가 되어야한다. 이것은 많은 계획과 연습을 필요로 하는 일이다.

비전을 명확하게 정하고 나면 우선 당신의 듣는 태도가 완전히 달라진다. 우리가 지금까지 프로젝트를 요약하는 연습을 한 목적도 바로 당신이 다른 사람들과 상호 작용을 할 때, 말하고 듣는 태도에 영향을 주기 위함이다. 프로젝트에 대해 적어보는 일들은 창조의 준비작업 중 하나에 불과하다. 궁극적으로 프로젝트는 말하기와 듣기를 통한 창조가 일어날 수 있게끔 하는 맥락을 창조한다. 여기서 창조의 행위를 위해 필요한 두 가지는 첫째, 다른 사람들과 협력해야 한다는 것이고, 둘째, 세상이 '어떠해야만' 한다는 입장과 어떠한 맥락 속에서 당신이 창조하고 싶은 것이 '가능하다' 가, 다음엔 '실제로 그렇게' 되고 마침내 '현실' 이 되는 경우와의 차이점을 잘 알아야 한다는 것이다.

CHAPTER **22**

끊임없이 스토리를 만들어라

당신은 이제 당신만의 새로운 스토리를 만들었다. 조직을 정비하고, 거창한 계획을 세웠으며, 신중하게 고민하여 사람들의 말을 어떻게 경청하고, 그들이 당신을 돕게 하기 위해 당신이 삶의 프로젝트에 대해 어떻게 이야기할지를 결정하였다. 그러면 이젠 무엇을 어떻게 해야 할까?

이제부터 당신이 해야 할 일은 일종의 자살행위 같은 것이다. 바로 당신이 작성한 당신의 꿈에 대한 기술서들을 태워 버리는 의식이다. 이렇게 하라. 당신의 프로젝트 기술서들을 복사하여, 당신의 조언자들에게 나누어주라. 그런 다음 당신이 갖고 있는 나머지 프로젝트 기술서들을 모두 불태워 버리라. 당신의 컴퓨터에 남아 있는 것까지 모두 삭제해야한다. 당신의 작업에 대한 어떠한 기록도 남겨 놓지 말라. 계획서를 불태우고, 계획할 당시의 심각했던 태도까지도 모두 버리라.

당신의 모든 계획들이 쓸모없었음을 축하하라. 삶의 무의미함을 느껴보라. 삶에 의미를 찾고자 하는 노력들을 바라보며 마음껏 비웃으며, 당신이 얼마나 바보였나 한번 확인해 보길 바란다. 당신의 동료들과 인생의 무의미함에 대해 이야기를 나눠 보라. 오든 *W.H. Auden*이 윌리엄 예이츠 *William Yeats*의 죽음을 애도하며 썼던 시에서처럼 '대책 없는 인간들의 무능함'을 찬미하라. 절망의 집단을 만들라. 무용론자가 되는 것이다.

'이런, 내가 무슨 짓을 한 거야…!' 다음날 아침 어쩌면 당신은 이렇게 후회할지도 모르겠다. 하지만 이미 남은 것은 조언자들에게 당신이 주었던 복사본과 당신의 머릿속에 있는 것, 조언자들의 기억 속에 남은 것뿐이다. 그 외의 사람들이 당신의 계획에 대해 알 수 있는 길이라고는 당신으로부터 직접, 또는 당신을 알고 있는 사람으로부터 당신의 스토리에 대해 듣는 길뿐이다. 하지만 보다 엄밀히 말해 당신의 계획은 오직 당신만이 다시 창조해낼 수 있다. 왜냐하면 당신의 머릿속에 있는 것보다 더 정확히 당신의 계획을 설명해줄 수 있는 방법은 없기 때문이다.

우리 인간들에 대해 알려진 것들 중 하나는, 우리 인간은 '스토리' 속에 살고 있다는 사실이다. 우리는 우리의 스토리 속에서 거의 나오지 않는다. 우리는 우리가 태어난 문화라고 불리는 커다란 스토리에 맞추어 살고 있는 것이다. 또 자신들이 태어난 환경과 문화라는 또 하나의 커다란 스토리에 맞추어 살고 있는 불행한 사람들로 이루어진 집단, 보다 정확히 말해 '가정'이란 집단에서 어린 시절을 보내면서 나름대로 개발해낸 생존 방법을 그대로 고수하면서 살고자 하는 경향이 있다. 우리가 불행한 이유는 우리의 부모나 선생, 다른 세뇌자들로부터 믿도록 강요받은 현실이 우리가 자란 전체 스토리와 서로 잘 맞지 않기 때문이다. 맞지도 않은 옷을 억지로 입도록 매일 강요받으며 살았으니 우리는 얼마나 불행한 존재들인가?

우리가 노력으로 변화를 한다 해도, 그 변화가 기존의 문화에 대한 관념 속에서 이루어진 것이라면, 그 변화는 오래지 않아 우리의 이성 속에 세뇌되어 있던 원래의 맥락으로 다시 빠져들고 만다. 순간적인 변화에 그치고 마는 것이다. 그렇다면 자기 자신의 논리로 우리들을 끊임없이 몰아붙이는 문화의 방향을 바꿀 수 있는 유일한 방법은 무엇일까? 그것은 현재의 지배 문화가 말하는 거짓말을 믿지 말고, 대신 당신과 당신 친구들만의 새로운 문화를 만들어 가는 것이다. 쉬운 일은 아니겠지만, 이제 우리는 우리의 신념이 더 이상 현실이 아니며, 우리가 우리의 신념을 더 이상 현실로 여기고자 하지 않기로 결심했기 때문에 기쁘게 이 일을 할 수 있다. 절대 그러한 신념들이 우리의 현실이 되지 않도록 조심하시기 바란다.

우리가 태어나고, 또 성장하며 방어 기술을 습득하게 만든 그런 환경들을 극복하는 것 외에도, 우리는 우리의 문화가 창조해 낸 효과적인 도구인 '마음' 또한 극복하여야 한다. 마음이라는 것은 냉정한 문화제조기다. 마음은 자주 바뀌고, 해고되며, 퇴역되고, 중지되며, 배척당하고, 포기되며, 버려지고, 간섭당하며 금지된다. 마음은 우리가 사용하는 도구에 불과하다. 마음이 만들어낸 것 중 어떠한 것도 신성한 것은 없다. 이 사실을 절대로 잊지 마시기 바란다. 아니 잊어도 좋다.

필요하면 언제든지 내가 다시 상기시켜 줄 테니까.

　나는 당신이 무법자처럼 생활하길 바란다. 자신이 창조한 문화의 세계로 뛰어들어 보라. 우리는 적어도 6개월에 한 번씩 진화한다. 만약에 당신이 1월에 당신의 프로젝트의 개요의 작성을 완료했다면, 6월이 되면 그것을 완전히 없애버리고, 다시 작성하라. 이전의 프로젝트가 형성하는 인습들을 과감히 버리라. 인습에 집착하는 입법자들은 모두 헛똑똑이들이다. 요즘 같은 시대에 있어서는 이런 사실을 아는 데 그렇게 많은 노력이 드는 것도 아니다. 절대 잊지 말라. 아니 뭐 잊어버려도 좋다. 6개월이 지나면 또 다시 누군가가 우리에게 이 사실을 상기시켜 줄 테니까 말이다.

　우리는 이렇게 세상을 바꿀 것이다. 바로 지금, 이 곳에서 겪는 경험에 근거하고, 연습을 통해 지각 능력을 키우며, 진실만을 이야기하고 친구들의 이야기를 진심으로 들어주며, 우리가 스스로 만들고 그에 맞추어 행동하며, 버리기도 혹은 만들기도 하고, 다시 버리며, 그에 맞추어 행동하는 패러다임을 이용하여 우리의 삶을 디자인할 것이다. 우리는 우리가 미래를 보다 멀리 볼 수 있도록 도와주는 것들을 충분히 이용할 것이며, 우리의 '종(種)' 을 계속해서 존재하게 할 것이며, 우리 자신을 '창조하는 인간(homo creatus)' 으로 정의해 나가면서 세상을 바꿀 것이다.

　우리는 하나의 컬트집단이며, 세계를 정복할 계획을 세우고 있다. 우리는 우리 자신을 '컬트 중의 컬트' 또는 '컬트 위의 컬트' 라고 일컫고 싶다. 컬트 중의 컬트, 컬트 위의 컬트라는 것은 진정한 신봉자들보다 더 높이 올려져 결국에는 차가운 날씨 속으로 내던져지는 것을 의미한다. 여기에는 그만큼의 어려움과 반대가 뒤따르기 때문이다.

'정통적 관행(orthodoxy)' 은 우리의 적이다. 우리의 마음은 두려움과 피로로 인해 신념의 감옥에 우리 스스로를 가두는 경향이 있다. 하지만 새로운 에너지는 우리가 우리의 신념들을 극복할 때만 오직 발휘될 수 있다. 당신이 여러 신념들을 당신 마음속에 쌓아 두고 있다면, 당신은 영원히 죽은 채로 지내게 될 것이다. 대부분의 사람들은 마음속의 쓰레기들을 비우지 않아 점차 죽어 가고 있다.

컬트라는 것은 이제 막 태동하는 문화를 의미한다. 그러므로 당신이 만약 '카드를 가지고 다니는' 우리 컬트 집단의 정식 멤버가 되기를 원한다면 여기 당신이 해야 할 일이 있다.

당신의 카드를 6개월마다 한번씩 태워버리라. 그리고 프로젝트와 우산 프로젝트를 6개월마다 한번씩 다시 작성하라. 매번 완벽하게 작성하셔야 한다. 당신이 작성한 내용들은 당신의 협력자 또는 당신이 주고 싶은 사람들에게 보내라. 몇 번이고 다시 읽으며 그것이 완벽해질 때까지 고치고 또 고쳐야한다. 그런 다음 또 태워버리라. 당신의 컴퓨터에 남아 있는 것도 지워버리라. 다만 주요 골자는 남겨두서도 좋다. 이 책도 말이다. 남은 것들은 우리가 나중에 태우면 된다.

이와 같은 방법으로 당신이 점점 더 멋있어지는 삶을 즐기시길 바란다.

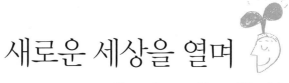

새로운 세상을 열며
Opening the New World

::

인류는 지구의 얼굴이다. 우리의 건강은 지구의 건강에 전적으로 의존한다.
우리는 이 지구의 땅, 대기, 물, 모든 생명들과 밀접한 관련이 있다.
우리가 이 별에 대해 하는 짓들은 결국 우리 자신에게 하는 짓이다.

::

새로운 영웅 이야기

이 부분은 초월에 관한 내용이다. 우리가 초월해야 할 것은 마음에 사로잡힌 평범한 삶이다. 마음을 초월할 때, 우리는 세상을 바꿀 수 있다. 조셉 켐벨*Joseph Campbell*은 그의 저서 《천의 얼굴을 가진 영웅 *The Hero with a Thousand Faces*》에서, 신화, 성경 등에 나오는 이야기들을 연구하여 인류의 문학에서 발견되는 공통적인 주제인 소위 '단일신화' 라는 개념을 추출해 내었다. 이 개념은 인류가 무엇인지를 잘 말해준다.

영웅의 여정은 대충 다음과 같다. 아주 변변찮은 존재(난쟁이, 목수, 또는 목수의 아들 등)가 자신의 종족을 구할 프로젝트를 스스로 부여하고, 이 프로젝트를 완수하기 위해 미지의 세계로 뛰어든다. 입구에 서 있는 끔찍한 존재(이무기, 용, 악마의 왕자 등)를 물리친 후 자신의 소명에 응한다. 거기서 그는 무언가(은배(銀杯), 금양모(金羊毛), 혹은 거룩한 경전 등)를 원래의 세계로 되찾아 온다. 이제 세계는 구원을 얻고, 새로운 세상이 온다.

이제 새로운 스타일의 영웅이 나타난다. 우리가 필요한 영웅은 집단이다. 좀 낯설게 들릴지 모르지만, '인류를 구할 영웅적인 인간의 집단'이 필요하다. 괴물 문지기인 다국적 기업들과 엄청난 힘을 지닌 세계 경제 규율들이 눈을 부릅뜨고 우리의 삶을 파괴하려고 한다. 그들에 맞서는 것이 미지의 세계로 들어가는 첫 번째 관문이다. 우리 영웅들은 미지의 세계로 뛰어들어 새 세상을 창조할 수 있는 지혜를 되찾아 와야 하다. 시작은 현실을 직시하는 것이고, 새로운 세상의 질서를 함께 창조하는 것이 우리 여정의 끝이다.

CHAPTER 23

우리는 모두 정상적인 사람?

다음의 글은 〈유전 심리 연구서〉에서 발췌한 내용이다. 이것은 정상적인 사람이 되려고 하는 성인들에 대한 성향연구다.

개인의 적응에 관한 이 연구는 '캔사스 시의 성인들의 생활'에 관한 내용이다. 어린 시절이나 청소년기에 대한 연구는 수없이 많은데 비해, 어린 시절에 발달된 품성들이 중년에 이르러 어떻게 조정, 적응되었는지에 대한 연구는 놀랍게도 거의 이루어지지 않았다. 우리가 꽤 오랫동안 중년기를 보내는 데도 말이다.

이 연구는 다음의 문제의식으로 시작되었다. 50세에서 65세 사이 사람들의 정신적 삶은 어떠한가? 개인의 적응(정신 건강)은 나이, 성별, 사회적 지위의 변수와 어떻게 관련되어 있는가? 개인의 품성 중 어떠한 요소가 '성공적인 적응자'와 '실패한 조정자'를 구분짓는가? (중략)

표본은 남자 60명, 여자 58명, 총 118명이었다. 하나의 도시군에서 차출한 표본이기에 대표성에 한계가 있긴 하지만, 이 연구가 미국에 거주하는 중년의 삶을 살고 있는 이들의 행복과 정신 건강에 관한 일반적 이론을 도출해내는 데 도움이 되길 바란다…(중략)

지난 몇 년 동안 개인에 대한 연구가 수천 번 있었음에도 불구하고, 사람들이 일정하게 대표적인 성격을 띠고 있다는 사실을 발견하는 것은 여전히 놀랍다. '정상적'인 사람은 어떠한 사람들일까? 아마도 대부분의 남자와 여자들은 무언가를 간절한 마음으로 갈구하며 살고 있을 것이다. 확실한 것은, 황량함의 혼돈, 오랜 불행의 통곡, 연속적인 비극으로 인한 깊은 슬픔들이 일반인들에게 생소한 일이 아니라는 것이다.

삶의 주인이 되는 것에 대해 이야기하는 기쁨, 이것은 아주 드문 경험이다. 우리들 중 절반 이상은 삶이 원하는 방향과 사뭇 다르게 흘러간다. 우리 대부분에게 삶이란 꽤나 불행한 것이다. 순수한 기쁨을 알지 못하거나 잊고 살아간다.

그렇다고 해서 일반적인 사람들에게 삶은 그렇게 절망적이지만도 않다. 오히려 자신이 '출세하고', 또 '잘 지내고 있다'고 내심 생각한다. 실제로 그들은 나름대로 잘 지내며, 자신의 방식대로 잘 지내고 있다. 설사 마음 간절히 바라는 사랑이나 성취감, 기쁨, 또는 안정감 등을 얻을 수 없다 해도 스스로를 불쌍히 여기지는 않는다. 빛나는 행복을 얻을 수 없다 해도 약간은 빛바랜 조그마한 행복감이라도 느낄 수 있음에 그들은 만족한다.

완벽하게 행복한 사람들이 있을까? 물론 이 세상엔 없다. 마음 속 깊이 자신만의 절망을 가지고 있지 않은 사람을 우리는 발견하지 못했다. 사랑하는 부모님이 돌아가셨을 때, 혹은 자신의 아이가 죽었을 때 어떻게 그 엄청난 슬픔에서 벗어날 수 있단 말인가? 슬픔을 이겨낼 뿐이지 피해 갈 수는 없다. 캔사스 시의 많은 사람들도 자신의 경제적, 심리적 근간을 송두리째 흔들 만한 심각한 좌절과 절망을 경험하였다. 이 상처가 치유되려면 많은 세월이 필요할 것이리라…(중략)

어쩌면 우리는 우리의 삶과 자신에 대해 너무나도 많은 것을 요구하고 있는지도 모르겠다. 우리는 '완벽한' 행복, '완벽한' 마음의 평정, '완벽한' 정신적 건강을 원한다…(중략)

우리의 실험 대상자들은 매우 다양하다. 전과자에서 갑부까지, 사교계의 여왕에서 행복한 부인까지…

'정상적' 이라는 것이 무엇인지 다시 한번 자문해 보자. 자신의 배우자와 아이들에게 일주일에도 몇 번씩 비이성적으로 대하는 것은 정상적인 것이다. 어처구니없는 곳에 돈을 써 버리고 다음 월급날까지 죽도록 일하는 것도, 1년 내내 주말만 되면 술에 취해 흥청거리다가 다음날 멀쩡하게 교회 일을 보는 것도, 성급히 결혼했다가 곧 이혼하고 또 재혼하는 것도 정상적인 일이다…(중략)

고통의 일반성

나는 이 아름다운 로버트 펙 *Robert Peck* 의 글을 항상 사랑해 왔다. 이 연구는 경제적으로 평균 이상의 부유한 사람들이 고통을 덜 받을 것이라는 생각이 오류임을 증명하고 있다.

나는 이 보고서가 발표된 이후 40년에 걸쳐 삶에 대한 많은 고찰을 하였다. 내가 가장 주목한 부분은 '인간이 어떻게 그 많은 상실감에 부딪히면서도 계속적으로 자신의 용기를 잃지 않을 수 있는가' 와 '그것이 아무리 고통스러운 것이라 할지라도 삶이 주는 좌절들을 피하지 않고 맞서, 삶을 지속시키고 어려움을 극복해낸다' 는 부분이었다.

　이 연구의 가장 큰 성과는 그 연구 자체가 우리에게 가져다주는 삶에 대한 통찰이다. 왜냐하면, 그 통찰력이야말로 인생에 산재해 있는 수많은 고통을 초월할 수 있는 결정적 요소이기 때문이다.

초월적인 통찰력과 공동체

　이 책의 마지막 부분은 통찰력에 그 초점을 두고 있다. 우리는 이 통찰력을 여러 가지로 표현하다. 모델, 패러다임, 맥락(contexts), 원형(prototype), 전형(archetype) 등등. 그리고 이 맥락들의 서열구조를 만들고자 하다. 이 일은 체계적인 작업이다. 아마도 인생의 고통을 완전히 정복할 수는 없겠지만, 줄일 수는 있을 것이다. 우리는 확실히 삶의 고통에 맞서고 솔직해짐으로써 그들을 극복해 나갈 수 있다. 이때 우리는 초월적인 통찰력을 가질 수 있게 된다. 또한 이 과정에서 사랑을 서로 주고받는 공동체를 얻고, 다시 고통을 느낄 여유가 생긴다. 우리의 목표는 한 문화의 관점에 국한하지 않는 보편적인 지혜에 근거한, 새로운 정치·경제적 질서에 관한 초월적 비전을 갖는 것이다.

CHAPTER **24**

세상의 중독에서 벗어나
존재의 맥락으로

패러다임은 마음의 틀, 즉 일종의 모델이다. 모델이란, 많은 사람들
이 문화를 경험한 후 내린 해석 방법이다. 문화란 우리 아이들의 인생
의 배경이다. 개인의 가치보다 문화에 존재하는 신념에 집착하는 사회
에는, 새로운 패러다임이 절실히 요구된다. 드니 브르통*Denis Breton*과
크리스토퍼 라젠트*Christopher Largent*가 《패러다임 음모*The Paradigm
Conspiracy*》라는 저서를 통해 이야기한 것과 같이, '우리의 역할이 우
리의 영혼을 지배하게 된다면', 우리는 새로운 시각으로 우리가 현재
하고 있는 일을 다시 점검해 볼 필요가 있다.

아이들은 자신의 조상이 만들어 놓은 패러다임을 진실인 것처럼 받
아들이며 그 문화를 지지해 간다. 겉으로는 아무 문제없는 듯하지만
사실, 그러한 패러다임을 지지하는 이들에게는 커다란 고통이 따른다.

왜냐하면, 진실이라고 믿었던 것들이 알고 보니 실제가 아니라 단지 문화적으로 '그렇게' 정해져 있는 것에 불과하다는 것을 알게 되기 때문이다.

정보의 시대인 현재, 우리는 점점 더 시대에 뒤떨어진 패러다임에 의해 고통을 받고 있다. 현대인들은 자신의 고통을 보다 빠르고 많이 알게 되면서 인류 역사상 패러다임이 가장 빨리 무너지고 또 세워지는 시대에 살고 있다.

'패러다임 음모'는 '회복 운동'을 위해 쓰인 글이다. 작가는 이 글에서 온갖 종류의 패러다임에 중독된 사람들이 어떻게 진실을 말하며, 자신의 중독상태를 극복하였는지 자세히 얘기해 주고 있다. 이들은 관점의 전환을 통해 패러다임 중독에서 벗어났으며, 자신과 맞지 않는 패러다임 때문에 고통받아 왔다는 사실을 깨달았다.

사람들은 고통을 피하기 위해서 마약 또는 습관적인 행위에 중독된다. 그리고 중독된 사람이 많을수록 패러다임이 그 사회에 제대로 먹혀들지 않고 있다는 증거다.

이 '회복 운동'의 지도자들과 지지자들은 의식 개혁 운동의 선두에 섰다. 브르통과 라젠트는 다음과 같이 이야기했다.

"중독을 시스템과 관련하여 생각해봤을 때, 몇몇 썩은 사과 때문에 전 세계적으로 중독의 폭발이 일어나는 일은 없을 것이며, 기괴한 결함으로 고통을 겪고 있는 사람들도 전체적으로 치명적인 영향을 주지 않을 것이다. 1조 달러의 비용을 발생시키고 있는 세계 각처의 중독 문제는 그저 기괴한 이벤트가 아니다. 그들의 배경에는 시스템적 문제,

패러다임 문제가 있다. 중독은 하나의 경고와도 같다. 우리는 어쩌면 우리의 삶 속에 천성적으로 영혼을 파괴하는 성격의 시스템을 가지고 있으면서, 그 속에서 다른 사람들에게 나름대로의 영향을 끼치면서 살고 있는 것이 아닌지 모르겠다."

회복 운동, 몇몇 심리 치료와 자가 치료 운동, 심령술사들, 수많은 영적 지도자, 연설가, 유명한 저서의 작가들과 기업의 조련사들 등은 새로운 패러다임을 창조하여 얻은 지혜를 방송이나 저서를 통해 전파하고 있다. 예술가, 작곡가, 극작가, 교수, 저자 저널리스트 같은 미국의 많은 저명인사들, 즉 M. 스콧 펙 *M. Scott Peck*, 메릴린 퍼거슨 *Marilyn Ferguson*, 존 브래드쇼 *John Bradshow*, 디팩 초프라 *Deepak Chopra*, 베르너 에르하르트 *Werner Erhard*, 샘 킨 *Sam Keen*, 톰 로빈스 *Tom Robbins*, 코막 매카시 *Cormac McCarthy*, 크리스 크리스토퍼슨 *Chris Kristofferson*, 돌리 파튼 *Dolly Parton*, 드니 브르통 *Denis Breton*, 크리스토퍼 라젠트 *Christopher Largent*, 마리안 윌리엄슨 *Marianne Williamson*, 닐 도널드 월쉬 *Neale Donald Walsch* 등이 기존의 정부가 제시하는 틀을 타파하는 운동에 참여하고 있다. 그들은 계속해서 배우면서 자신의 삶을 나누고자 하는 훌륭한 사람들이다. 그들은 우리들에게, 한 가정뿐이 아닌 마을 전체 그리고 국가 전체에 걸쳐 적용될 수 있는 왜곡된 가정과 신념의 체계, 그리고 그러한 잘못된 체계 속에서 일원들이 겪게 되는 고통과 낯설음 등을 들려주었다. 커밍스 *Cummings* 가 강조한 것처럼, 우리는 '거대한 하나의 방'에서 살고 있는 것이다.

가족 치료법

내가 치료하거나 워크숍에 참여하는 사람들은, 자신의 가족이 어떻게 각자의 삶을 통제하고 조종해 왔는가를 알고 나면 각자의 개인사에 자그마한 혁명을 시작한다. "이젠 더 이상 이런 바보 같은 짓을 하지도 참지도 않겠어!" 그리고 사람들과 함께 모여 외치기 시작한다. "이젠 더 이상 이런 바보 같은 일들을 참지 않겠어!" 이 사람들은 비록 혈연 관계는 아니지만 서로를 새로운 가족으로 맞이한다.

가장 흔하게 나타나는 위로부터 아래로 지배하는 형식의 패러다임은 세계 경제구조에 그대로 반영되고 있다. 이 패러다임은 점점 더 적은 사람들이 점점 더 많은 돈을 벌도록 되어 있다. 라젠트와 브르통이 지적한 것처럼, 윗자리에도 역시 쓰레기 같은 인간들이 많이 있다.

소수의 억만 장자들이 세계의 자원을 통제하면서, 가난한 국가의 많은 국민들의 생활을 좌지우지하고 있다. 거대한 공룡 기업들이 전 인류의 미래 생활 패턴을 결정할 수 있는 자원 사용의 결정권을 쥐고 있다. 세계에서 가장 큰 100개의 경제 개체 중, 20개 정도는 국가가 아닌 기업이다. 세계에서 가장 큰 200개의 기업이 생산한 경제가치는 합쳐서 100경 달러가 넘으며, 이는 세계에서 가장 부유한 아홉 개 나라를 제외한 나머지 182개 국가의 국민 총생산을 합한 경제규모보다 더 큰 수치다!

이전에 지적한 바와 같이, 주당 노동 시간은 1954년에 비해 오히려 17시간이나 늘었다. 지난 40년간 주당 노동시간이 더 늘었을 뿐 아니라, 부부가 동시에 일하면서 낯선 사람이 자신의 아기를 키우게 되었다. 상류층은 아이를 돌보는 비용이 한 달에 900달러가 들기도 한다. 아이들은 부모와 있지 못해 괴롭고, 부모는 삶의 가장 중요한 기쁨 - 자신의 아이들과 함께 하는 기쁨 - 을 누리지 못한다. 이 모두 패러다임 자체가 틀려먹었기 때문에 생겨나는 고통이다. 이젠 정말 이런 엉터리 같은 짓들을 참고 있을 이유가 없다. 한번 말해 봐라! 이젠 이런 바보 같은 짓들은 그만 두어야 한다고!

아래로부터 올라가는 공동체

우리는 지금 당장 새로운 경제 체제를 만드는 일을 시작하고자 한다. 우리는 각 지역의 수준에 맞는, 지역 경제에 근거한 새로운 경제 패러다임을 만들어야 한다. 지역 비자카드, 지역 은행, 지역 통화 같은 것 말이다. 덴마크의 경우처럼, 자치운영을 하면서 구성원들의 욕구를 두루 고려하는 패러다임은 지역 경제를 운영하면서, 세계 경제에서 독립적일 수 있다. 캐나다의 랜스만Landsman, 공동 운영체 회사의 마이클 린턴Michael Linton은 언젠가는 세계 경제의 40% 정도는 국제 통화가 아닌 지역 통화를 사용하게 될 것이라 이야기한 바 있다.

우리는 어쩌면 머지않아 새로운 해체적 의미의 가족을 갖게 될 수 있다. 세계가 이 새로운 의미의 가족들로 이루어지게 된다면, 경제 시스템도 바뀌게 될 것이다. 그러면 더 이상 이전의 방식으로 고통 받지 않게 될 수도 있겠으나, 대신 새로운 방식의 고통을 느끼게 될 것이다. 어쩌면, 우리가 맞이할 새로운 삶의 방식에 좀더 초연해짐으로써, 우리가 느끼게 될 고통을 줄일 수 있을지도 모르겠다.

우리 모두는 같은 것을 원하고 있다. 모두에게 환경적으로 안정적이고, 경제적으로 안전하며, 좋은 삶을 추구할 수 있는 기회가 동등하게 주어지는 세상을 원한다. 이를 위해 프로젝트를 만들어 보자. 우선 우리의 현재 위치에 대해 확실히 한 다음, 우리가 원하는 것을 명확하게 하여야 하다. 먼저, 우리가 살고 있는 세계를 잘 둘러보자.

마리안 윌리엄슨*Marrianne Williamson*은 다음과 같은 단어들로 우리가 살고 있는 세상을 표현하였다.

"만약, 지구의 인구를 100명으로 줄여 본다면, 다음과 같을 것이다.

- 57명의 아시아인, 21명의 유럽인, 12명의 남·북 아메리카인, 그리고 8명의 아프리카인
- 70명의 유색인, 30명의 백인
- 70명의 비기독교인, 30명의 기독교인
- 전 세계의 부의 50%를 운영하고 지배하는 사람은 불과 6명, 그 6명은 모두 미국 사람
- 70명은 문맹
- 50명은 영양실조
- 80명은 거주지가 수준 이하
- 대학교육을 받은 사람은 오직 1명

우리는 세상의 부유한 쪽에서 사는 특권을 누리는 계층이며, 그렇지 못한 사람들에 대해 잘 알고 있으면서도, 막연한 동정심만으로 무감각하게 살아가는 사람들이다. 위에서 말한 100명에 하나를 더 적용시켜

보자면, '컴퓨터를 가지고 있는 사람은 1명도 채 되지 않다' (당신은 그 한 사람 속에 포함되지 않나…?).

가지지 못한 쪽에 있는 사람들을 알고, 또 동정심을 가질 수 있는 기회는 우리에게 분명히 있다. 우리가 이미 알고 있고, 또 가지고 있는 것을 나눔으로써, 우리의 삶은 동료 인간들에게 의미를 갖게 된다. 우리가 직접 기여하는 것도 좋겠지만, 남들이 그렇게 기여할 수 있는 동기를 마련해 주는 것도 좋다. 한번 그렇게 해 보자.

우리 모두 존재의 맥락, 자아의 맥락으로 돌아가자. 오직 자아의 맥락으로부터 우리가 함께 살아가면서 창조할 수 있는 새로운 패러다임이 나올 수 있다.

CHAPTER 25

신체의 감각에 충실하라

행복과 자유는 세상과의 관계를 얼마나 잘 유지하면서, 오감에 충실한 신체를 유지하며 사는가에 달려 있다. 어린 시절부터 우리는 학교와 가정에서 마음의 성숙과 업적의 중요성을 강조한 교육에 너무나도 치우친 나머지, 마음의 성숙을 자신의 신체와 별개의 것으로 생각하면서, 신체의 발전은 무시한 채 마음의 성숙만이 인간의 발전인 양 여기게 되었다.

하지만 신체는 생기의 원천이며, 존재를 느낄 수 있는 유일한 도구다. 그러므로 신체를 배제한 채 우리의 존재를 규정한다면, 그것은 우리 스스로를 생명의 본질과 접촉할 수 없게끔 훈련시키는 것과 같다. 이것은 삶에 위기를 초래하며, 정신과 신체 질병의 가장 큰 원인이 된다. 마음에 치우친 우리의 정체성은 거짓말과 가식, 비판적인 시각을 가져다주며, 나와 우리 모두의 스트레스 원인이 된다.

지속적인 신체 집중 연습

일단 마음의 굴레에서 벗어나면, 그 후 우리에게 필요한 것은 현재의 자신에 충실하도록 연습하는 것이다. 방법으로는 요가, 명상, 경기, 운동, 의식적인 섹스, 마사지 등이 있으며, 이 모두는 연습과 약물 치료 그리고 다른 사람과의 공유 과정을 통해 이뤄질 수 있다.

우리는 인지와 움직이기, 만지기, 놀기, 에너지를 확장시키기와 같이 신체가 중심이 되며 마음에 지배되지 않는 일들을 함으로써, 신체의 경험에 근거하여 생활하는 법을 생각할 수 있다.

지금 바로 이곳에 존재하는 신체의 경험에 집중하면서 생활하는 것에는 어떤 가치가 있을까? 이러한 일의 가치는 스스로 인지할 수 있는 자아, 만들어진 이미지로서의 내가 아닌 참된 자아와 만날 수 있게 된다는 것이다. 참된 자아로서의 우리의 존재는 세상만사의 흐름 속에서 하나의 맥락으로서 자리 잡아야 하다. 당신은 세상사의 한 맥락이다. 당신이란 존재는 온 세계를 담고 있다.

맥락으로서의 자아

당신이 모든 세상과 시간의 흐름 속에 있는 하나의 맥락이라고 한다면, 당신은 그 중 가장 큰 맥락이다. 만약, 모든 일이 하나의 맥락 속에서 일어나게 한다면, 당신의 정체성 자체가 그것에 대한 증인이다. 실제로 이러한 관점을 가지고 있는 사람은 극히 적다. 우리는 적잖이 자신의 역사와 가치, 규율, 신념, 열정과 이미지 등을 우리 자신이라고 여기게 된다. 하지만 사실 당신이라는 존재의 핵심은, 세상일이 일어나는 맥락이다. 당신은 세상 속에 존재하며, 세상을 창조하며, 그렇게 해서 변화하는 세상을 지켜보는 증인이다. 당신은 변화하는 세상에 대한 증인임과 동시에, 그 변화에 대한 창조자다.

그리고 당신보다 더 큰 자아가 존재하는데…, 그것은 시간이다. 당신이라는 맥락 속에서 시간이 존재하기도 하지만, 시간은 당신이 존재하는 맥락이기도 하다. 어떻게 보면 모순처럼 보이기도 하다. 다음 장에서, 마이클 다우드*Michael Dowd*의 '더 큰 그림'이라는 글을 소개한 다음, 이 모순에 대해 이야기해 보도록 하겠다.

CHAPTER 26

시간이라는 더 큰 그림

스토리 안의 스토리

인간 세계의 모든 직업과 일, 활동들은
인류의 전체 이야기 구조 내부에서 참된 의미를 가진다.

– 브라이언 스윔*Brian Swimme*

   우리 모두는 이야기 안의 이야기다. 내 딸의 이야기는 나와 그리고
아이 엄마의 이야기의 일부분이다. 마찬가지로, 우리 가족의 이야기는
더 큰 단위의 이야기의 한 부분이다. 우리 마을의 이야기, 우리 주(州),
그리고 우리 국가의 이야기, 서구 문명의 역사, 인류역사, 더 나아가 지
구의 역사와 우주 전체의 이야기까지…. 우리들 하나하나는 이야기 속

의 이야기, 그 속의 또 하나의 작은 이야기다.

모든 이야기들은 서로 다이내믹하게 연결되어 있다. 큰 이야기도 부분에 불과할 수 있고, 작은 이야기도 다른 이야기를 내포할 수 있다. 큰 이야기는 그 안에 있는 작은 이야기에게 영향을 끼치며 의미를 부여한다.

예를 들어, 내가 아내와 함께 나라 저 편으로 이사를 가면, 그 이야기는 내 딸의 이야기에 영향을 끼친다. 마찬가지로, 나의 국가가 혹독한 경제적 어려움이나, 긴 가뭄이나, 혹은 종교개혁의 과정을 겪는다면, 내가 속한 사회와 나와 나의 딸의 이야기들은 각각 상당한 영향을 받을 것이다.

한 이야기의 중요한 사건은 전체 이야기에 있어서도 의미 있는 사건이다. 예를 들면, 내가 지난 25년 동안 일을 해 왔던 큰 공장의 주인이 공장 운영을 중단하고 완전히 문을 닫아버린다면, 이 사건은 나 자신의 이야기에서 뿐만 아니라, 나의 딸에게도, 그리고 나의 사회에서도 큰 사건이 된다. 하지만 이 사건이 서양 문명사 내에서는 그렇게 중요한 의미를 갖지는 않는다. 반면, 경제와 환경파괴, 핵전쟁과도 같은 서양 문명사에서 중요한 사건은 그 사건이 일어난 문명 내에 존재하는 작은 이야기들, 우리가 사는 마을 이야기, 또는 나의 딸 이야기 같은 작은 단위에게도 중요한 의미가 된다.

어떤 사물이나 사건의 의미는 전체의 구조 속에서 명백해진다. 비극이라는 것은 전체의 그림이나, 더 큰 이야기의 관점에서 의미를 가진다. 나이 많은 부인이 어린 아이의 목숨을 구하고 죽었다는 이야기는 비극이긴 하지만, '의미 있는 죽음'에 대한 이야기로 여겨진다. "그녀는 왜 죽어야만 했는가?'라는 질문은 더 큰 관점에서 의미 있게 다뤄 질 수 있는 것이다. 우리가 '왜'라고 묻는 것은 "이것이 좀더 큰 그림에 어떻게 맞아들어 갈 것인가?"를 묻는 것이다. 일반적으로 그 전체 구조가 클수록, 의미는 더 깊어진다.

우주론 : 최대의 맥락

모든 인간 품성의 전환은 인간의 품성과 우주의 새로운 비전에까지 미치는
논리적인 표현을 가진 이의 깊은 직관의 동요에 의존한다.
- 루이스 멈포드 *Lewis Mumford*

종교 없는 과학은 불구이다. 과학 없는 종교는 장님이다.
- 앨버트 아인슈타인 *Albert Einstein*

인간 사회의 모든 이야기 중 가장 큰 이야기는 어떻게 모든 일이 시작되었는가, 어떻게 지금과 같이 되었는가, 그리고 모든 것들이 어디로 가고 있는가 하는 것이다. 사람들의 우주론인 '큰 그림'으로서의 인간 이야기는 우리가 경험하는 삶의 모든 영역에 의미를 부여해 준다. 이것은 우리가 삶과 죽음이라는 인간의 미스터리를 이해하는 데에 도움을 준다. 이것은 신념, 관습, 행동, 전통, 체제 등이 성장할 수 있는 토양이다. 사람들 각각의 우주론은 자신들이 속한 문화 속의 삶들에 대한 일련의 검증되지 않은 가정들을 통해 나타난다. 선글라스의 컬러 렌즈처럼, 우리의 우주론은 우리가 보는 사물의 색깔을 결정하게 한다.

인류학자인 마가렛 미드*Margaret Mead*는, 모든 문화는 나름대로의 형성 근거를 가지고 있다고 말한 바 있다. 모든 인간 사회는 '진실'로 여겨지는 여러 이야기나, 또는 하나의 이야기를 가진다. 이 세상의 성격과 기원, 즉 왜 이 세상은 이렇게 되었는가와 사물의 운명 속에서의 우리의 역할 등에 대한 이야기들 말이다. 그러한 존재 근거를 기준으로 하면서 각 문화 속의 사람들은 선과 악을 가릴 수 있게 되고, 어떤 일을 하면 안 되는가, 무엇을 추구할 것인가를 결정하게 된다. 그것을 글로 써 놓은 것이 경전이다. 사람들의 우주론은 그들 각각의 '성스러운 이야기'인 것이다.

성경의 우주론은 서양의 사상과 제도에 그리고 우리가 자연과의 관계를 이해하는 방식에 지대한 영향을 끼쳤다. 우리의 법, 의학, 종교, 정치, 경제, 교육 등은 성경적 우주론을 바탕으로 형성되었다. 수세기 동안 우리는 신을, 우리의 별에서 떨어져 있는 자연을 초월하는 곳에서 살고 있는 절대자로 상상하여 왔다. 우리 또한 신의 형상을 좇아 창조되었다고 여겼기에, 스스로를 자연과는 동떨어진, 그리고 그것을 초월한 존재로 여겨왔다. 우리들이 볼 때, 자연은 아담과 이브의 '타락'으로 인해 더럽혀졌다. 그러므로 '진보'는 인간의 이익을 위해 자연에 대한 통제력을 증가시키는 것으로 이해되어 왔다. 최근까지도 이러한 신념은 당연한 것으로 여겨지고 있고, 사실 이에 대해 별로 토론된 바도 없다. 이것은 대물려지고 무의식적으로 진리처럼 여겨진 전제이자 신념이었던 것이다.

이러한 신념들이 바로 오늘날 지구상에서 자행되고 있는 생태 파괴의 주범이며, 이러한 신념을 바탕으로 인간은 엄청난 양의 과학적, 기술적인 혁신을 이뤄냈다. 아이러니컬한 것은, 이러한 과학적 혁신은 이제 우리 인간이 생존할 수 있는 환경의 미래를 추구하고자 하는 생태, 환경의 기초가 되고 있다. 인류와 나머지 사회·환경간의 상호 호혜 관계로 특징져지는 시대….

생태학, 지리학, 화학, 물리, 그리고 천문학에서 이루어진 최근의 발견에 따르면 이 우주는, 수백 년 동안 여겨져 온 것처럼 거대한 기계적 메커니즘에 의해 움직이고 있는 것이 아니라고 한다. 점점 더 많은 과학자들이 이제 우주는 진화하고 성장하는, 150억 년 동안 발전해 온 유기체, 즉 살아 있는 시스템이라는 이론을 펼치고 있다.

우주는 수소로부터 시작한 것이 은하계, 항성, 행성들, 좀더 복잡한 조직을 가진 진화된 생명체에까지 이를 정도로 아주 복잡하게 분화되어 왔다. "인간은 150억 년 동안 끊임없이 진화하여, 이제는 자기 자신에 대하여 고민하기 시작하는 존재가 되었을 정도이다"라고 떼야르드 샤르뎅 *Teilhard de Chardin*은 반세기 전에 이야기하였다.

우주는 인간의 깊은 곳에 있는 궁금증으로 인해 떨고 있다.
- 브라이언 스윔 *Brian Swimme*

하늘은 나의 아버지요, 이 땅은 나의 어머니요,
심지어 작은 피조물에 이르기까지 그 속에 친숙함을 지니고 있지 않은 것이 없다.
우주에 이르는 모든 것들은 나의 육체요, 우주의 방향을 지도하는 것은
나의 품성이라 여긴다. 모든 사람들은 나의 형제자매들이요,
모든 사물은 나의 동료일지라.
- 장자(莊子)

망원경으로 우주를 바라보는 것은, 문자 그대로 우주가 자기 자신의 모습을 보고 있는 것이다. 넓은 바다의 모습에 넋을 잃은 아이는 자기 자신에게 둘러싸인 지구의 모습이다. 생물을 배우고 있는 학생은 자기 자신이 수십억 년 동안 직관적으로, 또는 무의식적으로 어떻게 작용하였는가를 배우는 행성의 모습이다. 찬양을 하고 있는 예배자들은 자기가 어디서 왔고, 어떻게 존재하는지에 관한 신의 경이로움을 경축하는 우주의 모습이다. 우주는, 우리 인간이 자신의 아름다움과 그 깊이를 의식적인 인지를 통해 인식하는 수단이다. 지구상에 살고 있는 우리들은 자연과 분리된 존재가 아니다. 우리는 우주의 한 부분인 지구라는 형태 위에 존재하는 우주의 한 존재형식이다.

우리는 세상으로 온 것이 아니라, 세상에서 자라난 것이요, 같은 방식으로 사과도 사과나무에서 자라난 것이다. 내 몸의 모든 세포는 '나'라는 살아 있는 하나의 큰 시스템을 형성하는 부분들이다. 마찬가지로, 생명을 가진 우리들 모두는 좀더 큰 유기체인 행성을 형성하는 부분이다. 지구는 좀더 큰 우리 자신, 더 큰 우리의 몸이다. 브라이언 스웜 Brian Swimme 이라는 물리학자는 다음과 같은 이야기를 즐겨 하곤 했다. "지구라는 행성은 한때 바윗덩어리였지만, 지금은 오페라를 부르고 있다."

우리의 행성과 그것이 창조한 생명체들은
생명체 또는 유기체라는 동일한 하나의 자기규제 시스템으로 이루어져 있다.
— 엘리자벳 샤토리스 Elisabet Sahtouris

지구로 귀환하며, 별들과 내가 떠나왔던 지구들을 바라보다, 문득 나는 지적이고, 사랑스러우며, 조화로운 존재로서의 우주를 경험하게 되었다.

– 에드가 미첼 *Edgar D. Mitchell*, 우주비행사

15세기, 16세기의 위대한 천문학자들이 한결같이 우주는
생명을 가진 거대한 존재라고 확신했다는 사실은 주목할 만하다.
서양 문명이 한창 발달을 하고 있던 시기에
그리스인들은 지구를 삶의 한 요소로서 살아있는 유기체로 여겼다.

– 유진 콜리스코 *Eugene Kolisco*

달에서 지구를 바라볼 때에 가장 경이로운 점은 그것이 살아 있다는 것이다.
촉촉하고, 반짝이는 저 푸른 하늘의 껍질 안에 정보가 가득한 생명체를
가득 품고 있으면서, 믿을 수 없이 능숙한 솜씨로 태양을 다루고 있지 않은가.

– 루이스 토머스 *Lewis Thomas*

　지구는 생명체가 살고 있는 행성이 아니라, 오히려 살아 있는 행성이다. 행성의 물리적인 구조인 핵, 지층, 지표 등은 존재 형식에 있어 뼈대의 역할을 한다. 풀이나 숲의 토양이 되는 지층은 매머드의 소화기관과도 같은 역할을 한다. 그곳에서 모든 물질은 부서지고 흡수되며, 생명의 거름이 된다. 대양, 강, 비 등은 몸을 깨끗하게 하고 움직일 수 있는 에너지를 제공하는 순환 시스템인 '혈액' 의 역할을 한다. 박테리아, 조류, 식물과 나무들은 행성의 허파로서, 동물의 왕국은 환경의 변화에 민감한 유기체로 이루어진 조정되고 분화된 몸의 신경계로서의 역할을 하다. 각각의 종(種)은 의식을 가진 행성의 여러 표현 형태 중 한 가지이며, 저마다 그 행성이 표현할 수 있는 재능을 표출하고 있다.

여기서의 인류의 역할은 지구가 사고를 하고, 스스로를 인식할 수 있는 의식 그 자체다. 이를 통해 지구는 자신이 어디서 왔고, 신의 섭리는 무엇이며, 존재의 의미는 무엇인가에 대해 심사숙고할 수 있다. 우리 인간은 이 행성이 자기 자신의 아름다움과 화려함을 스스로 자찬하는 수단이다.

이러한 의식의 전환, 즉 우리를 지구로부터 분리된 존재로 보는 것('세계는 우리를 위해 만들어졌다')에서 지구의 한 부분으로 보는 것('우리는 지구를 위해 만들어졌다')으로 전환하는 것은 우리 자신이 누구이고, 인간이란 무엇인가에 대해 이해하는 데에 있어 필수적인 과정이다. 이것은 가장 심오한 수준의 의미로서의 '변화'다. 우리의 정체성, 즉 자아에 관한 것이다.

지구가 우리에게 속한 것이 아니라, 우리가 지구에게 속한 것이다.
– 블랙 엘크 *Black Elk*

사실 이러한 변화, 우리 자신을 지구의 한 부분으로 보는 것은 도덕에 호소하는 것보다 훨씬 더 효과적으로 우리들을 구원할 수 있다. 도덕은 비효과적이다. 설교만으로는 우리들이 이기적이 되는 것을 막지 못한다. 당신의 다리를 자르는 일을 삼가라고 간곡히 부탁할 필요는 없다. 자신의 부분에 대해서 그런 짓을 할 이유가 없기 때문이다. 아마존에 있는 숲의 경우도 마찬가지이다. 그것은 당신의 허파다. 인간들은 이제 막 그것을 깨닫기 시작했다. 우리는 우리가 속해 있는 이 세계 그 자체라는 것을…"
– 조안나 마시 *Joanna Macy*

삶에 대한 위대하고도 신성한 이야기

모든 것은 이야기로부터 시작된다.

— 조셉 캠벨 *Joshep Campbell*

우주는 신의 최고의 계시이자, 최고의 작품이며,
신과 인간이 교감하는 최고의 장소다.

— 토머스 베리 *Thomas Berry*

우리의 이야기 중, 우주의 신화와 맞먹을 정도로 강력한 것은 진화다.

— 루이스 토머스 *Lewis Thomas*

'빅뱅'의 시절부터 현재에 이르는 우리들의 역사를 좀더 전체적으로 이해하기 위해, 150억 년을 한번 100년으로 대치시켜 계산하여 보자. 그러면 다음과 같이 생각할 수 있다. 10년은 15억 년이 되고, 1년은 1억 5천만년, 한 달은 천 2백 50만년, 하루는 대략 425,000년, 한 시간은 18,000년, 1분은 300년, 1초는 5년.

이렇게 본다면 첫 번째 생긴 원자와 수소, 헬륨 등은 우주가 탄생한 지 이틀째 되는 날에 생겨난 셈이다. 별들의 모임인 '계(界)'는 우주의 나이가 7, 8살 즈음이 되었을 때에 나타났다.

우리의 태양계는 우주가 70세였을 때 발생한 대폭발의 우주 낙진(落塵)들로부터 형성되었다. 73세의 봄 즈음에 마침내 지구는 박테리아 형태의 생명체를 잉태한다.

지구라는 행성은 우주의 74세 생일 즈음이 되어, 태양을 이용한 광합성 작용을 터득하게 된다. 91세 봄 즈음 마침내 다세포 생물이 생겨난다. 그로부터 2년 뒤, 성의 구분이라는 혁신이 일어나고, 그로 인해 창조 과정에 일대 도약이 일어난다. 그러나 성의 개념과 함께 죽음이라는 것도 생겨났다. 초창기의 박테리아들은 꼭 죽게 되어 있는 것은 아니었다. 죽음은 생명의 형태를 소멸시키고, 새로운 형태의 생명에게 자리를 넘겨주고는 깨끗하게 사라진다.

우주 나이 94세 가을, 생태계(生態界)라는 생물학적 공동체가 나타난다. 97세 2월경에 처음으로 생물이 식물, 곤충의 순서로 뭍으로 올라오기 시작했으며, 그로부터 4개월 후에 양서류가 생겨난다. 파충류와 구과류 식물은 같은 해 12월경에 출현하다. 공룡은 98세 5월경부터 1년간 생존했다. 포유류는 98세 8월, 조류는 12월의 마지막 날에 나타납니다.

최초의 완전한 인간으로 분류되는 호모 하빌리스는 12월 26일에 아프리카에 처음으로 출현했다. 29일 이른 아침, 인류는 불을 발견하고, 우리와 가장 근접한 모습을 가진 영장류인 호모 사피엔스는 지금부터 불과 24시간 전에 나타난 은하계의 최신 버전이다.

우리가 기억해야 할 것은 이 이야기가 우주의 '위대하고 신성한 이야기' 라는 것이다. 인간은 결코 위대한 업적을 거두지는 못했다. 사실 우리가 사는 이 행성의 입장으로 볼 때, 인간은 대기와 토양, 물을 오염시키고, 또한 수백만의 다른 종들을 학살하는 하나의 종에 불과하다.

인류가 다른 종들이 가지지 못한 재능과 능력을 갖고 있는 것은 사실이다. 하지만 우리가 조금만 선한 마음을 먹는다면, 우리의 삶이 전적으로 박테리아에 의존하고 있다는 사실을 언젠가 깨닫게 될 것이다. 어쩌면, 인간보다 뇌에 더 많은 피질을 가진 돌고래가 사실은 우리보다 훨씬 지능이 높을 수도 있다는 사실도 말이다. 어떠한 경우에도 무지한 자만보다는 현명한 겸손이 더 나을 것이다.

지금으로부터 만 년 후–우리가 설정한 우주 시간으로 겨우 30분 후–지구의 생명체들은 우리의 시대를 어떻게 평가할까? 인간에 대한 표현이 지구상에 남아 있기나 할까? 이에 대한 해답은 향후 50년 동안 인간이 자연을 어떻게 대하는가에 달려 있을 것이다. 설사, 우리가 공룡과 같은 운명(유성이 지구에 충돌할 운명)에 처하지 않더라도, 만약 우리가 협력과 공생과 사랑의 관계를 이루지 못한다면 인류는 살아남기조차 힘들 것이다.

인간은 '우주'라는 전체의 부분이요, 그 부분은 시간과 공간의 제약을 받는다. 인간은 자신의 경험과 생각과 느낌을 자신 외의 다른 모든 것들과 분리된 것이라 생각하는데, 이것은 자의식에서 나온 망상이다. 이 망상은 우리들의 욕망과 감정을 몇몇에게만 제한시켜 생겨나게 하는 감옥과 같은 역할을 한다. 우리가 진정으로 해야 할 일은 모든 생물과 아름다운 자연들을 포용함으로써, 우리 자신을 이 감옥의 상태에서 자유롭게 하는 것이다.

– 앨버트 아인슈타인 *Albert Einstein*

인간이 다시 쓰는 우주의 역사는 단지 자신이 완전히 이해가 된다는 이유로 이미 존재하던 이전의 우주의 개념들을 완전히 뒤집어 버리고 있다. 어느 누가 이것이 뭘 의미하는지 알고도 가만있을 수 있겠는가?

– 브라이언 스윔 *Brian Swimme*

생태보호 운동(Deep Ecology)

생태보호에 관한 잘못된 관점은, 우리가 자연과 경쟁적이고 반대적인 입장에 있다
고 묘사한다. 하지만, 자연을 파괴한다는 것은 곧 우리의 더 큰 자아를 파괴하는
것이나 다름없다.

– 프레야 매튜스 *Freya Matthews*

　생태보호운동은 우리 삶의 방식과 관련되어 있으며, 우주론에 근거
한 세계적 관점이다. 이 운동은 인류가 우주론적이고, 지리학적이며,
생물학적인 거대한 사이클의 일부라는 것을 인식하는 데에서 출발한
다. 우리 몸을 예로 들어보자. 몸은 '환경'과 물질, 에너지, 정보를 지
속적으로 교환하고 있다. 당신이 '나'라고 부르는 몸을 구성하는 원자
와 분자들은 1년 전의 것과는 완전히 다르다. 5일마다 위장(胃腸)의 내
용물들은 완전히 바뀌고, 두 달마다 간은 새롭게 생겨난다. 피부는 6주
마다 완전히 새로운 피질로 바뀐다. 매년 우리 몸을 구성하고 있는 물
질의 98%는 새로운 것으로 바뀐다.

　우리가 '나'라고 부르는 물질은 우리가 마시는 공기와 먹는 음식으
로부터 나오는 것이다. 우리는 얻는 만큼 내어놓다. 그러므로 우리 자
신을 '에고 *Ego*'라는 존재로, 폐쇄적으로 정의하는 것은 이치에 맞지
않다. 그것은 나를 형성하는 하나의 작은 부분에 지나지 않는 것이다.
나의 큰 몸은 생명 그 자체다. 지구야말로 나의 더 큰 자아다. 이것이
바로 생태보호 운동의 본질이다.

만약에 라인 강과 황하, 미시시피 강이 오염된다면 나무와 새, 인간의 내부에 있는 강들도 동시에 그렇게 될 것이다. 지구상의 모든 지류들은 하나의 강으로 연결되어 있으며, 그 중의 많은 부분이 생명체를 관통하여 흐르고 있다.

– 토머스 베리 *Thomas Berry*

살아 있는 몸은 고정된 물체가 아니라, 불꽃이나 소용돌이처럼 유동적인 존재이다. 형체는 분명히 존재하지만, 내용물은 한 쪽에서 다른 한 쪽으로 흘러가는 에너지의 흐름이다. 우리는 빛, 열, 물, 우유와 같은 물질들이 침투하여 이루어 내는 임시적인 표현형태이다. 이 에너지들은 가스나 배설물로써 몸을 빠져나간다…. 정자, 아기, 이야기, 정치, 전쟁, 시와 음악도 마찬가지의 원리에 의해 우리에게서 빠져나간다.

– 알란 왓츠 *Alan Watts*

다음의 우화를 들어보라.

옛날 옛적에, 뇌세포들이 모여 자신들이 몸에 얼마나 중요한 역할을 하는지 열변을 토하고 있었다. 몇몇 세포는 몸은 없어도 된다고까지 주장하였다. 뇌세포 하나가 이야기했다. "자신이 무언가를 알고 있다는 사실을 아는 세포는 우리들 뿐이야." 또 다른 세포가 맞장구쳤다. "우리만이 우리의 꿈에 대해 다시 돌이켜 볼 수 있어." 또 하나가 말했다. "그러니까 우린 다른 세포와는 달리 신성하단 말이야."
그들은 언젠가 몸을 떠나 '천국'에서 영생할 거라 믿었다. 그리고 몸은 실질적으로 살아 있는 생명체가 아니며, 뇌세포를 위해 존재하는 공급체라고 여기게 되었다. 그날 이후 몸은 점점 더 쇠약해졌고, 결국 뇌세포들도 죽음에 이르게 됐다.

암 세포는 몸의 다른 부분과 조화되지 않는다. 마치 자신들이 몸과는 다른 개체인 것처럼 반응하고, 증식하며, 몸의 나머지 부분을 단지 소비한다. 암세포는 결국 자기 자신의 환경을 소비하면서 자기 자신을 점점 죽이게 된다.

– 브라이언 패트릭 *Brian Patrick*

생태보호 운동은 지금 인류와 지구 모두에게 꼭 필요하다. 이 운동을 실천하다보면, 자신을 지구와 분리되고 보다 우월한 존재로 생각해왔던 잘못을 깨닫고, 지구와 조화하고 협력하는 관계를 배울 수 있게 된다. 이 메시지가 아무리 좋다하더라도 교육하고 실천하는 운동이 일어나지 않는다면, 우리의 자손과 또 그 자손들은 말 그대로 '오염된 지옥'으로 변한 지구에서 살게 될 것이다. 그러므로 이 메시지는 우리의 일상 속에서 구석구석 실천되어야 한다. 이 별은 생태학적인 조화 속에서 서로를 사랑하며 살 것을 우리에게 요구하고 있다. 이것은 지구를 터전으로 하는 수백만 종, 특히 우리 인간이라는 종의 구원에 대한 이야기다.

삶의 공동체의 다양성과 안정성과 아름다움을 보존하는 데에 기여하는 일이야 말로, '올바른 일'이다. 그렇게 하지 않는 일들은 모두 '그른 일'이다.

– 알도 레오파드 *Aldo Leopard*

가까운 미래의 시급한 과제는 지구 개발이라는 미명하에 전개되는 비생태학적인 현 시대의 흐름에 있어, 무생물체와 생물체간의 상호교감을 어떻게 형성시키는가 하는 것이다. 이 과제를 수행하기 위해서 가장 필요한 것은 친밀감과 거리감을 조절하는 정교한 기술이다. 그것은 존재가 다른 존재에게 '현재'하면서도, 서로의 존재에 대한 거리감과 차이점을 확인할 수 있는 능력을 말한다.

– 토머스 베리 *Thomas Berry*

철학자가 된다는 것은, 단지 심오한 사상을 가지거나 학교를 세우는 것이 아니라, 지혜를 사랑하고 그 지혜의 가르침인 생명의 단순성과 관대함 그리고 그것에 대한 신뢰와 조화를 이루며 살아가는 것을 의미한다. 이것은 생명과 관련된 문제를, 이론이 아니라 실질적으로 푸는 것이다.

– 헨리 데이비드 소로 *Henry David Thoreau*

우리의 현 상황은 다음 세 문장으로 요약될 수 있다. 첫째, 인간의 영광은 지구의 황폐함이 되어버렸다. 둘째, 지구의 황폐함은 인간의 운명이 되어버렸다. 셋째, 모든 인간 활동과 직업, 프로그램, 그리고 기관들은 지금부터 그것들이 다루고 있는 영역이 인간과 지구와의 관계에 대한 상호촉진을 무시하는 입장인가 아니면 촉진하는 입장인가로 평가되어야 한다.

– 토머스 베리 *Thomas Berry*

앞의 시간개념으로 봤을 때, 99년(세) 12월 31일 오후 11시 20분부터 오후 11시 40분 사이, 우리는 신석기 시대의 부락 생활을 하고 있었다. 이 시기의 후반부에 인류는 마침내 글을 개발하여, '기록된 역사'를 갖기 시작하다. 11:59까지의 다음 19분 동안은 인간은 고전문화, 즉 종교에 기초한 문화를 형성하였다. 최근 60초 동안 과학기술의 시기를 맞았다. 이 1분 동안 우리는 공기, 물, 토양을 오염시키고, 지구상의 생명 공존체계 전체를 무너뜨릴 수 있을 정도의 심한 환경파괴를 자행한 것이다.

인류는 지구의 얼굴이다. 우리의 건강은 지구의 건강에 전적으로 의존한다. 우리는 이 지구의 땅, 대기, 물, 모든 생명들과 밀접한 관련이 있다. 우리가 이 별에 대해 하는 짓들은 결국 우리 자신에게 하는 짓이다.

물론, 인간의 운명이 그리 오래 지속되지 않을 수도 있다. 하지만 우리 종이 생존하든지 멸망하든지간에, 지구라는 전체 생명체는 우리가 끼친 피해를 회복하면서 계속하여 진화해 나갈 것이다. 은하계 속의 태양계들도 탄생과 소멸을 계속 반복하여 갈 것이다.

우리는 거대하고 위대한 우주의 일부다. 그것도 아주 작은 일부… 따라서 우리의 미래를 보장받기 위해 가장 필요한 태도는 어쩌면 '겸손'일지도 모른다. 겸손과 생존은 병행한다. 자만심은 소멸의 전조다. 우리는 어쩌면 공룡의 멸종 이후 가장 중요한 역사적 전환점에 위치하고 있는지도 모른다. 오늘날, 과거 어느 때보다 빠른 속도로 지구상의 많은 종들이 멸종되어가고 있다. 산업문화에 중독된 우리 인간들은 수백만 년에 걸쳐 형성된 이 지구의 지형적 구조, 화학적, 생물학적 시스템을 변형시키고 있다. 그것도 몇 십 년 만에 말이다.

이제 우리에게 떠오르는 의문은 "다음은 무엇이지?" 하는 것이다. 지질학자인 토머스 베리*Thomas Berry*는 다음의 두 가지 가능성을 제시하였다. 그가 지칭한 첫 번째는 기술(技術)대(Thechnozoic)이다. 기술대의 인류는 피상적이고 단기적인 이익을 위해 자연을 기계적으로, 기술적으로 통제하고 가공하는 것을 '진보'라 부르며 이를 추구할 것이라고 하였다. 과학과 기술의 발달로 인간들은 인공적인 환경을 만들어 나가고, 우리가 스스로 황폐화시킨 세계로부터 우리를 '보호'해 나가며, 고립된 채 살아갈 것이라 한다. 그러나 영혼이 없는 물질은 부패하기 마련이다. 이 기술대는 결코 오랫동안 지속될 수 없을 것이다.

또 다른 하나의 가능성은 – 이 가능성이야말로 인류가 계속 생존할 수 있는 유일한 경우일 것인데 – 생태(生態)대(Biozoic)이다. 이 시대의 전제는 자연을 우리의 큰 몸으로, 큰 자아로서 인식한다는 것이다. 이 시대에는 우리 인간들이 지구에 대해 통제가 아닌 조화의 입장을 취하며, 자연이 우리 행동의 기준이 되고 기술의 모델이 되는 것이다. 생태대에서의 모든 인간 활동과 직업, 프로그램, 그리고 기관들은 그것들이 다루고 있는 영역이 인간과 지구와의 관계에 대한 상호촉진을 얼마나 지지하느냐에 따라 평가될 것이다. 이것이야말로 인류의 진정한 운명이어야만 한다!

우리가 좀더 넓은 시각으로 사물을 보게 된다면, '지구를 살리기' 위해 우리가 해야 할 일이 재활용 분리수거보다 훨씬 더 많은 것들이 있다는 사실을 깨닫게 될 것이다.

인류 존속을 위해 두 가지가 특별히 필요하다. 우선 우리는 생태보존운동에 대한 시각을 근본적으로 바꿔야 한다. 우리 자신이 지구와 분리된 존재가 아니라 지구의 일부라는 사실을 느껴야 한다. 우리는 모든 측면에서 이 생명과 대기, 물, 토양의 유기체인 지구에 삶을 의지하고 있다. 이러한 의식의 전환을 이루지 못한다면, 우리는 언제까지나 지구의 '암세포'로 남아 있을 것이다.

인류의 생존을 위해 필요한 또 한 가지는 생태학적인 유기체로서의 삶에 대한 추구다. 우리는 서로 간에 그리고 환경과 더불어 깊은 교감을 나누어야 하다. 우리의 소유물과 거처 그리고 음식을 함께 하며 우리의 삶과 토양을 기름지게 해야 하다. 즉 모든 형태의 생명과 더불어 사랑하며 살아야 한다는 것이다. 육체적인 접촉을 통한 사랑을 나누며, 자신의 한계를 인정하며 서로의 약점을 감싸주고, 조건 없이 사랑하고 아껴주며, 서로 지지하고, 다가오는 세대를 위해 노력하는, 그런 생태학적인 사회를 만들어야 하다.

우리 중 그 어느 누구도 지구 역사의 뒤안길로 의미 없이 사라져버리도록 요구받은 사람은 없다. 우리 각각은 큰 생명에 의해 6천 4백만 년 만에 일어나는 중요한 지형학적, 생태학적 변형에 동참하며 살아가도록 선택된 것이다. 이것이 진실이다! 자, 이제 당신 안의 자아를 일깨우는 프로젝트 또는 삶의 목적 같은 것이 느껴지지 않는가? (느끼고 싶다면, 잠시 멈추어서 당신이 이 거대한 생명체로서의 지구와의 일체감, 그리고 이 성스러운 생명의 이야기 속에 존재하는 당신을 그려보라)

토머스 베리Thomas Berry는 이러한 깨어남을 '현재의 은총' 이라고 일컬었다. 우리는 지금 생태대라는 긴 시대의 첫 단계에 이제 막 접어들었다. 사랑과 진실이 우리를 인도할 것이다. 우리가 마음과 영혼과 온 힘을 다해 생명을 사랑할 때, 그 사랑은 자연스럽게 온 지구로 확대되며, 그것들을 자신의 큰 자아로서 여길 수 있게 될 것이다. 이것이야말로 사물의 참된 존재형태다. 생태대를 영위할 수 있는 조건은 서로에게 충실하고 정직해지는 것이다.

이제 모든 인간사는 현 세대와 앞으로의 세대에게 모두 의미 있는 것으로 남게 하기 위해, 이러한 '큰 그림' 의 관점에서 바라보아야 하다.

우주의 형성과 현재에 이르는 역사를 통해서만이 인간은 삶의 의미를 알게 되고, 또 우리에게 발생하고 있는 위기에 효과적으로 대처할 수 있는 정신적 에너지를 얻게 된다. 이러한 이야기는… 가장 신성한 미스터리와 교감할 수 있는 통로이며… 과거를 해석할 뿐 아니라, 미래에 대한 영감을 불어 넣어준다.

－토머스 베리 Thomas Berry

CHAPTER **27**

삶과 죽음이라는 맥락

우리는 스토리 속의 스토리에 있어서 하나의 맥락이다. 이것은 나의 정체성이다. 이것이야말로 당신의 진정한 실체다. 우리들은 또한 시간의 범위 내에서 일어나는 맥락들이다. 시간 또한 모든 사건들이 발생하는 하나의 맥락이며, 이 맥락은 자아에 의해 실현되고, 그 자아 또한 시간 속에서 존재하는 하나의 맥락이 된다. 이 두 맥락을 이루는 요소들은 서로 결합하여 또 하나의 큰 맥락을 형성한다.

일반적으로 가정에서 느낄 수 있는 소속감은 자아(세상을 지켜보고, 또한 창조하는)가 세상을 창조하는 데 있어 근원적인 원동력으로 작용한다. 이 과정에서 우리는 변환을 거듭하고, 이 변환은 희생자를 창조자로 바꾸어 준다.

우리는 '철저한 정직성' 과정을 통해 피가 섞이지 않은 사람들과도 친밀한 가족이 될 수 있다. 그렇게 함으로써, 우리는 계속하여 세상을 재창조할 수 있게 된다(우리는 이것을 레크리에이션 차원에서 행한다). 우리가 해야 할 일은 재창조된 세상의 중심에서 사랑하는 친구들과 함께 '창조'의 멋진 삶을 살고, 계속해서 서로 진실만을 이야기하며, 마음의 구조들을 계속해서 극복해내면서 모두를 위한 세계를 실현시켜나가는 것이다.

죽음이라는 맥락

나는 지금 아치모형 아래로 난 오솔길을 걷고 있다. 길의 왼편에는 "온갖 소리를 동원하여 주님을 찬양하라"라는 팻말이, 오른편에는 "여기로 들어가는 이들은 모든 희망을 버려라"라는 팻말이 있다. 이 길은 어디로도 통하지 않는다. 마치, 망각의 세계로 이르는 듯하다. 랭(R. D. Lang)은 이런 이야기를 한 적이 있다. "참을 수 없는 기쁨이 자살의 원인이었을 수도 있다." 존 프라인*John Prine*은 자신의 노래에 "삶을 믿는다는 것은 참으로 힘든 길을 가는 것이라네"라는 가사를 사용했다. 그에게 축복이 있기를…. 그는 멋진 시인이지 않은가?

활기찬 삶, 그 자체는 작은 사건들로 가득한 하나의 커다란 이벤트다. 동시에 삶은 당신을 죽인다. 아마도 벌레들이 우리를 파먹을 것이다. 그 벌레들도 죽고, 우주는 다시 벌레의 구성요소들을 제자리로 되돌려 놓을 것이다.

나는 이렇게 소멸되고 싶다. 이것이 내가 남겨주고 싶은 유물이다. 나는 이런 삶을 살다가 죽고 싶다. 마지막 날도 맥락 속에서 계속되는 하루에 불과한 날처럼 맞이하는 것! 이것이 좋은 삶이다. 쉽지 않은 삶이 되겠지만, 멋진 삶이 될 것이다.

자아와 맥락에 대한 의식

자신을 억누르는 각종 인습과 사랑하는 사람들에게 더 많은 돈을 벌도록 강요하는 그런 제도들을 방치하고서는, 마음을 변화시킬 수 없으며, 서로를 진정으로 사랑하는 법을 배울 수 없다. 그러므로 이 세상이 빠른 시일 내에 바뀌어야 한다.

문화란, 집착 때문에 생긴 습관적인 마음의 틀로 인해 그 기능이 왜곡된 가정과도 같은 것이다. 서로를 위해주는 정직한 공동체에서는 이 습관적인 마음의 틀을 타파하는 일에 박차를 가할 수 있다. 또한 연습을 통해 전통적 가치를 포기할 때 생기는 고통을 점차 줄여 나갈 수 있다.

CHAPTER **28**

새로운 국가, 존재연합국

그래서 우리는 관심이 없거나, '다른 누군가가 바꾸겠지' 하고 생각하고 만다. 그 '누군가'가 누구든지 간에 우리의 계획에 꼭 필요한 사람이라고 생각한다. 적잖이, 우리는 다시 한번 희망을 가져보곤 하지만, 우리가 진정으로 바라는 것은 오늘날의 정치인에게서 기대하기 가장 힘든 것… 바로 정직한 대화이다. 그냥, 있는 그대로를 책상 위에 늘어놓아야 한다. 정직을 들려주기엔 유권자들이 너무 어리다는 듯이 취급하는 정치적 환경에서는 민주주의가 정착할 수 없다.

– 마리안 윌리엄슨 *Marianne Williamson*

최근 몇 년 동안 나는 매달 미 전역에서 수백 명의 사람들과 이야기를 나누었다. 도시와 시골의 강당 그리고 '래디컬 어니스트 엔터프라이즈'가 각지에서 조직한 워크숍을 통해 세미나를 열었다. 나는 내가 쓴 책의 사인회를 열었으며, 라디오와 텔레비전 쇼에서 나의 책과, '철저한 정직성' 워크숍에 관한 이야기를 하였다. 또한 교회나 기업, 여타 다른 사교 모임에도 나갔다. 나와 그들은 각자가 겪은 삶의 창조과정을 이야기했다. 우리는 서로를 공유하면서 창조를 통해 세상을 바꾸었다. 이제는 세상 전체의 이익을 위해 더 많은 친구들과 창조의 과업을 달성해 나갈 수 있다는 것과 우리와 함께 창조하고 싶어 할 사람들이 더 많이 있다는 것을 믿다.

창조의 과정에서 가장 필요한 것은 정직한 대화다. 우리와 사회가 성장해 감에 따라, '정치적'이란 단어는 새로운 의미로 우리 귀에 들리게 될 것이다. 지금까지 우리가 알게 된 것을 바탕으로 이제는 정치적인 문제와 부딪쳐야 할 것이다.

창조자 동맹 : 정부와 동등한 시스템의 구축

지금부터 내 친구 몇 명의 이름을 들고 그들 각각의 프로젝트를 예로 들어볼까 한다. 나의 오랜 친구인 로니 더거*Roni Dugger*가 1995년 〈더 내이션*The Nation*〉지에 게재한 '진정한 제자라면 일어서 보세요'라는 제목의 칼럼은 '민주주의 동맹' 운동을 불러일으켰다. 나도 이 운동에 참여하였다. 이 동맹의 주된 프로젝트는 세계의 지배세력 연합을 종결시키자는 것이었다. 1999년 3월, 볼더에서 열렸던 이 운동의 3주년 기념식에서, 나는 사이버 공간을 통해 인간의 상상력으로 이루어지는 모든 인류를 위한 새로운 국가를 만들어보자는 생각을 친구들에게 이야기하였다. 이에 대해서는 잠시 후 좀더 자세히 이야기하도록 하겠다.

베스트셀러인《사랑으로의 회귀*Return to Love*》와《기적의 과정 *The*

Course in Miracles》의 저자 마리안 윌리엄슨*Marianne Williamson*은《미국의 치유*The Healing of America*》라는 책을 통해 자신의 입장을 분명히 했다. 나는 밤잠을 설치며 몇 달 동안 고무되었다.《미국의 치유》에는 그녀가 잘 나타나 있다(특히, "난 어떡하지요?" (What Should I Do?)라는 소제목이 붙은 부분은 당신이 지금 읽고 있는 이 부분에 많은 영향을 끼쳤다). 이 책이 나오고 나서, 그녀는 미시간 주 교회 연합의 목사가 되었다.

변호사이자 작가 그리고 라디오 쇼 진행자인 마이크 파우디*Mike Foudy*는 나에게 전 알라스카 주 상원의원이었던 마이크 그래블*Mike Gravel*을 소개시켜 주었고, 나는 둘을 다시 로니 더거*Roni Dugger*에게 소개시켜 주었다. 두 '마이크' 는 자신을 스스로 다스리는 방편으로 필라델피아에 새로운 입법기관을 세울 것을 주창하였다.

마이크 그래블은 정부라는 조직형태의 진화를 다음과 같이 설명했다. 군주가 절대권력을 가지던 '왕권신수' 의 전통은, 의회 대표제로 진화했으며, 의회의 대표들은 왕의 권위를 그대로 이어받아 새로운 '군주' 로서 군림하게 되었다는 것이다. 마이크 그래블은 이제 이러한 대표들이 통치하는 시대를 접고 순수한 시민들이 자치하는 시대가 와야 한다고 주장하였다.

나는 이에 대찬성이다. 기술적 진보는 인류 역사상 처음으로 진정한 의미의 민주주의를 가능하게 하였다. 우리는 이제 '800' 수신자 부담 전화나 이메일을 통해 국민 투표를 실시함으로써, 개인에 의해 통치가 이루어지는 정부를 만들 수 있게 되었다. 그래블이 제시하는 방법은 국민 투표가 필요한 안건이 있는 경우 미국의 50개 주의 장관들이 그 내용을 모으고 정리하여 국민에게 알린 후, 30일에서 60일 정도의 기간을 두고 '800' 전화나 익명성이 보장되는 이메일 등, 우리가 사용할 수 있는 모든 의사표시 방법을 동원하여 의견을 수렴하고, 결정하자는 것이다. 이런 방식으로 새로운 정부의 정치인들은 이제 정말 국민들에게 영향을 끼칠 수 있을 것이다. 개인에 의한 통치가 실현되는 것이다.

moveon.org라는 사이트에서는 1998년과 1999년에 걸쳐 4만여 명이 클린턴 대통령 탄핵운동에 참여하였다. 이 운동은 정의로운 척하며, 도무지 국민들의 말에는 귀 기울이지 않는 공화당원들에 대해 역겨움을 느끼는(거짓말쟁이 정치인들로 유명한 미디어와 민주당원들의 경우도 마찬가지이다) 사람들에 의해 시작되었다. 우리는 의회가 대통령을 불신임할 것을 요구하였고, 대통령이 자신의 섹스 행각에 대해 끊임없이 거짓말을 늘어놓는 것에 대한 잘잘못을 따지는 데에 더 이상의 돈과 시간을 낭비해서는 안 될 것이라 주장하였다. 애초부터 예상되었듯이, 탄핵운동은 실패로 돌아갔다. 우리는 멈추지 않고 계속 운동을 펼쳐나갔지만, 예상보다 훨씬 많은 돈과 시간이 필요했다. 이제 moveon.org의 많은 사람들은 이러한 '척' 하는 상하 의원들에 반대하는 캠페인을 위해 많은 기금을 마련하였다.

이 민주주의 연맹의 일원이자 《기업이 세계를 지배할 때 When Corporation Rule The World》와 《기업세계 이후의 세계 The Post Corporate World》의 저자 인 데이빗 코튼 David Korten 은 은행과 다국적 기업에 관한 자료들을 현실적으로 잘 분석하여, 어떻게 하여 대기업들이 그들이 필요로 하는 수준에 맞게 캠페인과 로비 그리고 뇌물 제공을 통해 국가들을 지배하고 합법적인 민주성을 담보해 내는가를 설명하였다.

그의 비전은 '기업 세계'를 넘어 정신적·경험적 원칙에 입각한 새로운 경제 질서에 우리 모두가 참여하는 것이다.

《신과의 대화Conversation with God》와, 《신과의 우정Friendship With God》의 저자인 닐 도널드 월시는 우리와 같은 경제적, 정치적 관점을 가진 또 한 명의 친구이다. 그는 세계적으로 유명한 사람이 되었으며, 웹사이트 www.conversationswithgod.com을 통해 우리가 공동으로 노력하여 건설할 수 있는 세계공동체에 대한 자료들을 제공하고 있다.

한편 여러 권의 책을 연구하는 과정에서, 직접 만나지는 못했지만 나는 생각이 일치하는 많은 친구들을 알게 되었다. 1959년부터 계속된 시민인권운동, 1964년부터 시작된 베트남 반전 운동, 1966년 여름에서 1968년까지 계속된 하이트 애쉬버리Haight-Ashbury, 70년 초반에 있었던 미국 버스 인권 운동, 최근까지 진행되고 있는 담배와 각종 환각 약물에 대한 실험 및 캠페인 등… 나는 80년대와 90년대에 걸쳐 있었던 개인의 성장과 인간의 잠재력 개발 운동 등의 수많은 치료와 교육 과정과 여자와 동성애자들의 자유 신장을 지지하는 운동, 문화적 편견에 의해 2류 시민으로 분류된 이들의 인권신장 운동에 참여했던 많은 친구들을 만났다.

내가 만난 친구들 중 여럿은 이제 나이가 들어 세상일에 대한 많은 책임을 맡게 되었으며, 대부분 아직도 이 세계가 잘못 되어가고 있음을 인정하는 입장이다. 우리는 이러한 부분을 바꾸어 나가는 일에 중

점을 두면서 일을 하고자 하다.

지난 수년간의 경험을 통해 크게 느꼈던 점은, 바로 우리 모두가 너무나도 비슷하다는 것이었다. 우리는 같은 것을 원하고 있다!! 워크숍 과정에 참여한 거의 모든 사람들의 삶의 목적 선언문이 서로 비슷하였다. 세상의 모든 사람들이 굶주리지 않고, 행복할 권리를 가지며, 골고루 교육 받기를 원하고 있다. 사랑을 나누며 안전하게 살 수 있는 세상을 모두들 한결같이 꿈꾸고 있다.

T.S. 엘리엇은 50년대에 이미, 오늘날의 사회에 대해 "…시간은 돌고 돌아, 이상한 짐승이 태어나기 위해 베들레헴으로 향할 것이다…"라고 예언한 바 있다. 60년대에는 존 레논*John Lennon*이 다가올 미래를 'Imagine'이라는 노래를 통해 예언하고 있다.

천국이 없다고 상상해봐요.

한번 해보면 쉬워요.

저 아래 지옥도 없고,

우리 위에는 하늘뿐이죠.

모든 사람들이

단지 오늘을 위해 살아갈 뿐이죠…

국가가 없다고 상상해봐요.

그다지 어렵지 않죠.

죽이거나, 죽을 이유도 없고,

종교도 없어요.

모든 사람들이 평화롭게

살아가는 거죠…

소유가 없다고 상상해봐요.

할 수 있을지 모르겠네요.

욕심도 굶주림도 없고.

인류애만이 존재하죠.

모든 사람들이 온 세상을

공유하며 살아가죠…

나를 몽상가라고 할지도 모르겠네요.

하지만 나 혼자 생각은 아니죠.

언젠가는 당신도 함께 할 거예요.

그리고 온 세상은 하나가 될 거예요.

이것이 우리 모두가 원하는 것이라면, 왜 같이 할 수 없을까? 우리를
방해하는 것은 구닥다리 패러다임과 인습 그리고 무지다. 우리 모두는
같은 생각이니 지금 당장 함께 하자! 내게 시작할 수 있는 좋은 방안이
하나 있다.

새로운 국가의 창설

나와 내 친구 톰 제임스*Tom James* 그리고 우리의 모든 친구들은 새
로운 국가를 건설하기로 동의했다. 우리는 이 책을 통해 수많은 사람
들에게 새로운 국가의 시민이 될 것을 권하였다. 이 새로운 국가의 근

간(根幹)은 정직과 자유다. 우리는 이 국가의 가장 핵심이 되는 원리를 '일관적인 정직성'으로 정하였다. 우리는 이 새로운 국가를 '현존하는 통제구조를 변화시키는 맥락'으로 설정하고 있다.

우리는 현재 세계의 정치와 경제를 주도하는 각종 연합기구와 동등한 권력을 행사할 수 있는 시스템을 구축하고, 이전의 정치기관과 보완적인 관계를 유지할 것이다. 마치, 당신이 새로운 컴퓨터를 사용하고자 할 때 새로운 시스템이 정착하기 이전까지, 전에 사용하던 운영체계를 병행하며 사용하는 것처럼 말이다. 일단 이 새로운 국가구조가 정착되고, 우리의 새로운 시스템이 충분히 증명되고 성장한 후에는 이전의 정치기구를 완전히 새로운 시스템으로 대체할 것이다.

이런 생각이 어쩌면 황당하고 우습게 들릴 수도 있겠다. 우리가 만약, 이러한 시스템을 우습게 생각하는 시선들을 우리 쪽으로 사로잡을 수 없다면, 어쩌면 한동안 비웃음만 사다가 끝나버릴 망상일 수도 있다. 그건 안 될 말이다. 우리는 반드시 이 시스템을 맥락으로 만들어 낼 것이다. 우리는 단순히 그 자리만을 차지하고 있는 것이 아니라, 맥락을 창조함으로써 반대 의견, 비판, 저항의 성격을 지닌 운동들을 포용하여, 오히려 이 시스템을 구축하는 데에 도움이 되는 쪽으로 작용하도록 만들 것이다.

먼저 초국가적 기업보다 영향력을 키운 후 기존의 정부조직을 조금씩 대체하며, 마침내는 완전히 그것을 대체하게 될 것이다. 이 운동에 참여하라. 누군가가 우리가 뭘 하는 집단이냐고 물으면, 우리는 새로운 컬트 집단이며, 세계를 정복할 계획을 가지고 있다고 답하라(우리가 하고자 하는 일의 근본은 처음부터 끝까지 정직하게 이야기하는 것이다). 구체적으로, 이 새로운 정부에 당신이 참여하는 방법은 다음과 같다.

세상에서 일어나는 일에 대한 정직한 이야기를 듣기, 그것에 대해 이야기하기, 첫인상 이야기하기, 당신이 생각하는 대안을 솔직히 이야기하기, 나머지 사람들이 그 대안을 평가할 기회를 주고 상호간의 피드백을 통해 수정하기….

우리가 건설할 국가의 이름은 '존재연합국(The United States of Being)'이다. 이 지구상에 살고 있는 사람은 누구나 이 국가에 속할 자격이 주어진다. 투표권이 있는 국민이 되려면, 가입하기로 맘먹고, 당신이 원하는 안건에 투표하기만 하면 되는 것이다.

당신의 국가가 어디이든지, 그냥 이 새로운 국가의 국민이 되겠다는 의사표시만 하면 된다. 당신의 국가를 탈퇴할 필요도 없다. 우리에게 당신의 이메일과 집 주소만 알려주면, 당신에게 계속하여 우리 정부의 발전상과 새로운 안건, 그리고 새로운 시스템에 대한 소식들을 전할 것이다. 우리의 웹사이트는 www.radicalhonesty.com이다. 지금 바로 들어와서 가입해보라. 그리고 당신의 친구들에게 가입을 권유하라.

전 세계를 우리가 넘겨받기 전까지, 이런 작업을 단계적으로 행하면서 그 영역을 확장시켜 나가는 것이 좋겠다. 시간이 좀 걸릴 수도 있겠지만, 뭐 어떤가? 사실 달리 당신의 인생을 소모하며 보낼 더 좋은 일이 딱히 없다는 생각이 들지 않는가?

혹시 이메일이 없는 사람들은 1-800-ELL-TRUTH 전화로 가입 신청이 가능하다. 일을 좀더 크게 만들기 위해, 우리는 수백만 명 정도의 회원이 필요하다. 어서, 많은 친구들을 모집하여 빨리 일을 시작해보고 싶다.

이 존재연합국의 창립을 위한 임시 중앙지국은 나의 집, 즉 북아메리카 미국 버지니아 주의 셰난도 계곡에 위치한 92에이커 크기의 '참새매(Sparrowhawk)' 농장이다. 가입자가 만 명이 넘으면, 헌법과 같은 기본 정책에 대한 투표를 실시할 것이다.

모든 투표는 찬반 투표며, 온라인을 통해 30일 동안 행해진다. 이 메일 혹은 800 전화로도 투표는 가능하다. 투표가능 연령은 12세부터이다. 규모가 커지게 되면 우리는 음성인식 시스템을 설치하여, 중복 투표 및 대리 투표를 하지 못하도록 방지책을 마련할 것이다.

우리가 궁극적으로 추구하는 것은 새로운 경제 질서의 구축이다. 모두들 이 운동에 참여하여 모든 사람에 의한, 모든 사람을 위한 국가의 건설에 일조하길 바라는 마음 간절하다. 이 일을 통해 가능한 일이 얼마나 많은지 사람들에게 알려야 하다. 이 일을 시작하는 데에 필요한 사람의 수는 전 세계에서 컴퓨터를 소유하고 있는 사람의 1%도 되지 않기에, 우리는 컴퓨터를 통하여 이 운동을 확산시켜나가는 것이 가장 효율적이라고 판단하였다. 물론, 이 새로운 정치 시스템에 이용할 소프트웨어도 개발하고 있다.

프리래디컬

우리는 스스로를 '프리래디컬(freeradical : 의학용어. 체내에서 형성되는 음극의 성향이 강한 물질. 주로 세포 등에 붙어 그 물질의 음극(전자)을 흡수함으로써, 그 물질을 파괴시키는 역할을 한다. 이따금 유전자에 붙어 그 생물체의 유전적 변화를 일으키는 원인을 제공하기도 한다. - 역자 주)'이라 부fms다. 이는 우리들이 가진 파괴적이며, 동시에 창조적인 기능과 의도 때문이다. 생물학적으로 볼 때, 이 프리래디컬(혹은 그냥 '래디컬'이라고도 함)이라 하는 물질은 너무 많으면 암이 되기도 하기 때문에 그다지 좋은 것에 속하지는 않는다. 하지만 이따금씩 유전자의 돌연변이나 구조적 변화를 유발시켜, 그 생물체가 진화하는 데에 결정적인 역할을 하기도 한다. 이러한 프리래디컬의 성격을 인용하여, 우리는 스스로를 그렇게 부른다.

우리는 현재의 정치구조를 파괴하고자 한다. 그렇다고 폭력을 사용하는 것은 아니다. 우리가 종식시키고자 하는 것은, 기업의 세계지배와 하향식 의사결정 구조, 국경, 세계경제 질서, 현존하는 교육, 종교체제들이다. 이 모두는 우리가 살고 있는 이 시대의 '환경'이며, 우리의 세력이 성장함에 따라 파괴되고, 대체되어질 것이다. 우리는 돌연변이이다. 우리는 죽음과 진화만큼이나 확실하다. ('세금'은 확실하지 않다. 그 문제에 대해서는 아직 투표하지 않았다.)

이렇게 가입하라. 당신이 사이버 상에, 사람들의 상상을 통해 만들어진 존재연합국의 시민이 된 것을 선언하라. 헌법을 포함한 몇몇 안건에 대한 투표를 마친 후, 미국 정부와 다른 여러 나라의 정부에 영향력을 행사할 수 있는 정치적 세력을 구축할 것이다. 아울러 현존하는 경영 시스템보다 훨씬 더 강력한 대안을 발견하게 된다면, 우리는 지체 없이 새로운 시스템으로 대체할 것이다.

돕고 싶다면 다음의 독립선언문을 읽고, 거기에 서명하라. 우리 웹사이트에 이 선언문이 나와 있으며, 당신은 그것을 다운로드 받아서 친구들에게 보낼 수도 있을 것이다.

새로운 국가 형성을 위한 캠페인

당신이 이 새로운 국가의 형성에 도움을 주고 싶다면, 다음과 같은 편지를 써서 당신의 친구들에게 우편, 또는 이메일로 보내라.

친구에게,

나는 한 집단에 가입했어. 이 집단은 규모가 매우 크며, 매일 매일 그 세력을 확장하고 있지. 이 집단은 자신이 생각하고, 느끼며, 하고 있는 일에 대해 정직할 것에 그 초점을 두고 있어. 우리는 서로의 성장에 도움을 주려고 하지. 한 가족부터 시작했지만, 지금은 더 큰 단위의 가족인 국가와 기업, 그리고 다국적 기업 및 정부에 영향을 끼치는 각종 이익집단의 경우에까지 확장하고 있어.

이 모임의 출발점은 잘못된 문화로 인해 상처받고, 이를 치료하고자 하는 사람들에서부터야. 이 집단의 리더 중의 한 명인, 브래드 블랜튼이라는 사람이 이 모든 집단의 사람들과 대화를 나누는 과정에서 얻은 생각과 계획을 책으로 쓰게 되었고, 인터넷을 통해 자신의 생각에 동의하는 사람들을 모으기 시작했어. 그러다 결국 '새로운 국가를 건설하면 어떨까?'하는 생각을 하게 된 거야.

많은 사람들이 현존하는 정부와 정치에 좌절과 환멸을 느끼고는, 실패를 교훈삼아 새로운 패러다임을 건설하고, 그러한 틀 속에서 새로운 체제를 만들고자 노력하고 있어. 이 새로운 체제는 시험과정을 거쳐 서서히 기존의 정치 시스템을 대체하게 된다는 계획을 가지고 있지.

우리는 이 국가에, 이 세상에 살고 있는 모든 사람들을 포함시키길 원해. 그리고 이와 관련된 원칙들은 다음의 '새로운 밀레니엄에 대한 독립선언'에 잘 나와 있어.

이전에 미국이란 나라를 건설하는 과정에서 영국 왕에게 선언했던 것처럼, 이제 기존의 경제 질서에 의해 운영되는 구 패러다임에 대해 독립선언을 하는 거야. 이전의 혁명을 피의 혁명이라 한다면, 지금의 혁명은 의식의 혁명이지. 새로운 형태의 혁명! 잘 맞지 않은 모델에서 모든 사람에게 잘 맞는 새로운 모델로의 혁명. 어려울 것 같니?

한편 우리는 다음과 같이 새로운 독립선언문을 작성하였다. 이것은 초안이며, 이것에 의해 우리의 새로운 국가 건설은 엄숙하게 선언된다. 우리는 당신이 우리나라의 국민이 되길 원하다.

새로운 밀레니엄을 위한 독립선언서

인류 역사의 흐름 속에서 인류가 모리배 정치도당들을 해체하고 자연의 법칙이 인류에게 부여한 고결하고도 평등한 지구 통치의 권력을 세우고자 노력하는 과정이 필연적이라고 볼 때에, 인류의 의견이 정중하게 취급되고 또 존중되기 위해서는 그 정치도당들을 추방해야 할 당위성에 대한 선언이 필요하다.

모든 인간은 평등하고, 개인은 양도할 수 없는 일련의 권리를 가지고 있으며, 이러한 권리에는 생활권, 자유권, 행복 추구권 등이 있다는 진리를 자명(自明)하게 하고자 한다. 이 권리를 보장하기 위해서 조직되는 것이 정부이며 그 권력의 정당성은 피통치자로부터 나오게 된다. 어떤 형태의 정부이든지 간에, 정부가 이 원래의 목적을 파괴하게 될 때, 그 정부를 폐지하고, 새로운 정부를 조직하며, 자신들의 안녕과 행복을 추구하기에 가장 효과적인 원칙과 조직을 다시 건설할 수 있는 것은 국민의 당연한 권리다.

그러나 일단 설립된 정부는 쉽사리 교체되어서는 안 된다. 그리고 역사적인 경험으로 볼 때, 인류는 자신이 이미 익숙해진 제도와 정부가 자신에게 부당한 고통을 주는 경우에, 그들을 폐지하여 바로 잡기보다는, 그 고통이 어느 정도 견딜 만하다면 그냥 견디고자 하는 경향이 있다. 하지만 권력의 남용과 부당한 약탈, 소수를 위한 목적에서 비롯된 강제집행 등의 행위가 오랫동안 지속되어, 그 국민들의 권력을 축소시키며 독재의 징후를 강하게 드러낸다면, 그러한 정부를 전복시키고, 미래의 안녕을 보장하기 위한 새로운 안전장치를 설립하는 것은 국민의 권리이자 의무다. 20세기 말부터, 인류는 현재의 경제, 정치 질서의 부당함을 오랫동안 견디어 왔으며, 이제는 그들의 지배 시스템을 바꾸어야 할 때가 왔다고 느끼고 있다.

20세기 지구상의 다국적 기업과 국제 정치 기구의 역사는, 전 인류에 대한 절대 독재권력을 휘두르며, 소수만의 목적을 위한 상처와 약탈과 독점의 역사이다. 이를 증명하는 세계의 현실은 다음과 같다.

현재 세계 제일의 경제강국인 미국의 정치는 여러 실질적인 측면에서, 군사적 이익이나 준 군사 첩보조직 그리고 전쟁을 선호하는 정치 조직들과 세력을 규합한 다국적 기업들에 의해 부당하게 통제되고, 영향 받고 있다. 미국의 3권, 즉 입법, 사법, 행정부 중 그 어느 부분도 이 영향력 바깥에 놓여 있지 않다. 양당 체제라는 허울 좋은 시스템을 유지하고 있는 미국의 정치 체제는 고용된 로비스트들과 당을 초월한 캠페인 등의 수단을 동원해, 기업들로 하여금 막대한 자금을 이용해 현

정치, 경제 질서에 대한 반대세력들을 제거할 수 있는 법들을 통과시키고 있다. 현 미국의 입법, 사법, 행정부는 자신들의 권력을 제한하거나 비민주적인 기업과 소수에 국한된 이익 추구를 금지하는 내용의 법을 통과시키거나, 혹은 지지하는 일이 없다.

현재는 전시가 아님에도 불구하고 20세기 미국의 방위산업 예산은 국민 총생산에서 너무나도 많은 부분을 차지하고 있다. 국가는 평화 시에도 여전히 우리의 동의 없이 우리 가운데 군대를 세워 놓고, 국민들이 알지 못하는 비밀 조직들을 지원하고 있으며, 군사력은 국민의 힘으로부터 항상 독립적이며 우월적인 위치에 있다. 적어도 36개 이상의 비밀 조직이 국가안보라는 명목 하에 국민의 세금으로 운영되고 있으며, 이러한 군사조직 및 준군사조직의 활동 중에 일어나는 큰 비리나 실수들은 관련자들이 모두 퇴역하고 몇 십 년 후에나 알려져서, 그러한 활동을 축소시키고자 하는 국민들의 노력을 무색하게 만든다.

건강을 유지할 수 있다는 것은 권리라기보다는 특권이다. 이것은 개인이 얼마나 많은 돈을 소유하고 있는가에 따르는 특권이다. 국가 전체의 권력과 맞먹을 만한 거대한 경제규모의 보험회사는 같은 수준의 재력을 가진 제약회사와 역시 거대 기업의 지원을 받는 여러 의료기관들과 규합해 담합을 이루어, 엄청난 부당이익을 나누어 챙기고 있다. 이러한 연맹세력은 전 미국 시민들을 위한 합리적인 의료시스템을 확립하려는 모든 노력들을 무산시키고 있으며, 이에 따라 훨씬 더 많은 나머지 미국 시민들이 의료기회를 공평하게 받을 수 있는 기회를 박탈당하고 있다. 더한 것은, 이러한 미국 의료계의 동맹 세력들이 전 세계적 수준의 공정하고 합리적인 의료시스템의 구축마저 어렵게 하고 있다는 사실이다.

지구상의 강대국에 있어 법치(法治)라는 것은 미스터리다. 모든 법정은 부패되었고, 구제불능인 상태이다. 교화 시스템은 이름뿐인 허울이다. 이전에 보기 드문 비율로 감옥의 수는 빠르게 증가하고 있으며, 이곳은 출생부터 불행한 이들로 대부분 채워진다. 그리고 오직 이들이 남은 인생동안 기존의 제도에 순응하며 살 수 있도록 면역능력을 키워주는, 즉 사회체제의 유지에 있어 효과적인 교화기관의 역할만을 충실히(?) 수행하고 있다. 법에 의한 통치라는 것은 인간에 대한 동정심에서 이루어지는 것이 아니라, 법률 등의 원칙을 위한 원칙 그 자체의 가치에 대한 준수 여부에 그 정의의 초점이 놓여진 채, 가치에 대한 서로 다른 의견을 가진 신념간의 치열한 공방전의 장에 불과하다. 자신의 신념이 거룩하고 절대불변의 원칙이라고 믿는 이들에 의해 이루어지는 이 법정의 '십자군 전쟁'은 사람들의 절박한 요구로부터 발생되는 법정 문제들에 대한 신속한 해결과 그 창조적 실행을 지연시키고 있으며, 필요에 의해 발생되는 인류의 문제들을 합리적으로, 그리고 유연하게 처리할 수 있는 사법 시스템의 구축 자체를 어렵게 만들고 있다.

지구상에서 가장 큰 규모의 기업은 불법 마약을 파는 회사며, 그 마약은 대부분 진통제다. 미국에서 수십 년 동안 진행되어 온 '마약과의 전쟁'이란 시나리오 하에, 의료업계 연맹, 미국의 의료 체제, 준 군사첩보기관과 입법 시스템…. 이들 연합세력들은 한데 뭉쳐서, 약품 선택을 불법화시키고, 다른 나라도 이를 적용하게끔 압력을 넣어 왔다. 이런 방식으로 암시장은 유지가 되고, 인종차별적인 교화 시스템은 계속 돌아가고 있으며, 무능한 경찰과 군인들을 제외한 나머지 중노동 직업들이 유지되어 왔다. 그나마 이런 암거래를 통한 진통제라도 공급받지 못한 이들은 합법적인 제약회사를 통해 똑같은 마약을 아주 비싼 값을 주고 사야만 한다. 이들 회사들은 이러한 약품들이 여러 신체적 질병을 막아주거나 치료하는 데에 획기적인 효과가 있다고 선전하지만, 사실 대부분의 신체적 질병은 사회적 병리현상으로부터 온다는 사실을 그들은 누구보다도 잘 알고 있다.

미국 정치에 있어서 양당 체제라는 것도 또 하나의 미스터리다. 두 가지 이름을 가진 하나나 다름없는 이 두 당은 다국적 기업의 자본가들에 의해 운영되며, 비밀 협정, 로비, 공중파 미디어를 통한 여론조작 등의 수단을 통해 국민들을 자신의 통제 하에 둔다. 쉴 줄 모르는 뉴스쇼는 마찬가지로 거대 기업들에 의해 통제된다. 최저 임금을 결정하는 '두' 당의 논쟁을 예로 들어보자. 공화당은 비교적 적은 수준의 최저 임금을 주장하고, 민주당은 비교적 높은 수준의 최저 임금을 주장한다. 전체 논쟁은 비교적 적은 수의 '보수파'와 보다 많은 수의 '진보파'의 입장에 국한된다. 그만큼의 사람들과 그만큼의 의견만이 미디어를 통해 보인다. 서커스는 계속되고, 기업의 이익 기준에 맞추어져 통제되는 미디어는 이 쇼를 다시 보도하고 재해석한다. 이러니, '최저 임금'에 대한 진지하고 진정한 의미의 고찰 및 논의는 이루어질 리 만무하다. 제시되는 기준 자체가 시장의 기준을 나름대로 분석한 소수의 자본 분석가들과 기관들에 의해 주어지는 것이니만큼, 최저 임금이 합리적인 수준으로 끌어올려질 가능성은 희박하다. 미디어의 관심은 오로지 이 이슈가 어떻게 하면 센세이셔널하게 대중에게 보일 수 있을까에 있을 뿐이다. 이 잘 조작된 서커스는 대중들에게 즐거움을 주기 위해 만들어진 것이며, 대중들의 전체 생각을 대표하고 있는 것처럼 보여주며, 그것을 보는 대중들의 약물중독 상태를 지속하게끔 해 준다. 이는 불법적인 약물의 보급과 제약회사들의 노력만으로는 불충분한, 국민들의 의식을 중독 시키는 노력을 보완해주는 역할을 하고 있는 것이다.

이러한 형태의 탄압은 실로 모든 분야에 걸쳐 일어나고 있으며, 수백만 달러가 소요되는 광고와 캠페인에 의해 매수된 국민의 대표들에 의해 그 강도가 높아지고 있다. 우리는 이러한 점을 지적하고 시정을 원하는 탄원을 여러 차례 냈었지만 번번이 무시되었다. 우리는 그들에게 우리에 대한 그들의 권한을 부당하게 확장시켜나가는 것의 위험성을 재차 경고한 바 있다. 우리는 그들에게 미국의 헌법에 명시되어 있는 국민의 권리에 대해 이야기하였고, 동일한 헌법 하에 정부와 그리고 그들의 규제가 위치하고 있음에 대해 몇 번씩 설명하였으나, 그들은 별로 귀 기울이지 않았다. 우리는 그들 마음속에 존재할지도 모르는 원초적인 정의감과 관대함에 호소하였으며, 전 세계에 널리 퍼져 있는 인류에 대한 동족애에 대해 이야기하면서, 우리 인류들 사이에 존재하는 친밀감과 의사소통의 체계를 해치게 될 권력의 남용을 즉각 중지하고 이를 부정하라고 탄원하였다. 우리는 캠페인 예산 책정에 대한 개정을 반복적으로 요구하며, '두' 당에 있는 모든 사람들로부터 이러한 개정의견에 찬성하는 의견을 들었지만, 지난 30년 동안 캠페인 예산 책정에 대한 개정은 한 번도 일어나지 않았다.

미합중국의 국회, 사법부 그리고 행정부는 매수되었다. 그들은 정의와 동족의 목소리에 귀를 닫고 있다. 그들은 자신들의 공동의 이익을 추구하기 위해 담합하였으며, 같은 이유로 담합한 거대기업들에 의해 철저하게 조정되고 있다. 그들의 당선은 국민에 의한 것이어야 하건만, 실질적으로는 결국 돈의 힘으로 당선된 것에 불과하다.

이에 우리는 우리들의 독립을 선언할 필요가 있음에 동의하며 각 분야의 대표들을 모두 포용하는 방식으로 독립은 이루어질 것이다. 이는 우리가 전시의 적들, 평화 시의 친구가 될 수 있는 나머지 모든 인류를 포용하려는 의도다. 이 전쟁은 인간에 대한 동정심을 자신의 최고의 가치로 여기는 사람들의 이성과 다른 인간에 대한 지배와 통제에 자신의 온 생애를 바치고 있는 사람들의 이성간의 전쟁이다. 이 전쟁은 전장에서 치르는 것이 아니라 개인의 가정, 그리고 지역 사회, 시장, 인터넷, 친구와의 친밀한 대화, 부부 또는 연인 간에 이루어지는 은밀한 대화, 모든 거리에서 이루어지는 일상적인 대화, 그리고 지구상의 모든 생명의 분야에서 이루어지며, 지금 이 순간부터 온 인류가 하나의 옷을 입고, 통제와 지배의 고통에서 벗어나 서로의 존엄성을 존중해 주는 날이 올 때까지 지속적으로 이루어질 것이다.

현재 지구상의 모든 인류를 100명으로 환산하며, 그 구성요소간의 비율은 그대로 유지시킨다면, 현 지구의 상태는 다음과 같이 표현될 수 있다.

- 70명은 문맹
- 50명은 영양실조
- 80명은 거주지가 수준 이하
- 대학교육을 받은 사람은 1명

- 전 세계의 부의 50%를 운영하고 지배하는 사람은 불과 6명 ; 그 6 명은 모두 미국 사람
- 컴퓨터를 소유하고 있는 사람은 한 명도 채 안 됨

　　　　 − 마리안 윌리엄슨, 《미국의 치유 *The Healing of America*》

　우리, 새로운 질서의 창시자들은 현재의 부와 권력의 부당한 균형 상태를 유지하고 있는 기본 구조를 바꾸고자 한다. 전 인류에게 부여된 기회를 제한하고 있는 이 한계적 구조는 그것이 근거하고 있는 경제 질서가 변화될 때 가능하고, 이러한 변화는 소수가 제시하는 달러의 가치보다 나머지 국민들의 화합된 목소리가 더 중요하게 여겨질 때 또한 가능해진다. '우리는 인간이 돈보다 더 중요하다'고 주장하는 바이며, 이를 반영하는 새로운 세계 질서를 구축할 것을 주장하고, 필요하다면 새로운 통화체제의 구축까지 주창할 것이다.

　이에 우리 존재연합국의 대표자들은 이 세상의 모든 선한 사람들의 이름으로 그리고 그들의 권한에 의해 우리 존재연합국이 자유로운 독립 국가임을 엄숙히 공표하고 선언하는 바다. 이는 이 국가의 활동이, 인간의 의, 식, 주, 건강, 교육 그리고 인간을 위한 지구환경의 회복에 대한 인간의 기본권을 침해하는 활동에 참여하도록 강요하는 직 · 간접적인 정부 및 기타 기관의 활동보다 우선함을 의미한다. 우리는 이 존재연합국이라 불리는 새로운 국가를 새로운 맥락으로 창조할 것이며, 그 맥락 속에서 모든 정부조직과 사업, 기업과 모든 인류의 기관들을 포용한 개개인과 집단들의 연합은, 인류 사이에 전쟁이 더 이상 발생하지 않고, 기아문제가 종결되며, 모든 사람들에게 살 만한 거주지

가 공급되고, 생태학적 균형이 회복되며, 모든 인류의 건강과 복지, 그리고 기초 교육이 보장되는 세계를 만들고자 하는 공동의 목표를 추구한다. 이 선언에 대해 우리는 우리의 삶과 행운, 그리고 성스러운 명예를 걸고 상호간에 맹세하는 바이다.

－브래드 블랜튼 *Brad Blanton*

만약 여기에 동참하고 싶다면, 우리 웹사이트를 방문하여 서명하라. 우리의 주소는 : http://www.radicalhonesty.com이다. 컴퓨터가 없다면 1-800-EL-TRUTH 로 전화하면, 서식을 보내드리겠다.

CHAPTER 29

새로운 세상으로의 출구

변화 과정에 다른 사람들을 참여시켜 그들과 함께 서로의 마음에 대해 참견하고 지적하며 상호계몽의 관계를 지속시키게 되면, 요구하는 대로 단순하게 그 사회에 적응해 나가는 것보다 훨씬 큰 스케일의 게임을 할 수 있다. 이 새로운 게임은 너무나 커다란 게임이어서 당신과 당신의 친구 모두가 참여할 수 있다. 그리고 당신의 삶은, 베르너 에르하르트*Werner Erhard*가 이야기한 것처럼, '공간을 떠돌아다니는 먼지에 붙은 보잘 것 없는 하나의 점'이 더 이상 아니게 된다.

나의 친구인 니르바나 카블*Nirvana Cable*이 '출구 프로젝트(Gateway Project)'라 이름 지은 몇 가지 프로젝트들이 있다. 이 프로젝트는 이 지구상에 존재하는 모든 인류와 연관지어진다. 지금부터 이야기하고자 하는 것은 이 출구 프로젝트가 어떻게 해야 동시에 일어날 수 있고, 아니 동시에 일어나야만 하는지에 관한 것이다.

출구 프로젝트

앞의 장에서 예로 들었던 세계 기아문제를 종결짓는 것도 '출구 프로젝트' 중의 하나다. 왜냐하면 이 프로젝트는 생명을 구하는 일을 함으로써, 앉아서 불평만 늘어놓는 수동적인 자세를 탈피하여 능동적이고 적극적인 인간으로 변화할 수 있는, 자신의 삶의 에너지를 훌륭하게 사용할 수 있는 좋은 출구가 될 수 있기 때문이다. 이 프로젝트는 기아에 허덕이는 사람들 – 이들의 대부분은 어린이들이다 – 을 위해 세상을 다시 창조하자는 '맥락'을 창조해 내는 것을 의미한다. 기아 퇴치 운동의 일반적인 목적은 굶주림으로 죽어 가는 사람들에게 식량을 주자는 것이다. 출구 프로젝트는 여기에 덧붙여 이 프로젝트에 참여하는 우리 모두가 넉넉히 가지면서 자신의 것을 나누어 줄 수 있는 '베푸는 자로 변화' 하자는 것이다. 이 세상의 문제를 자각함으로써 자발적인 마음을 갖자. '출구 프로젝트'에 의해 살다 보면, 당신의 삶이 불평과 신음의 삶에서 기여와 충만의 삶으로 변하는 것을 느끼게 될 것이다. 그리고 자기밖에 모르는 마음의 한계를 벗어나 인류라는 아주 큰 가족사(家族事)에 참여할 수 있게 된다.

지구상에서 가장 가난한 1억 가정이 조그만 사업을 시작할 수 있도록 기금을 조성하려는 샘 데일리 – 해리스*Sam Daley-Harris*의 프로젝트도 역시 출구 프로젝트다(가난한 여자들에게 소 사업 자금을 대출해 주어, 거기서 얻은 이익을 생활비로 쓸 수 있도록 하는 것이다). 새로운 세계정부를 만들기 위한 '존재연합국(United States of Being)' 프로젝트 또한 출구 프로젝트이다. 세계 곳곳에서 일어나고 있는 분쟁들을 해결하고자 하는 존 막스John Marks와 그의 친구들의 '공동의 장을 찾아서(The Search for Common Ground)' 운동도 마찬가지이다. 세계기업과 미국과 같은 거대한 국가들의 세계지배를 종식시키고자 하는 민주주의 연합 운동 또한 그것이다. 마리안 윌리엄슨과 닐 도널드 월쉬의 '르네상스 동맹(Renaissance Alliance)'도 그러하다. 자연 보호를 위해 땅을 사들이고 있는 '자연 보호 운동'도 출구 프로젝트이다. 있는 대로 일일이 다 대자면 끝이 없다. 생태 보존 운동(Ecology movement), 양식 비즈니스맨과 군사 지도자들의 연합, 녹색당(Green Party) …….

이 모든 출구 프로젝트들은 공감대가 형성될 때에 어떠한 힘을 발휘하는가를 보여 주고 있다. 이 모든 운동은 이 땅에 새로운 세계를 만들어 보자는 공통점을 가지고 있다. 출구 프로젝트를 위해 노력하는 사람들은 바로 세계창조의 협력자들인 것이다. 이 모든 사람들은 나의 친구인 니르바나 카블과 그의 협력자들의 프로젝트인 '파라다이스 프로젝트' 하에 모일 수 있다.

변화된 인간의 능력은 놀랍다. 나는 지금 만화 속의 공상을 지껄이고 있는 것이 아니다. 난 실제로 일어날 수 있는 일에 대하여 이야기하고 있다. 기아를 종결시키고, 위생과 청결 그리고 영양 공급 등의 의학을 가르치고, 글을 가르치며, 중재를 통해 분쟁을 중지시키고, 금전주의를 민주주의로써 극복하며, 불공정한 법률을 개정하고, 감옥 안에 있는 죄수가 지금의 10분의 1로 줄어들며, 방위산업이 퇴보하는 등, 옛 패러다임에 의해 진행되고 있는 괴수와도 같은 일들이 완전히 중단되며, 그 대신 새롭고 합리적인 패러다임에 의한 프로젝트들이 추진될 수 있도록… 그것도 곧… 적어도 2년 안에 가능하게 하는 일에 대해 이야기하고 있는 것이다.

우리가 해야 할 일은 우리 인류의 공통적인 심성과 관심사를 찾아내 이를 통해 함께 일할 수 있도록 만드는 것이다. 이렇게 하면 세상을 보는 시각이 달라진다. 일단 세상을 보는 시각이 바뀌면, 우리는 여러 협정과 규칙, 그리고 의사소통의 수단들을 설정할 수 있게 된다. 그리고 우리와 같이 깨어 있고 변화된 사람들을 찾아내어 그들이 서로 협력하여 일할 수 있도록 연결하여 주기만 하면 된다.

물론, 이것은 보통 큰 일이 아니다. 하지만 생각해 보라! 달리 무슨 할 일이 있을까? 이제 우리가 같은 것을 원하고 있으니, 힘을 합쳐 우리가 원하는 것을 얻자!

이제 이 일이 가능하다고 서로 부추겨 주면서, 계획을 세우고 일을 진행시켜 나가야 한다. 우리는 새로운 패러다임에 바탕을 둔 새로운 정치 조직을 만들 수 있다. 그리고 이전의 조직 속에서 고통 받던 사람들의 고통을 줄여줄 수 있다.

이러한 일들을 실행시킬 수 있는 도구가 바로 '철저한 정직성'이다. '철저한 정직성'은 어떤 일을 피하거나 부정하지 않는 것이며, 특히 자신의 방식이 유일한 진리라는 생각에 너무 집착함으로 인해 15초 간격으로 분노하는 상태로부터 벗어나는 것과 관련이 있다. 우리들이 생각하고 느끼며, 행하는 일에 대해 서로에게 정직한 태도를 가지고 이야기를 나누는 것에 대한 일이다.

마오쩌뚱은 인류역사상 가장 많은 사람들이 관여된 조직적 과업을 완수한 바 있는데, 그것은 1949년부터 1952년 사이에 중국에서 기아문제를 완전히 종결시킨 일이다. 어쩌면, 이렇게 이야기하는 것이 사건을 너무 단순화시키는 것일지도 모르지만(나를 고소해도 좋다!) 내가 생각하는 이 사건의 전개는 다음과 같다.

전쟁이 끝난 후에, 그는 적군(赤軍)을 시골의 모든 마을에 보내어, 30가족을 한 단위로 하여 친교모임을 갖도록 제시하였다. 그 이후로, 각 단위들은 일주일에 몇 번씩 모임을 가졌다. 모임의 의장은 돌아가면서 모두 한 번씩 맡을 수 있도록 했다. 물론 여자도 마찬가지이다. 모임의 형식은 일정하며, 다루는 의제만 바뀌었다. 의장이 일어나 자신의 모자를 벗어 가슴에 대면서 다음과 같이 이야기하다. "이제 슬픔을 이야기합시다." 사람들은 서로에게 불평을 이야기하고, 억울함을 토로하며, 서로를 비난하면서 다음과 같은 이야기를 하다. "도대체 지난 일요일 날 왜 우리 집 잔디를 깎아주지 않은 거요?", "당신이 그 빌어먹을 트랙터를 제때 빌려 주지 않았지 않소?" 약 10분이 지난 후에, 의장이 다시 일어나 이야기하다. "이제 그만 이야기합시다." 그런 후에, 문제를 풀어 나갑니다. 3년도 채 되지 않아 중국 전역의 기아문제는 말끔히 해결되었다.

중국의 단위별 토론도 일종의 '철저한 정직성' 과정이라고 말한다면, 너무 광범위한 적용이 될 수도 있겠다. 물론, 적군(赤軍)이 이 과정에서 많은 사람들을 죽이고 만행을 저지른 것은 사실이지만, 어쨌든 3년 후에 기아 문제는 종결되었다.

　모든 사람들에게 효과가 있는 세상을 만들기 위해서는 다음과 같은 일들이 일어나야 한다. 한 가지 일을 함께 노력하는 데에 동의하고, 자신만의 '신념'에 너무 집착하는 것을 극복할 수 있을 때까지는 그로 인해 발생하는 분노를 억제해야 한다. 나눔을 통해 서로를 더 잘 알아야 하며, 자신의 집착과 약점, 자신의 신경을 건드리는 일들에 대해 서로 솔직하게 다 이야기해야 하다. 서로를 완전히 신뢰할 수 있을 때까지 말이다. 집단의 단합을 이끌어낼 지도자는 '모든 소들이 우리로 돌아올 때까지' 계속해서 그들을 포용하고 받아들여야 한다.

　이 운동은 의식 있는 지도자들로부터 시작해야 한다. 먼저 우리 동료들은 완전히 단합될 때까지 계속 스스로를 우선적으로 단련시켜야 한다. 우리의 느낌, 신체, 활동, 변태적 성향, 위세에 대한 환상, 콤플렉스, 좀스러움, 미해결 상태인 과거사, 흡연, 오럴섹스, 자위행위, 거짓말, 육체적 단련 등에 대해 어느 누구보다도 솔직할 수 있어야 하다. 우리는 재미있게 리드할 수 있어야 하다. 사람들이 끔찍하게 여기는 '교관'의 이미지가 되어서는 안 된다. 우선 '용서' 과정이라는 만만치 않은 프로그램을 제일 먼저 실행하는 데 동의해야 한다.

　우리는 새로운 패러다임을 만들기 위해, 마음의 감옥으로부터 자유롭게 되면서 생기는 폭발적인 창조력을 이용해야 한다. 신념을 버리고, 창조를 시작해야 하며, 이 창조를 평생의 과업으로 여기며 지속적으로 추구해야 한다. 이 일은 반복이 필요하다. 혁명이 그러하듯이 말이다.

만약, 당신이 반복적으로 수행해야 할 일이 있다면, 연락을 주길 바란다. 나는 혁명가다. 일이 진행될 수 있도록 해드리겠다. 절대 그들이 그 일을 중지하지 못하게끔 하겠다. 우리는 세계의 지도자가 스스로 깨닫고 세상을 바꾸고자 노력하게 될 때까지 끊임없이 지도자들을 양성해 낼 것이다. 이 세상을 떠나는 날까지 나는 계속하여 모든 사람들을 위한 세상을 창조하는 과업에 대한 책임을 지고 있다. 나의 관심 대상은 우리가 살고 있는 맥락 내부에 있는 모든 '존재' 다.

이렇게 하자. 자아를 변화시키자. 문화를 변화시키자. 인간이라면 어쩔 수 없이 그래야만 할 것처럼, 변화의 축제에 미친 듯이 집착하고 참여하자. 마음에 집착하지 말자. 다시 시작하는 거다. 랄라라라라라! 랄라라라라라! 매 3, 4년마다 새로운 혁명이 일어날 수 있도록…

우리는 게임에 참여해야 하며, '어린 시절 놀이를 할 때의 심각함'을 되찾아야 한다. 니체가 이야기했던 것처럼, 인류의 묘비에 다음과 같이 써놓을 수는 없지 않은가? "제길! 거의 다 되었는데!"

새로운 세계질서가 눈앞에 왔다. 우리는 향후 지구를 지배할 문화의 최전방에 서 있다. '진실만 이야기하는 문화' 말이다. 우리가 가정이라고 부르는 거짓말의 미궁(迷宮)을 좀 더 명확한 시선으로 바라보고, 우리가 본 것에 대해 이야기하며, 그것을 무너뜨리게 될 것이다. 동시에, 우리는 그 장소에 새로운 것을 창조할 것이다. 그것은 진실 말하기를 통해 서로를 진정으로 아껴주며 함께 있는 방식을 말한다. 어서 참여하라. 우리는 잘 해낼 수 있다. 당신은 아마도 이 일을 좋아하게 될 것이다.

온 세상 사람들이
정직해질 그 날을 기다리며

우리가 사는 사회에 얼마나 많은 거짓말들이 활동하고 있는지 그 수를 한번 세보자. 하나, 둘, 셋…. 아마도 당신은 끝없이 수를 세거나, 조금이라도 영리한 사람이라면 결론이 없는 숫자놀음을 금방 멈출 것이다. 어쩌면 우리는 거짓말을 하지 않고서는 못 배길 정도로 거짓말병에 중독되어 있는 지도 모른다. 그래서 우리는 그것을 바로잡아야 할 필요를 느끼면서도 서로의 거짓말을 묵인하는, 누구 하나 앞장서서 바꾸려고 노력하지 않는, 위태로운 거짓의 시대에 살고 있다.

TV와 같은 방송매체, 신문, 거리의 벽에 붙어 있는 광고들…. 어느 것 하나 거짓이 들어가 있지 않은, 순전히 진실만으로 구성되어 있는 것이 있던가? 아무리 긍정적으로 고쳐 생각해봐도 우리가 살고 있는 세상에서 거짓말을 제외한다면 과연 무엇이 남을까 하는 의구심이 들뿐이다.

이렇게 거짓이 만들어내는 시대에 대한 적잖은 우려를 가지고 있으면서도, 이 책을 번역하면서 나에게는 저자에 대한 반감이 일기 시작했다. 무조건 정직해야 당신도, 당신의 부모도, 당신의 이웃도, 당신이 사는 사회도 진정으로 편해질 수 있으며 진정으로 삶을 즐기면서 살수 있다니. 상대에게 느꼈던 아주 사소한 감정일지라도(비록 그것이 긍정적인 것이든 부정적인 것이든 상관없이), 나의 감정을 그에게 하나도 남김없이 그것도 거짓이 아닌 진실만을 골라 쏟아내라니. 게다가 내가 현재까지 지니고 살아왔던 모든 믿음과 신념들을 모두 던져 버리고 이제부터 직접 보고 들은 것만 나의 것으로 만들라니….

하지만 이 책의 번역작업이 후반으로 접어들수록 저자의 의도와 진실한 목소리가 전해지면서 노여움 대신 부끄러움이 밀려왔다. '진심으로 정직해져라'는 그의 주장에 동의하게 되면서 동시에 그동안 정직하지 못했던 나의 모습을 되돌아볼 수 있었던 것이다. 그렇게 처음에 밀려왔던 분노는 이해와 동감으로 바뀌었다. '어떻게 그럴 수가…'에서 '그럴 수도 있겠군…'으로, 그리고 다시 '암, 당연히 그래야 하고말고!'로 말이다.

이 책의 저자 브래드 블랜튼은 우선 자기 자신에 대해 솔직하게 고백해 보라고 권한다. 처음에는 비록 자신의 진정한 모습에 실망하고 좌절할 수도 있지만, 그러한 기회를 통해 결국 많은 것을 깨닫게 될 것이라고 호언장담하면서 말이다.

'진실만을 말하기'. 여기에서 진실을 말한다는 것은 어떤 행동에 대해 어떤 사건에 대해 어떤 감정에 대해 아주 자세하게 묘사를 한다는 뜻이다. 어떤 일이 벌어졌을 때 무슨 일이 있었는지, 그 당시 당신은 어떤 생각을 했으며 어떤 감정을 느꼈는지, 그래서 지금은 그것에 대해 어떤 생각과 느낌을 가지고 있는 지를 하나도 빼놓지 않고 세밀하게 전부 말해야 한다는 것이다. 중요한 것은 특별히 그 사실을 숨기고 싶은 사람이 있다면, 그에게는 오히려 더 솔직하게 그리고 자세하게 말해야 한다는 것이다.

물론 솔직하게 털어놓는다는 것이 말처럼 쉬운 일이 아니라는 것은 저자 역시 잘 알고 있다. 당신도, 당신의 이웃도, 당신의 상사도, 아니 무엇보다 역자인 나 자신도 누군가에게 솔직하게 내 마음을 털어놓는다는 것에 대해서는 많이 낯설기 때문이다. 도저히 익숙하지가 않기 때문이다.

당신이 갑자기 솔직해지면, 어쩌면 상대방은 상처를 받거나 공격을 받았다고 느낄지도 모른다. 심할 경우 충격을 받기도 할 것이다. 하지만 당신에게서 진실한 말을 들은 상대방이 당신에게서 뒷걸음치지 않고 한 발짝 더 다가온다면, 정말 그렇게 된다면 서로에게 그보다 더 나은 관계는 없으리라.

진실을 말하기 위해서는 먼저 당신의 마음으로부터 탈출해야 한다. '내가 이런 말을 하면 상사가 어떻게 생각할까?', '오늘 지각한 이유가 사실은 아파서가 아니라 늦잠을 잤기 때문인데…, 사실대로 말하면 꾸중을 듣겠지?' 와 같은 당신의 마음이 만들어내는 감옥에서 말이다.

우리는 얼마나 정직한가? 위선이라는 옷을 입고 '~척'하면서 사느라 매 시간 진땀을 흘리고 있지는 않은지. 불행하게도 '~척'의 모음이 바로 우리의 삶 그 자체는 아닌지….

저자는 그러한 거짓된 모습을 훌훌 털어 버리고 정직하고 마음 편히 살기를 권유하고 있다. 그래야만 우리의 시대에 진정한 행복의 나날들이 도래한다는 것이다. 그리고 서로를 진정으로 사랑하는 방법을 알게 된다는 것이다.

나는 나의 저서 《아들아, 머뭇거리기에는 인생이 너무 짧다(전 4권)》 시리즈를 집필하면서 삶의 비전과 커뮤니케이션에 관해 이야기한 적이 있다. 우리의 인생을 좀더 인생답게 살기 위해 반드시 가져야 할 비전은 사실 '정직'이 전제가 되지 않으면 불가능하다.

To be a visionary, Primarily must be honest!

위선의 갑옷을 입고 우리가 어떻게 비전을 가질 수 있겠는가? 설사 그럴 수 있다 해도 그것은 진정한 자신의 비전이 아니다. 비록 사회가 인정하고 주변 사람들이 알아줄 수도 있지만, 그러나 그것은 빈껍데기 비전에 불과할 것이다. 커뮤니케이션 역시 마찬가지다. 정직하지 않은 사람과의 대화는 얼마나 메마르고 재미가 없는가. 정직하게 자신을 오픈하지 않는 사람과는 대화에 재미도 없고 커뮤니케이션도 정확히 이뤄지지 않을 것이다. 그러나 진실하고 정직한 대화는 우리에게 휴식과 즐거움을 주고, 사람에 대한 목마름을 해결해 주며, 무엇보다 문제에 대한 해결책을 제시해 준다.

이 책을 읽는 독자들에게 마지막으로 당부하고 싶은 말은 브래드 블랜튼의 주장을 무조건 맹종하지 말라는 것이다. 그도 독자들이 자신의 주장을 무비판적으로 수용하기를 바라지 않는다. 자신의 말을 참고할 뿐 절대적인 진리로 받아들이지 말라고 충고한다. 자신에게 맞지 않는 것은 서슴없이 버리고 취할 것만 취한다면, 당신의 인생에 나아가야 할 한 방향을 제대로 인도받을 수 있을 것이다. 부디 편견을 버리고 관용의 자세로 이 책을 끝까지 용기 있게 읽었으면 한다.

— 옮긴이 강헌구

참고문헌

1) Aluna, Michael Dowd. Earthspirit : A Handbook for Nurturing an Ecological Christianity. 1991, Twenty-Third Publications.

2) Anderson, Sarah ; Cavanaugh, John. Top 200 : The Rise of Global Corporate Power. 1996, Institute for Policy Studies.

3) Anderson, Sarah ; Cavanaugh, John ; Lea, Thea. The New Field Guide to the Global Economy. 2000, The New Press.

4) Arendt, Hannah. Eichmann in Jerusalem : A Report on the Banality of Evil. 1994, Viking Penguin.

5) Arendt, Hannah. Human Condition. 1998, University of Chicago Press.

6) Berenstain, Stan ; Berenstain, Jan. Inside Outside Upside Down. 1997, Random House Incorporated.

7) Blanton, Brad. Radical Honesty : How to Transform Your Life by Telling the Truth. 1996, Dell Publishing.

8) Bradshaw, John. Creating Love. 1993, Macmillan Library Reference.

9) Bradshaw, John. Family Secrets. 1996, Bantam Books.

10) Bradshaw, John. Homecoming. 1992, Bantam Books.

11) Breggin, Peter ; Breggin, Ginger R. The War Against Children. 1994, Saint Martin's Press.

12) Breggin, Peter ; Breggin, Ginger R. The War Against Children of Color. 1998, Common Courage Press.

13) Breton, Denise ; Largent, Christopher, The Paradigm Conspiracy : How Our

Systems of Government, Church, School, & Culture Violate Our Human Potential. 1996, Hazelden Foundation.

14) Brown, Norman O. Life Against Death. 1985, University Press of New England.

15) Brown, Norman O. Love?s Body. 1990, University of California Press.

16) Cain, Albert C., ed. (Schneidman, Edwin S., contributor). Survivors of Suicide. 1972, Charles C.Thomas Publishers Ltd.

17) Campbell, Joseph. Hero With a Thousand Faces. 1996, Fine Communications.

18) Campbell, Joseph. Inward Journey. 1997, Donald I. Fine Books.

19) Campbell, Joseph. Mythos. 1999, Element Books Incorporated.

20) Cameron, Julia. The Artist?s Way. 1995, Putnam Publishing Group.

21) Castaneda, Carlos. Journey to Ixtlan. 1994, Buccaneer Books Incorporated.

22) Castaneda, Carlos. Teachings of Don Juan. 1998, University of California Press.

23) Chodron, Pema. Awakening Loving-Kindness. 1996, Shambhala Publications, Incorporated.

24) Chodron, Pema. Interview in Shambala Sun, March 1997 and Utne Reader, June 1997.

25) Chodron, Pema. Start Where You Are. 1994, Shambhala Publications, Incorporated.

26) Chodron, Pema. When Things Fall Apart. 1996, Shambhala Publications, Incorporated.

27) Chodron, Pema. The Wisdom of No Escape. 1991, Shambhala Publications, Incorporated.

28) Chopra, Deepak. Creating Affluence. 1998, Amber-Allen Publishing.

29) Chopra, Deepak. Dancing on the Razor?s Edge. 1998, Harmony Books.

30) Chopra, Deepak. Everyday Immortality. 1999, Crown Publishing Group Incorporated.

31) Chopra, Deepak. Finding God. 1999, Harmony Books.

32) Chopra, Deepak. Healing the Heart. 1998, Macmillan Library Reference.

33) Chopra, Deepak. Journey Into Healing. 1999, Crown Publishing Group Incorporated.

34) hopra, Deepak. Overcoming Addictions. 1998, Three Rivers Press.

35) Chopra, Deepak. Seven Laws of Spiritual Success. 1999, Vedanta Press.

36) Covey, Steven. The 7 Habits of Highly Effective People. 1997, Covey Leadership Center.

37) Crosby, Bob ; Scherer, John. People Performance Profile. 1985, Jossey-Bass, Incorporated Publishers.

38) cummings, e. e. Eimi. 1991, Reprint Services Corporation.

39) cummings, e. e.. Poems 1923-1954. 1954, Harcourt, Brace & World, Inc.

40) Dale, Stan. Fantasies Can Set You Free. 1980, Celestial Arts Publishing Company.

41) Dale, Stan. My Child, My Self. 1992, Human Awareness Publications.

42) Diamond, Jared M. The Third Chimpanzee. 1992, Harper Collins Publishers Incorporated.

43) Diamond, Jared M. Why Is Sex Fun? 1997, Harper Collins Publishers Incorporated.

44) Erhard, Werner. Outrageous Betrayal. 1993, Saint Martin?s Press.

45) Farberow, N. Suicide in Different Cultures. 1975, University Park Press.

46) Ferguson, Marilyn. The Aquarian Conspiracy. 1987, The Putnam Publishing Group.

47) Ferguson, Marilyn. The Brain Revolution. 1973, Taplinger Publishing Co.

48) Ferguson, Marilyn. Pragmagic. 1990, Pocket Books.

49) Foundation for Inner Peace Staff. A Course in Miracles. 1996, Viking Penguin.

50) Francina, Suza. The New Yoga for Pelple Over 50. 1997, Health Communications, Inc.

51) Fritz, Robert. Corporate Tides. 1996, Berrett-Koehler Publishers Incorporated.

52) Fritz, Robert. Creating. 1995, Butterworth-Heinemann.

53) Fritz, Robert. The Path of Least Resistance. 1989, Fawcett Book Group.

54) Gallwey, W. Timothy. Inner Skiing. 1998, Random House.

55) Gallwey, W. Timothy. Inner Tennis. 1998, Random House.

56) Gallwey, W. Timothy. The Inner Game of Golf. 1998, Random House.

57) Gallwey, W. Timothy. The Inner Game of Tennis. 1997, Random House.

58) Gallwey, W. Timothy. The Inner Game of Work. 1997, Random House.

59) Gatto, John Taylor ; Mercogliano, Chris. Challenging the Giant. 1996, Down-to-Earth-Books.

60) Gatto, John Taylor. Dumbing Us Down. 1991, New Society Publishers, Limited.

61) Green, Barry ; Gallwey, W. Timothy. The Inner Game of Music. 1986, Doubleday.

62) Heinlein, Robert A. Stranger in a Strange Land. 1961, 1991. G.P. Putnam?s Sons.

63) Hendricks, Gay. Conscious Breathing.

64) Hendricks, Kathlyn ; Hendrics, Gay. The Conscious Heart. 1997, Bantam Books.

65) Hendricks, Kathlyn ; Hendrics, Gay. Conscious Loving.

66) Holt, John. Escape from Childhood. 1995, Holt Associates.

67) Holt, John. Freedom & Beyond. 1995, Boynton / Cook Publishers

Incorporated.

68) Holt, John. Growing Without Schooling. 1997, Hold Associates.

69) Holt, John. How Children Fail. 1995, Addison Wesley Longman, Incorporated.

70) Holt, John. How Children Learn. 1995, Addison Wesley Longman, Incorporated.

71) Holt, John. Kicking Up Trouble. 1995, Wilderness Adventuring Press.

72) Holt, John. What Do I Do Monday? 1995, Boynton/Cook Publishers Incorporated.

73) Hubbard, L. Ron. Child Dianetics

74) Hubbard, L. Ron. Scientology : The Fundamentals of Thought. 1997, Bridge Publishers

75) Hubbard, L. Ron. Dianetics : The Modern Science of Mental Health. 1995, Bridge Publishers.

76) Hubbard, L. Ron. Clear Body Clear Mind. 1990, Bridge Publishers.

77) Jones, Riki Robbins. Negotiating Love. 1995, Ballantine Books, Incorporated.

78) Kabat-Zinn, Myla ; Kanat-Zinn, Jon. Everyday Blessings. 1998, Hyperion.

79) Kabat-Zinn, Myla ; Kanat-Zinn, Jon. Mindful Parenting : Nourishing Our Children, Growing Ourselves.

80) Kabat-Zinn, Myla ; Kanat-Zinn, Jon. Soul Food: Stories to Nourish the Spirit & the Heart. 1996, Harper San Francisco.

81) Keen, Sam. Faces of the Enemy. 1991, Harper San Francisco.

82) Keen, Sam. Fire in the Belly. 1992, Bantam.

83) Keen, Sam. Hymns to an Unknown God. 1994, Bantam.

84) Keen, Sam. Inward Bound. 1992, Bantam.

85) Keen, Sam. Learning to Fly. 1999, Broadway Books.

86) Keen, Sam. The Passionate Life. 1984, Harper San Francisco.

87) Keen, Sam. Sacred Journey. 1996, Simon & Schuster Trade.

88) Keen, Sam. To Love & Be Loved. 1999, Bantam.

89) Kelly, George A. The Psychology of Personal Constructs. 1992, Routledge.

90) Klein, Marty; Robbins, Riki. Let Me Count the Ways : Discovering Great Sex Without Intercourse. 1999, The Putnam Publishing Group.

91) Korten, David C. The Post Corporate World. 1998, CoPublications.

92) Korten, David C. When Corporations Rule the World. 1996, CoPublications.

93) Krishnamurti, Jiddu. Yor are the World. (out of print; other titles available)

94) Laut, Phil. Money is My Friend. 1999, Ballantine Publishing Group.

95) Liedloff, Jean. The Continuum Concept. 1990, Peter Smith Publisher Incorporated.

96) Llewellyn, Grace. Freedom Challenge : African-American Homeschoolers. 1996, Lowry House.

97) Llewellyn, Grace. Real Lives : Eleven Teenagers Who Don?t Go To School. 1993, Lowry House.

98) Llewellyn, Grace. The Teenage Liberation Handbook. 1998, Lowry House.

99) Lore, Nicholas. The Pathfinder : How to Choose or Change Your Career for a Lifetime of Satisfaction and Success. 1998, Simon & Schuster.

100) McCarthy, Cormac. Cities of the Plain. 1998, B.E. Trice Publishing.

101) McCarthy, Cormac. The Crossing. 1996, Random House Value Publishing Incorporated.

102) Neil, A.S. Freedom Not License. 1978, Pocket Books.

103) Maharishi Mahesh Yogi. TM. 1998, NAL/Dutton.

104) Neil, A.S. Summerhill. 1984, Pocket Books.

105) Neil, A.S. Summerhill For & Against. 1978, Pocket Books.

106) Neil, A.S. Summerhill School. 1993, Saint Martin?s Press, Incorporated.

107) Norretranders, Tor. The User Illusion : Cutting Consciousness Down to Size. 1998, Viking Penguin.

108) Ornish, Dean. Eat More, Weigh Less. 1997, Harper San Francisco.

109) Ornish, Dean. M.D. Love & Survival : The Scientific Basis for the Healing Power of Intimacy, 1998, HarperCollins Publishers Incorporated.

110) Parton, Dolly. Coat of Many Colors. 1996, Harper Collins Children?s Books.

111) Patanjali´s Yoga Sutras. 1995, Munshiram Manoharial Publishers Privates, Limited.

112) Peck, M. Scott. Gifts for the Journey. 2000, Renaissance Books.

113) Peck, M. Scott. The Road Less Traveled. 1998, Simon & Schuster Trade.

114) Peck, Robert. ?Measuring the Mental Health of Normal Adults,? Genetic

115) Psychology Monographs, 1959-60.

116) Perls, Fritz. The Gestalt Approach & Eye Witness to Therapy. 1976, Bantam Books Incorporated.

117) Perls, Fritz. Legacy From Fritz. 1975, Science & Behavior Books, Incorporated.

118) Peters, Tom. The Circle of Innovation. 1999, Vintage Books.

119) Peters, Tom. Heart & Soul of Excellence. 1997, Random House Value Publishing Incorporated.

120) Peters, Tom. Excellence in the Organization. 1995, Simon & Schuster Trade.

121) Peters, Tom. Liberation Management. 1995, Random House Value Publishing Incorporated.

122) Peters, Tom. The Pursuit of Wow! 1995, Vintage Books.

123) Prather, Hugh ; Prather, Gayle. A Book For Couples. 1998, Doubleday.

124) Prather, Hugh ; Prather, Gayle. I Will Never Leave You : How Couples Can Achieve the Power of Lasting Love. 1995, Bantam Books.

125) Prather, Hugh ; Prather, Gayle. Parables from Other Planets. 1992, Bantam Books.

126) Prather, Hugh ; Prather, Gayle. Spiritual Parenting : A Guide to Understanding and Nurturing Your Child. 1997, Crown Publishing Group.

127) Robbins, Tom. Another Roadside Attraction. 1991, Bantam.

128) Robbins, Tom. Even Cowgirls Get the Blues. 1990, Bantam.

129) Robbins, Tom. Half Asleep in Frog Pajamas. 1995, Bantam.

130) Robbins, Tom. Jitterbug Perfume. 1990, Bantam.

131) Robbins, Tom. Skinny Legs & All. 1995, Bantam.

132) Robbins, Tom. Still Life with Woodpecker. 1990, Bantam.

133) Schiffmann, Erich. Yoga : The Spirit and Practice of Moving into Stillness. 1996, Pocket Books/Simon & Schuster, Inc.

134) Scherer, John ; Shook, Larry. Work & the Human Spirit. 1993, John Scherer & Associates.

135) Schutz, Will ; Turner, Evelyn. Body Fantasy. 1977, Harper Collins Publishing Incorporated.

136) Schutz, Will. Leader of Schools. 1977, Pfeiffer & Company.

137) Schutz, Will. The Human Element. 1944, Jossey-Bass, Incorporated Publishers.

138) Schutz, Will. Profound Simplicity. 1982, Jossey-Bass, Incorporated Publishers.

139) Schutz, Will. The Truth Option. 1984, Ten-Speed Press.

140) Spock, Benjamin M. A Better World for Our children. 1996, NTC/ Contemporary Publishing Company.

141) Spock, Benjamin M. Baby & Childcare. 1997, Pocket Books.

142) Spock, Benjamin M. Dr. Spock on Parenting. 1998, Simon & Shuster Trade.

143) Spock, Benjamin M. Raising Children in a Difficult Time. 1985, Pocket Books.

144) Spock, Benjamin M. Teenager?s Guide to Life & Love. 1971, Pocket Books.

145) Stevens, John O. Awareness : Exploring, Experimenting, Experiencing. 1973, Bantam Books, Incorporated.

146) Walsch, Neale Donald. Conversations With God series. 1999, Macmillan Library Reference.

147) Walsch, Neale Donald. Friendship With God. 1999, Putnam Publishing Group.

148) Williamson, Marianne. Enchanted Love: The Mystical Power of Intimate Relationships. 1999, Simon & Shuster.

149) Williamson, Marianne. The Healing of America. 1997, Simon & Shuster Trade.

150) Williamson, Marianne. Healing the Soul of America. 1999, Simon & Shuster Trade.

151) Williamson, Marianne. Return to Love. 1996, HarperCollins Publishers Incorporated.

29장에 대한 보충설명
리뷰자 : Michael Dowd

Andruss, Van, Christopher Plant, et. al. Home! A Bioregional Reader. Philadelphia : New Society Publishers, 1990. An excellent introduction to bioregionalism, which is the North American equivalent to the Green movement in Europe. Presents an exciting vision and strategy for creating sustainable communities and cultures in harmony with the limits and regenerative powers of Earth.

Berry, Thomas. The Dream of the Earth. San Francisco : Sierra Club Books, 1988. This Book is an enlightening and empowering presentation of our modern cosmology. Berry explores the implications of our common creation story with regard to energy, technology, ecology, economics, education, spirituality, patriarchy, bioregionalism, Christianity, and more. He also includes a very helpful annotated bibliography. A good introduction to perhaps the most prominent eco-theologian (or "geologian") alive today.

Bateson, Gregory. Steps to an Ecology of Mind. New York : Ballantine Books, 1972. Mind and Nature : A Necessary Unity. New York : Bantam Books, 1980. Bateson shows how we must think if we are to be reconciled to our true nature-how to "think as nature thinks," and regain our place in the natural world. Weighty reading, but well worth the effort.

Capra, Fritjof. The Turning Point : Science, Society, and the Rising Culture. New York : Bantam Books, 1983. A fascinating look at how discoveries in the sciences over the last century are ushering in a whole new way of being human. Capra, a physicist, compellingly shows how we have reached a time of dramatic change, a turning point for the planet as a whole.

Cogito. Alfred B. Starratt, Box 65190, Baltimore, MD 21209. Published twice a month, subtitled A Journal Promoting the Healthy Human Spirit ; Inspired by Love-Guided by Reason Cogito is consistently excellent.

Devall, Bill, and George Sessions. Deep Ecology : Living as if Nature Mattered. Salt Lake City : Peregrine Smith, 1985. A fundamental exposition of the philosophy of deep ecology.

Devall, Bill. Simple in Means, Rich in Ends : practicing Deep Ecology. Salt Lake City : Peregrine Smith, 1988. A good guide to embodying the deep ecology perspective in everyday life.

Dowd, Michael. EarthSpirit : A Handbook for Nurturing an Ecological Christianity. Mystic, Connecticut : Twenty-Third Publications, 1991. A resource for individual and group study. Thomas Berry says of this book, ?A clear, delightful presentation of a Christianity that is alive, guides us, and evokes within us those spiritual energies that we need to assume our religious responsibilities for the fate of the Earth. Truly a handbook worthy of its subject, a guidebook for those who teach, a textbook for all of us who are learning.?

Eisler, Riane. The Chalice and the Blade : Our History, Our Future. San Francisco : Harper & Row, 1987. A synthesis of feminist scholarship, archaeological research, and dynamic systems theory, this book draws heavily on what has been learned during this century about the neolithic cultures of Old Europe. Eisler insists that we must replace our present dominator model of human relationships with a partnership model, if we are to survive into the future.

Ferris, Timothy. The Creation of the Universe(90 minute videotapes). PBS Home Video, 50 N. La Cienega Blvd. Beverly Hills, CA 90211 ; (800)776-8300. Communicates what we know scientifically about the origin and nature of the Universe in an exciting and understandable way.

Fox, Matthew. Creation Spirituality. San Francisco : Harper Collins, 1990. The Coming of the Cosmic Christ. San Francisco : Harper & Row, 1988. Original Blessing : A Primer in Creation Spirituality. Santa Fe, NM : Bear & Company, 1983. A Spirituality Named Compassion. San Francisco : Harper & Row, 1981. Fox, A controversial Roman Catholic theologian, explores the riches of the Christian tradition from the perspective of our new scientific cosmology. He breaks a lot of new ground.

Fox, Warwick. Toward a Transpersonal Ecology : Developing New Foundations for Environmentalism. Boston : Shambhala, 1990. An academic history and analysis of the deep ecology movement, with an exhausive bibliography. Suggests that the distinctive feature of deep ecology is the notion of an expansive identification with the natural world : Earth as our larger self.

In Context : A Quarterly Of Sustainable Culture. Context Institute, P.O. Box 11470, Bainbridge Island, WA 98110. A first-rate journal about thinking and living in harmony with nature.

Jantsch, Erich. The Self-Organizing Universe : Scientific and Human Implications of the Emerging Paradigm of Evolution. New York : pergamon Press, 1980. This significant work examines the inner dynamism of the Universe from its origin through the development of humanity, and within human social systems. Jantsch refers to the fact that the entire Universe, at all levels, can be understood as an organic, developing whole ; a living system.

LaChance, Albert. Greenspirit : Twelve Steps in Ecological Spirituality. Rockport, MA : Element Books, 1991. A practical guide to withdrawing from addictive consumerism and living a profoundly down-to-earth lifestyle. This book is a powerful synthesis of the new cosmology and a twelve-step recovery process.

LaChapelle, Dolores. Sacred Land Sacred Sex-Rapture of the Deep : Concerning Deep Ecology and Celebrating Life. Fine Hill Arts, Silverton, CO : 1988. Earth Festivals : Seasonal Celebrations for Everyone Young and Old. Fine

Hill Arts, Silverton, CO : 1973. Earth Wisdom. Fine Hill Arts, Silverton, CO: 1978. PO Box 542, Silverton, CO. 81433 ; (303) 387-5729. Sacred Land Sacred Sex looks at how our Industrial Growth Society has brought the world to the brink of ecocide. It also points in the direction we must move to be saved from this fate. It may be the most provocative and comprehensive treatment of the topic anywhere. Earth Festivals is a wonderful resource for parents and teachers.

Laszlo, Ervin. Evolution : The Grand Synthesis. Boston : Shambhala, New Science Library, 1987. A very readable synthesis of new natual and social scientific perspectives on the nature of change within a self-organizing Universe.

Lovelock, James E. The Ages of Gaia : A Biography of Our Living Earth. New York: W.W. Norton & Company, 1988. Healing Gaia : Practical Medicine for the Planet. New York: Harmony Books, 1991. Lovelock, in 1972, was the originator of the Gaia hypothesis : the scientific understanding that the planet Earth, as a whole, is best understood as a living being; as a self-regulating organism. These books include the latest findings of scientists concerning Gaia. They also point in the direction of planetary health.

Macy, Joanna. Despair and Personal Power in the Nuclear Age. Philadelphia : New society Publishers, 1983. World as Lover, World as Self. Berkeley: Parallax Press, 1991. Macy?s work is a wonderful synthesis of experiential deep ecology, despair work, general systems theory and engaged Buddhism. Both of these books contain a wealth of wisdom and compassion essential for the healing of our world.

MacGillis, Miriam Therese. Earth Learning and Spirituality (5 hour videotape), New Earth Education (3 hour videotape), and The Fate of the Earth (90 minute audio tape). Global Perspectives, P.O. Box 925, Sonoma, CA 95476 ; (707) 996-4704. Each of these is an excellent popularization of the work of Thomas Berry.

Mander, Jerry. In the Absence of the Sacred: The Failure of Technology and the Survival of the Indian Nations. San Francisco: Sierra Club Books, 1991. A hard hitting critique of our modern technological society and the direction it is taking us, contrasted with the ongoing struggle for survival of the native traditions. A disturbing, enlightening and extremely important book.

Mills, Stephanie, ed. In Praise of Nature. Washington, D.C. : Island Press, 1990. A collection of essays, book reviews, and quotes from some of the leading nature writers of this century. A very helpful bibliographic source.

Plant, Christopher and Judith. Turtle Talk : Voices for a Sustainable Future. Philadelphia : New Society Publishers, 1990. A collection of interviews with some of the leading bioregionalists of our time.

Rifkin, Jeremy. Biosphere Politics : A Cultural Odyssey from the Middle Ages to the New Age. San Fransisco : HarperCollins, 1992. A fascinating and most important look at how our changing notions of security have led us to the brink of ecological apocalypse. Rifkin also shows us how we must think and live if we are to survive into future. A good companion volume to LaChapelle?s Sacred Land Sacred Sex.

Sahtouris, Elisabet. Gaia : The Human Journey from Chaos to Cosmos: New York: Pocket Books, 1989. An excellent introduction to the Gaia theory-the scientific understanding that Earth itself is alive, rather than being merely a planet with life on it.

Seed, John, Joanna Macy, Arne Naess, et. al. Thinking Like a Mountain : Towards a Council of All Being. Philadelphia : New Society Publishers, 1988. This collection of essay, group exercises, and peetry is an invaluable aid to personally experiencing the planet as one?s larger self.

Shepard, Paul. The Tender Carnivore and the Sacred Game. New York : Scribner, 1973. Thinking Animals. New York : Viking Press, 1978. Nature and

Madness. San Francisco : Sierra Club Books, 1982. Shepard?s work is important in understanding the historic and paleohistoric causes of our estrangement from nature. His writings are forceful and insightful.

Snyder, Gary. The Old Ways. San Francisco : City Light Books, 1977. Turtle Island. New York : New Directions, 1974. The Practice of the Wild. San Francisco : North Point Press, 1990. In both his essays and his poetry, Gary Snyder provides deep insight and inspiration regarding ?living in place.?

Spretnak, Charlene. States of Grace : The Recovery of Meaning in the Postmodern Age. This book is about reclaiming the core teachings and practices of Buddhism, Native American spirituality, Goddess spirituality, and the Semitic traditions (judaism, Christianity, and Islam) for the well-being of the Earth community as a whole. Spretnak focuses on the wisdom of each of these traditions in light of the new cosmology.

Swimme, Brian. The Universe is a Green Dragon : A Cosmic Creation Story. Santa Fe : Bear & Company, 1984. Canticle to the Cosmos. Tides Foundation, NewStory Project, 134 Colleen St., Livermore, CA 94550. Swimme is a physicist who has studied extensively with Thomas Berry. The Universe is a Green Dragon is an alluring introduction to the new cosmology. Canticle to the Cosmos is a 12-part video lecture series designed to be used for academic classes, small group study, or for personal enrichment. It is excellent!

Swimme, Brian and Thomas Berry. The Universe Story : From the Primordial Flaring Forth to the Ecozoic Era. San Francisco : HarperCollins, 1992. This book is already being hailed as perhaps one of the most significant works of the twentieth century. It is a telling of the story of the Universe with a feel for its spiritual dimensions, and clearly indicates the role of the human in this sacred story of life. Must reading.

354

참고할 만한 관련 자료들

● **Movies / Videos (영화 / 비디오)**

- Bagdad Cafe
- Courage Under Fire
- The Englishman Who Went Up a Hill and Came Down a Mountain
- Ikiru
- The Karate Kid
- Little Big Man
- My Dinner With Andre
- Secrets and Lies
- Seven Samurai

● **Websites / Workshops (웹사이트 / 워크숍)**

- Arica Training/Arica Institute, Inc.
  914-674-4091
  145 Palisade St. #401
  Dobbs Ferry, NY 10522-1617

- Brad Blanton/Radical Honesty Enterprises
  1-800-EL-TRUTH
  646 Shuler Lane
  Stanley, VA 22851
  www.radicalhonesty.com

- Conversations with God
  www.conversationswithgod.com

- Esalen Institute
  831-667-3000(CA)
  www.esalen.org

- The Landmark Forum
  415-981-8850(CA)
  www.landmarkeducation.com

- The Forum Graduate Association
  703-971-3639
  6008 Wendron Way
  Alexandria, VA 22315-2656
  fgainc@mnsinc.com

- Hendricks Institute
  805-565-1870
  800-688-0772
  1187 Coast Village Rd. Suite 1-416
  Montecito, CA 93108
  www.hendricks.com

- The Learning Annex
  212-371-0280 (NY)
  310-478-6677 (Los Angeles, CA)
  415-788-5500 (San Francisco, CA)

  619-544-9700 (San Diego, CA)
  New York
  www.thelearningannex.com

- Grace Llewellyn
  541-686-2315
  (homeschooling, Teenage Liberation Handbook)
  PO Box 1014
  Eugene OR 97440
  http://hometown.aol.com/gracejanet/index.html

- Omega Institute
  800-944-1001
  260 Lake Drive
  Rhinebeck, NY 12572
  http://eomega.org

- Outward Bound
  800-341-1744 (East Coast, US)
  800-841-0186 (NC) (www.ncobs.org)
  800-321-HIKE (Voyageur)
  800-477-2627 (CO)
  800-547-3312 (Pacific Crest, US)
  www.outwardbound.org

- Pathworks Centers
  619-793-1246 (CA)
  540-948-6544 (VA)
  www.pathwork.org

- The Pathwork Foundation
  914-688-2211 (Northeast US)
  13013 Collingwood Terrace
  Silver Spring, MD 20904-1414

- Rockport Institute, Ltd.
  (career counseling, coaching, life planning)
  301-340-6600 (MD)

10124 Lakewood Drive

Rockville, MD, 20850

e-mail : pathfinder@rockportinstitute.com

www.rockportinstitute.com

- Rowe Conference Center
  413-339-4954 (New England)

- Greg Small/The Human Element
  916-985-8590 (CA)
  www.startsmall.com

- Thinking Allowed
  http://spider12.lanminds.com/index.html

● **지은이** _ 브래드 블랜튼 *Brad Blanton, Ph. D.*

심리치료사이자, 작가이자, 워크숍 리더이자, 컨설턴트이다. 무신론자이며 완전한 자유주의자인 그는 1970년 위싱턴에 게쉬탈트협회를 세워 30년이 넘는 세월 동안 심리치료사로 활동해오고 있다. 각종 인권운동과 베트남전 반전운동에 참여했으며, 히피 차림으로 전 북미를 여행하며 '정직(Honesty)'의 개념을 주창하고 정립시켰다.

현대의 영적 지도자와 심리학자, 최면술사, 철학자들로부터 직접 가르침을 받기도 했으나, 환각제, 마리화나 등 마약에의 탐닉과 네 차례의 결혼 등 파란의 경험이 자신의 영적 성장에 더 큰 영향을 끼쳤다고 말한다.

정직한 사람들의 공동체인 '존재연합국(The United states of Being)'을 창설하였으며 '래디컬 어니스티 엔터프라이즈'의 CEO이기도 하다. 현재 '정직성 워크숍' 과정을 운영하며 많은 이들의 삶을 획기적으로 변화시키고 있다. 저서로는 베스트셀러인《Radical Honesty》가 있다.

● **옮긴이** _ 강헌구

현 장안대학 경영학과 교수이자 베스트셀러《아들아, 머뭇거리기에는 인생이 너무 짧다(전 4권)》의 저자다. 경희대학교 경영학과에서 학부와 석사과정을 마치고 한남대학교에서 박사학위를 받았다.
1988년부터 경기방송과 대전극동방송 라디오에서 '21세기 꿈터', '생방송 시사 21', '뉴스가 있는 아침'을 진행하며 비전의 힘과 리더십 원리를 전파했다. 현재는 '서울 비전스쿨' 대표로 세계를 무대로 활발한 강연과 저술 활동을 하고 있다. 저서로는《아들아, 머뭇거리기에는 인생이 너무 짧다(전 4권)》,《비전학 서설》,《My Life for JESUS》등이 있으며 역서로는《천재처럼 생각하기》,《멘토》등이 있다.

한언의 사명선언문

Our Mission

—. 우리는 새로운 지식을 창출, 전파하여 전 인류가 이를 공유케 함으로써 인류문화의 발전과 행복에 이바지한다.

—. 우리는 끊임없이 학습하는 조직으로서 자신과 조직의 발전을 위해 쉼 없이 노력하며, 궁극적으로는 세계적 컨텐츠 그룹을 지향한다.

—. 우리는 정신적, 물질적으로 최고 수준의 복지를 실현하기 위해 노력하며, 명실공히 초일류 사원들의 집합체로서 부끄럼없이 행동한다.

Our Vision   한언은 컨텐츠 기업의 선도적 성공모델이 된다.

저희 한언인들은 위와 같은 사명을 항상 가슴 속에 간직하고
좋은 책을 만들기 위해 최선을 다하고 있습니다.
독자 여러분의 아낌없는 충고와 격려를 부탁드립니다.

- 한언가족 -

HanEon's Mission statement

Our Mission

—. We create and broadcast new knowledge for the advancement and happiness of the whole human race.

—. We do our best to improve ourselves and the organization, with the ultimate goal of striving to be the best content group in the world.

—. We try to realize the highest quality of welfare system in both mental and physical ways and we behave in a manner that reflects our mission as proud members of HanEon Community.

Our Vision   HanEon will be the leading Success Model of the content group.